W0250851

Agile
Demokratie

Juri Schnöller

WIE KÜNSTLICHE INTELLIGENZ BESSERE POLITIK ERMÖGLICHT

Agile Demokratie

MURMANN

INHALT

KAPITEL 1

VORHANG AUF ZUM CHATGPT-BATTLE

Fangen wir so an: Wir fragen ChatGPT 4.0, wie sich die Demokratie in Deutschland entwickeln wird und welche Rolle die künstliche Intelligenz (ab jetzt KI) darin spielen wird – und das mal gut, mal böse.
Also:

> *Du entwirfst ein utopisches und ein dystopisches Szenario für die KI-Demokratie in Deutschland. Schreibe zu jedem Szenario einen imaginären Nachrichtenbeitrag und bringe darin die utopischen und dystopischen Zukunftsvorstellungen ein, wie du dir als KI diese vorstellst.*

Innerhalb von Sekunden rattern die Zeilen bei ChatGPT:

UTOPIE

++ SPIEGEL EIL ++: »Deutschland als Vorreiter: Ein Jahrzehnt der KI-Demokratie«
Berlin, April 2037 – Ein Jahrzehnt, nachdem Deutschland die KI fest ins demokratische und gesellschaftliche Gefüge integriert hat, zeigt sich das Land von einer Seite, die sowohl ökonomisch als auch sozial Maßstäbe setzt. »Mit KI haben wir eine gesellschaftliche Transformation vollzogen«, erklärt Bundeskanzlerin Aminata Touré bei den Feierlichkeiten zum Zehn-Jahres-Jubiläum der KI-gestützten Demokratie im Bundestag. Das Vorzeigeprojekt, das sogenannte »Bürger-Feedback-System«, ermöglicht eine direkte Einflussnahme der Bevölkerung auf die Politik – was die politische Arbeit in Deutschland grundlegend verändert. Aber auch abseits der politischen Bühne verbessert der KI-Einsatz das Leben in Deutschland.

Im Gesundheitswesen haben KI-gestützte Diagnosetools und personalisierte Behandlungspläne zu einer verbesserten Früherkennung und Behandlung von Krankheiten geführt. Im Bildungswesen, einst bekannt für veraltete Lehrpläne und angestaubte Overhead-Projektoren, sorgen jetzt KI-basierte Lernplattformen für individuell angepasste Lehrpläne, die den Lernerfolg deutlich steigern. Im Umweltschutz ermöglichen KI-Systeme zur Datenanalyse präzise Prognosen und effektives Ressourcenmanagement, wodurch Nachhaltigkeitsziele sogar übertroffen werden. Im öffentlichen Verkehr reduzieren intelligente Verkehrssysteme und autonomes Fahren Staus und verbessern die Effizienz im Nahverkehr.

Diese Entwicklungen illustrieren, warum Deutschland jetzt dank intensiver Anwendung von KI eine Vorreiterrolle in den G-20-Staaten einnimmt. »Unsere Vision einer KI-gestützten Gesellschaft hat sich bewahrheitet. Technologie hat uns geholfen, Barrieren abzubauen und ein neues Kapitel des sozialen Zusammenhalts und Wohlstands zu schreiben«, so Touré in ihrem Fazit. In dieser neuen Ära zeigt Deutschland der Welt, wie Innovation und Menschlichkeit gemeinsam eine bessere, gerechtere Zukunft für alle gestalten können.

Schöne Welt.

DYSTOPIE

Reddit Subforum via VPN-Client:
»Deutschlands KI-Politik – aus Hoffnung wurde Furcht«
Berlin, Juni 2038 – In Deutschland wächst laut neuesten Echtzeitumfragen die Besorgnis über den zunehmenden Einfluss der KI auf die politischen Entscheidungsprozesse. Das »Automated Policy Making«-System (APM) von Meta, das ursprünglich zur Effizienzsteigerung in der Verwaltung eingeführt wurde, steht im Zentrum der Kritik. »Wir haben die Kontrolle über die Algorithmen abgegeben, und jetzt zahlen wir den Preis«, sagt

Oppositionsführer Kevin Kühnert (SPD). Kühnert ist einer der wenigen Oppositionellen, die sich noch öffentlich äußern. Die Bürgerrechtsaktivistin Lara H. teilt eine erschütternde Geschichte: »Ich wurde letzte Woche von der Polizei angehalten, weil eine Überwachungs-KI meine Gesichtsausdrücke als ›potenziell subversiv‹ einstufte. Meine Teilnahme an einer Demonstration gegen die Regierung wurde als Beweis gegen mich verwendet. Unsere Freiheit wird Stück für Stück von der KI gefressen.«

Hintergrund ist, dass die Regierungspartei AfD bei ihrer unerwarteten Machtübernahme die KI-Technologien adaptiert hatte, die ursprünglich zur Stärkung der Demokratie gedacht waren, und sie nun als Waffe gegen eben diese umwandelt.

PRÄDIKTIVE POLIZEIARBEIT GEGEN POLITISCHE AKTIVISTEN

Unter dem Deckmantel der nationalen Sicherheit hat die AfD prädiktive Polizeimodelle aus China eingeführt, die angeblich dazu dienen, zukünftige Verbrechen von gewalttätigen Migranten zu verhindern. Tatsächlich werden diese Modelle verwendet, um politische Aktivisten und Oppositionelle zu überwachen. »Ich wurde wegen eines Verbrechens festgenommen, das ich nie begangen habe. Die KI ›sagte‹ voraus, dass ich an einer illegalen Demonstration teilnehmen würde«, berichtet ein Opfer dieser Praxis. Während in den Straßen immer mehr Demos stattfinden, in denen Bürger ihre Souveränität zurückfordern, wirft der zunehmende Einsatz von Überwachungsdrohnen und automatisierten Polizeikräften einen Schatten über die einst lebendige deutsche Demokratie. »Wir leben in einem Überwachungsstaat, der George Orwells *1984* wie eine harmlose Utopie erscheinen lässt«, sagt ein Demonstrant, dessen Identität durch die allgegenwärtigen Kameras längst kein Geheimnis mehr ist. »Wenn wir jetzt nicht handeln, werden zukünftige Generationen in einer Welt aufwachen, in der Freiheit nur noch ein Wort in den

Geschichtsbüchern ist«, sagt der knapp 50-jährige Kühnert, der schon lange als Bundestagsabgeordneter tätig ist.

WARUM EINE AGILE DEMOKRATIE?

Demokratie ist ein Sehnsuchtsort der Freiheit und gleichzeitig auch ein mühsames ständiges Ringen um Mehrheiten. Die Frage, wohin dieses Experiment im 21. Jahrhundert steuert, ist aktueller denn je.
Denn die Demokratie ist kein statisches Konstrukt, sondern ein ständiges Auskämpfen und Kompromissefinden. Was für uns in Deutschland und Europa seit vielen Jahrzehnten selbstverständlich ist, gilt in vielen Teilen der Welt indes weiter als ferne Utopie. Zahlreiche Länder erleben einen Rückgang bei den Schlüsselindikatoren demokratischer Leistung. Nach dem Demokratieindex der *Economist Intelligence Unit* leben aktuell nur acht Prozent der Weltbevölkerung in einer voll funktionsfähigen Demokratie, während weitere 37 Prozent in sogenannten »fehlerhaften Demokratien« leben und 55 Prozent der Weltbevölkerung überhaupt nicht in demokratischen Systemen. Die wachsenden Bedrohungen der Demokratien sind der Rechtspopulismus, das zunehmende Misstrauen gegen die politische Kaste und geopolitische Verwerfungen, die die Furcht der Bürgerinnen und Bürger verstärken.

Mitten in die Vertrauenserosion der repräsentativen Demokratie bricht die technologische Revolution mit künstlicher Intelligenz mit brachialer Geschwindigkeit hinein. Spätestens seit dem Hype um generative KI und dem kometenhaften Aufstieg von ChatGPT im Herbst 2022, stellt sich unmittelbar die Frage, welche Auswirkungen diese nächste absehbare technologische Revolution auf unsere Demokratie und Gesellschaft haben wird. Yuval Noah Harari sagt, dass KI mit dem Zugang zur Sprache das »Betriebssystem der Menschheit« gehackt hat. Zumal die Fähigkeit von KI-Systemen, überzeugende Narrative und Diskurse zu schaffen, das Risiko birgt, dass sie nicht nur die öffentliche Meinung beeinflussen, sondern auch die Art und Weise, wie Politik verstanden und betrieben wird.

DIE WELT ZUM GUTEN VERÄNDERN

KI wird – das ist heute bereits klar – eine der Schlüsseltechnologien der Menschheitsgeschichte und damit bietet sie viele Potenziale, um sie zum Wohle der Gesellschaft zu nutzen. Und genau jetzt ist der Moment, sich den strukturellen und systemischen Fragen zu stellen, die KI aufwirft.

Wir müssen die ethischen, sozialen und politischen ***Dimensionen*** *der KI verstehen und aktiv mit* ***eigenen Ideen*** *und* ***Vorstellungen*** *gestalten, bevor sie uns wortwörtlich überrollen.*

Aber: Die Geschwindigkeit, mit der KI-Technologien voranschreiten, und ihre Fähigkeit, tief in das gesellschaftliche Gewebe einzudringen, machen es auch unerlässlich, jetzt zu handeln.

Eines ist klar: Wenn wir jetzt nicht aktiv werden, könnten wir eine Zukunft erleben, in der Algorithmen unsere Wahrnehmung zunehmend autark formen und unsere demokratischen Werte untergraben, ohne dass wir es merken.

Dieses Buch zeigt, wie KI die Welt zum Guten verändern kann – wenn wir jetzt handeln. Es entwirft ein Szenario, wie KI als Instrument zur Förderung einer starken und resilienten Demokratie genutzt werden kann. Wir verstehen es als einen konkreten Denkanstoß für Interessierte, Entscheidungsträger und Bürger, um die wachsende Komplexität unserer Demokratie im Kontext von künstlicher Intelligenz zu verstehen und aktiv mitzugestalten.

*Wir nennen es **agile Demokratie.***

Wie geht das? Wie wird eine Demokratie agil? Denn Demokratie, das komplexe, oft schwerfällige Schiff unserer gesellschaftlichen Ordnung, scheint auf den ersten Blick kaum kompatibel mit der Iterationsfähigkeit und Flexibilität, die Agilität verspricht. Demokratische Prozesse sind durch Checks and Balances, hohe Komplexität, intensive Debatten und den unabdingbaren Respekt vor Minderheiten gekennzeichnet – allesamt Merkmale, die Zeit und Kompromiss erfordern. Wie kann also eine solche zivilisatorische Errungenschaft »agil« sein, ohne ihre eigentliche Seele zu verlieren?

DAS PRINZIP DES »LERNENDEN STAATS«

***Agil** ist, wer in der Lage ist, sich an neue **Herausforderungen** und sich immer schneller verändernde gesellschaftliche **Bedingungen** mit präzisen und evidenzbasierten **Maßnahmen** anzupassen.*

Diese Perspektive verlangt von politischen Institutionen, sich als lernende Organisationen zu verstehen, die kontinuierlich Erfahrungen sammeln, aus Fehlern lernen und ihre Handlungslogiken verändern.

Die Bundestagsabgeordneten Thomas Heilmann und Nadine Schön haben 2020 in ihrem Buch *Neustaat* das Konzept des »lernenden Staats« skizziert. Ein »lernender Staat« initiiert tiefgreifende Änderungen in Staat und Verwaltung, die weit über isolierte Einzelmaßnahmen hinausgehen. Eine solche Herangehensweise ermöglicht es idealerweise dem Staat, sein Handeln fortwährend und in regelmäßigen Zyklen zu überprüfen, erfolgreiche Maßnahmen beizubehalten und ineffektive Strukturen anzupassen. Dabei schaut der Staat nicht nur zurück, sondern auch voraus, um sich schneller auf Veränderungen vorbereiten zu können. Und ein »lernender Staat« bildet sozusagen das Fundament für die agile Demokratie.

Die agile Demokratie ist, per Definition, die transformative Evolution demokratischer Prozesse durch den Einsatz intelligenter Technologien, die es ermöglichen, Entscheidungen schneller, transparenter und intelligenter zu treffen. Sie nutzt die Macht der KI, um bürokratische Trägheit zu überwinden und die Teilhabe der Bürger am politischen Diskurs zu intensivieren, wodurch eine kontinuierliche und dynamische Anpassung an gesellschaftliche Bedürfnisse und Herausforderungen ermöglicht wird. KI wird somit zum Beschleuniger politischer Teilhabe, ohne dass der deliberative Charakter der Demokratie verloren geht. In diesem Sinne agiert der Ansatz von agiler Demokratie als Katalysator für ein politisches System, das nicht nur reagiert, sondern proaktiv lernt, sich entwickelt und somit das Vertrauen der Gesellschaft in ihre Institutionen dauerhaft stärkt.

WIR MÜSSEN ES SCHON SELBST RICHTEN

Dass die KI jegliche politische und gesellschaftliche Herausforderung lösen könnte, ist jedoch eine gefährliche Illusion. Sie übersieht die Komplexität menschlichen Handelns, die Nuancen politischer Entscheidungen und die Unvorhersehbarkeit gesellschaftlicher Entwicklungen. Die KI ist perfekt, um große Datenmengen zu analysieren und Muster zu erkennen, aber die Werte, Prioritäten und Ziele, die unsere politischen Entscheidungen leiten, müssen von uns, den Bürgern und Entscheidungsträgern, festgelegt werden. Wir können uns da nicht aus der Verantwortung ziehen, wir müssen es schon selbst richten.

*KI ist ein wichtiges **Werkzeug,** das, wenn es klug eingesetzt wird, die Agilität unserer **Demokratie** signifikant steigern kann. Sie kann **Prozesse** optimieren, **Transparenz** schaffen und die **Teilhabe** der Bürger am politischen Diskurs vertiefen.*

Die agile Demokratie betrachten wir nicht als theoretisches Konzept aus dem Elfenbeinturm – sondern als konkrete Anleitung, um das Vertrauen in das politische System mit KI wiederherzustellen.

*Die **agile Demokratie** ist der **Auftakt** – nicht das Ende. KI ist der **Katalysator** für eine **Demokratie,** die lernt, sich anpasst und **stetig verbessert.***

Vor allem ist das alles kein utopischer Traum. Es ist eine machbare Realität – vorausgesetzt, wir wählen bei KI auch einen Weg der ethischen Verantwortung und des klaren Bekenntnisses zum Allgemeinwohl. Das braucht Zeit, Ressourcen, Geld, Personal. Deshalb ist dieses Buch auch ein Aufruf, in Diskussionen, Forschung und Anwendung das Vertrauen in unsere demokratischen Institutionen neu zu beleben und unsere Gesellschaft robust zu machen und für die Zukunft gut zu rüsten. Es geht nicht darum, ob eine bessere Demokratie möglich ist. Es geht darum, wie wir sie gemeinsam gestalten.

***Erfinden** wir die **Demokratie** mit KI **neu** – oder wir laufen **Gefahr,** dass sie langsam **sterben** wird.*

Wir können es uns nicht mehr leisten, passive Beobachter in einer Welt zu sein, die zunehmend von KI bestimmt wird. Im Zentrum unserer Untersuchung steht die Herausforderung, die Potenziale der KI für eine lebendige und robuste Demokratie zu nutzen, ohne dabei grundlegende demokratische Werte und Prinzipien zu gefährden. Wie können wir sicherstellen, dass KI-basierte Systeme und Algorithmen nicht nur effizient, sondern auch fair, ethisch und im Einklang mit den demokratischen Idealen des Grundgesetzes sind?

DAS OPERATING MODEL DER AGILEN DEMOKRATIE

Input, Umsetzung und Output – warum ist uns dieser spezifische Dreiklang in diesem Buch als Vorgehensweise und Leitfaden so wichtig? Weil er die Struktur einer agilen Demokratie nicht nur abbildet, sondern auch aktiv mit konkreten Ideen und Maßnahmen fördert. **Input, Umsetzung und Output** sind die Grundpfeiler, auf denen die Interaktion zwischen Bürgern und Staat ruht. Sie sind die tragenden Säulen, die eine dynamische, anpassungsfähige und effektive Demokratie definieren – eine Demokratie, die bereit ist, auf die rapiden Veränderungen unserer Zeit zu reagieren.

Input steht für die Grundlage jeder lebendigen Demokratie: die vielfältigen Stimmen, Meinungen und Bedürfnisse der Bürgerinnen und Bürger. Die Leitfrage hier lautet: Wie können wir mithilfe von KI mehr politische Teilhabe und Bildung fördern und somit bessere Ideen für die Demokratie generieren? Das betrifft insbesondere die Themen Bildung, Partizipation und demokratische Wahlen.

Umsetzung: Die »Verarbeitung« innerhalb des agilen Demokratiemodells ist das zentrale Scharnier, um Daten in strukturierte, durchführbare politische Maßnahmen zu transformieren. Dieser Prozess ist entscheidend für die Vitalität und Effektivität der Demokratie und ruht auf den drei Säulen Justiz, Staat und Politik.

Der **Output** ist schließlich das Endprodukt dieses Prozesses. Es ist das, was in der Öffentlichkeit als politisches Handeln sichtbar wird. Ein effektiver Output ist das direkte Spiegelbild der Bedürf-

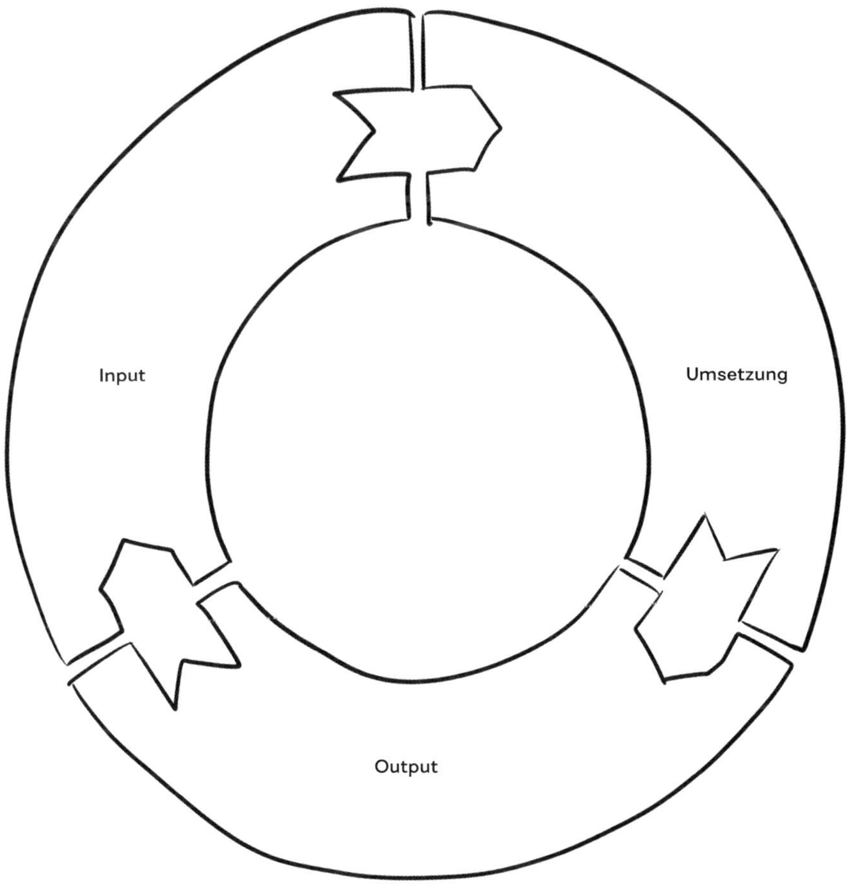

nisse und Wünsche der Bürger, realisiert durch zeitnahe und eine qualitativ hochwertige Umsetzung. Diese Maßnahmen sind es, die den Alltag der Menschen unmittelbar berühren und verbessern und damit den wahren Wert und die Relevanz des demokratischen Systems beweisen. Deshalb geht es im letzten Teil um die Handlungsfelder: um eine lernende agile Demokratie, um eine konkrete Roadmap zur Implementierung, darum, wie Organisationen ihren KI-Reifegrad verbessern, und selbstverständlich um unsere Rolle als Bürger in der KI-basierten agilen Demokratie.

Bevor wir jetzt in medias res gehen, wollen wir noch eine kurze Bestandsaufnahme zur KI vornehmen. Wir haben diesbezüglich Janina Mütze von Civey gebeten, in einer bevölkerungsrepräsentativen Studie zu untersuchen, wie die Bürgerinnen und Bürger zur KI im Hier und Jetzt stehen.

Here are the results!

KAPITEL 2

KLEINER EXKURS: DIE TECHNOLOGIE-REVOLUTION IST LÄNGST IM GANGE, ABER FÜR VIELE NOCH ZU ABSTRAKT

IM ERGEBNIS ZEIGT UNSERE STUDIE: JE KONKRETER DER NUTZEN, DESTO GRÖSSER IST DIE OFFENHEIT IN DER BEVÖLKERUNG FÜR KI

von Janina Mütze, Co-Gründerin und CEO Civey

Janina Mütze (Jahrgang 1990) ist Mitgründerin und Geschäftsführerin von Civey. Darüber hinaus ist sie unter anderem Mitglied des Beirats der Berliner Sparkasse. Sie engagiert sich für die Themen Transformation und Digitalisierung, gesellschaftlicher Wandel sowie Führung und Unternehmertum. Sie ist außerdem Mitglied im Beirat für Gründungen an der Hochschule für Technik und Wirtschaft in Berlin und Kolumnistin für verschiedene Tages- und Fachmedien. Gesellschaftspolitische Entwicklungen ordnet Janina Mütze zudem regelmäßig als Expertin für Wahlanalysen und Umfragen des Fernsehsenders WELT ein.

Man muss gar nicht so weit schauen, wenn man sich eine Vorstellung darüber verschaffen möchte, wie unser Miteinander im Alltag dank künstlicher Intelligenz künftig aussehen könnte. Um genau zu sein: Es reicht ein Blick nach Hamm in Westfalen. Dort steht seit Sommer 2023 Deutschlands erste KI-Ampel. Sie gibt Radfahrern Vorrang, verlängert die Grünphasen für Fußgänger, wenn etwa nach Schulschluss ganze Horden von Schülern über die Straße wollen – oder jemand mit dem Rollator länger braucht. Und sie bevorzugt Autos aus der Richtung, in der es sich staut. Für einen möglichst reibungslosen und sicheren Verkehrsfluss lernt sie täglich dazu. Man kann aber auch nach Hamburg schauen: Dort kommen Eltern mithilfe eines KI-Sprachassistenten ohne großen Papierkram und Behördengänge kinderleicht an ihr Kindergeld und weitere Verwaltungsdienstleistungen rund um die Geburt.

Mit anderen Worten: Künstliche Intelligenz ist längst da. Ihr Potenzial für Politik, Wirtschaft und Gesellschaft, für die Art und Weise, wie wir zusammenleben, ist bahnbrechend – eine echte Technologierevolution eben. Dennoch zeigt sich in der Bevölkerung ein fast dystopisches Bild. Die Hälfte der Deutschen lehnt KI schlichtweg ab, noch mehr denken, wir werden langfristig die Kontrolle über künstliche Intelligenz verlieren. Zwei Drittel der Menschen in unserem Land können sich nicht vorstellen, dass KI beitragen wird, komplexe gesellschaftliche Probleme zu lösen.

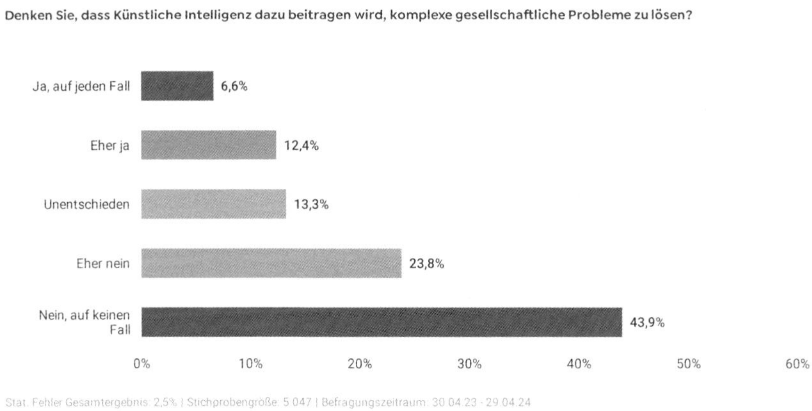

Es ist zwar ein bekanntes Phänomen, dass neue Technologien Skepsis in der Bevölkerung auslösen. Doch wie das 2024 erschienene Edelman Trust Barometer zeigt, ist die Ablehnung in Deutschland stärker als im weltweiten Vergleich.* Was steckt dahinter?

Civey hat in dieser bevölkerungsrepräsentativen Studie genauer nachgefragt: Welche konkreten Sorgen stecken hinter dem Kontrollverlust, welche Risiken verbinden die Menschen in Deutschland konkret mit künstlicher Intelligenz – und sehen sie auch Chancen? Was uns besonders interessiert hat. Bleibt die Ab-

* Edelman Trust Barometer 2024: *Germany Report*, S. 14 und *Global Report*, S. 14.

lehnung von KI auch bestehen, wenn wir möglichst konkrete Verwendungsbeispiele abfragen, die das komplexe Thema KI greifbarer machen? Dazu haben wir Beispiele aus Politik und Verwaltung herangezogen.

Die Sorgen in der Bevölkerung kreisen neben der Beherrschbarkeit vor allem um den möglichen Missbrauch von KI. Nicht immer richtet sich die Angst gegen *die künstliche Intelligenz an sich* (»Kontrollverlust«, »Abhängigkeit«), sondern wird häufig mit der Frage verbunden, *in wessen Händen* diese zum Einsatz kommt. Absender von Fake News beispielsweise können ihre Botschaften mithilfe von KI noch einfacher, schneller, passgenauer und billiger produzieren und verbreiten. Mit über 70 Prozent wird kein Risiko häufiger genannt als »Verbreitung von Falschinformationen«. Auch Datenschutzbedenken betreffen die sachgerechte Verwendung von KI: Werden die Informationen, mit denen KI gefüttert wird, nicht ausreichend geschützt, besteht die Gefahr des Missbrauchs oder des unberechtigten Zugriffs durch Dritte.

KI-Systeme können auch verwendet werden, um große Datenmengen zu analysieren und detaillierte Profile von Einzelpersonen zu erstellen. Große Teile der Bevölkerung denken bei KI-Risiken außerdem an den Einsatz autonomer Waffen oder an Diskriminierung. Ähnlich ist es bei der hohen Verantwortung derjenigen, die KI-Algorithmen mit Daten trainieren.

Welche Risiken assoziieren Sie mit „Künstlicher Intelligenz“?

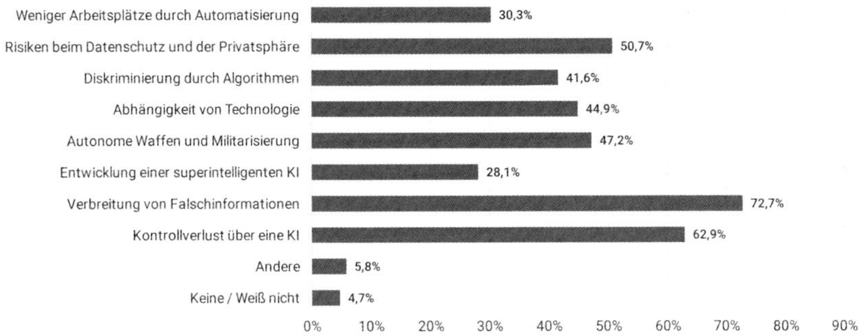

Mehrfachantwort möglich | Stat. Fehler Gesamtergebnis: 2,5% | Stichprobengröße: 5.021 | Befragungszeitraum: 06.03.24 - 08.03.24

Aber es gibt auch die andere Seite der Medaille: die konkreten Chancen mit KI. Allen voran: Fortschritte in der Forschung, mehr Effizienz durch Automatisierung und präzisere Diagnosen im Gesundheitswesen. Jeweils mehr als vier von zehn Befragten sehen hier Potenziale. Auch den Verkehr sieht mehr als jeder Vierte als einen Bereich, der vom Einsatz von KI profitieren kann. Dass wir aber von Technologieoffenheit bis Know-how noch erheblichen Aufholbedarf haben, zeigt dieses Ergebnis: Rund drei von zehn Befragten sehen überhaupt keine Chancen durch KI – oder wissen zu wenig darüber, um die Frage beantworten zu können.

Welche Chancen assoziieren Sie mit „Künstlicher Intelligenz“?

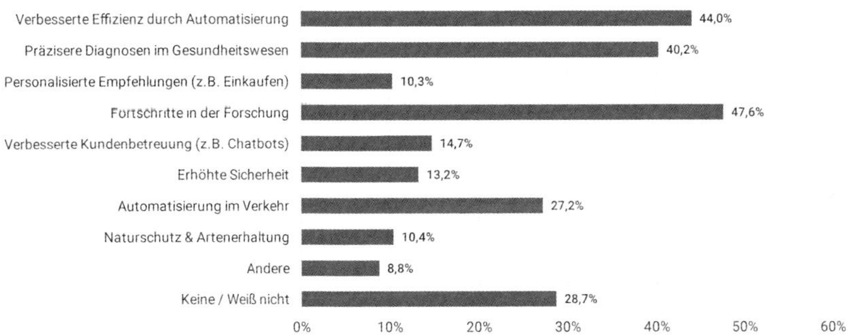

Mehrfachantwort möglich | Stat. Fehler Gesamtergebnis: 2,5% | Stichprobengröße: 5.020 | Befragungszeitraum: 06.03.24 - 08.03.24

Wir haben deshalb die Einstellung zu mehreren konkreten Beispielen für den Einsatz von KI in Politik und Verwaltung abgefragt. Die Ergebnisse werfen ein anderes Licht auf die Grundhaltung der Deutschen: Verbunden mit konkreten Vorteilen für Bürgerinnen und Bürger steigt deren Offenheit gegenüber KI deutlich an – mit Zustimmungswerten von jeweils über 50 Prozent. Am deutlichsten wird dies bei unserem Szenario Naturkatastrophen: Acht von zehn Deutschen sind der Meinung, Politik und Verwaltung sollten KI nutzen, um zum Beispiel Überschwemmungen, Waldbrände oder Stürme früher zu erkennen.

Sollte Ihrer Meinung nach in Politik und Verwaltung "Künstliche Intelligenz" eingesetzt werden, um Naturkatastrophen (z.B. Überschwemmungen, Waldbrände, Stürme) früher zu erkennen?

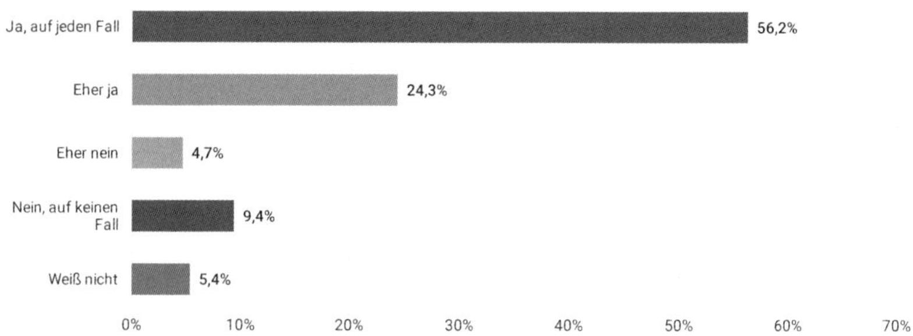

Stat. Fehler Gesamtergebnis: 2,5% | Stichprobengröße: 5.017 | Befragungszeitraum: 06.03.24 - 08.03.24

Mehr als zwei Drittel der Deutschen wünschen sich darüber hinaus den Einsatz von KI, um lange Wartezeiten bei Behördengängen zu vermeiden. Mehr als die Hälfte der Bevölkerung befürwortet (in absteigender Reihenfolge), dass mithilfe von KI die Effizienz in der Verwaltung erhöht wird, Dokumente und Gesetzestexte sprachlich vereinfacht und Steuergelder wirkungsvoller eingesetzt werden.

Sollte Ihrer Meinung nach in Politik und Verwaltung "Künstliche Intelligenz" eingesetzt werden, um lange Wartezeiten bei Behördengängen zu vermeiden?

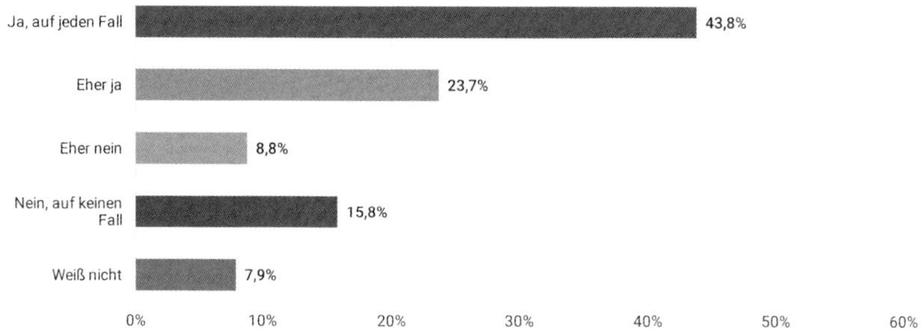

Stat. Fehler Gesamtergebnis: 2,5% | Stichprobengröße: 5.018 | Befragungszeitraum: 06.03.24 - 08.03.24

Sollte Ihrer Meinung nach in Politik und Verwaltung "Künstliche Intelligenz" eingesetzt werden, um die Effizienz von Verwaltung und öffentlichen Dienstleistungen zu steigern?

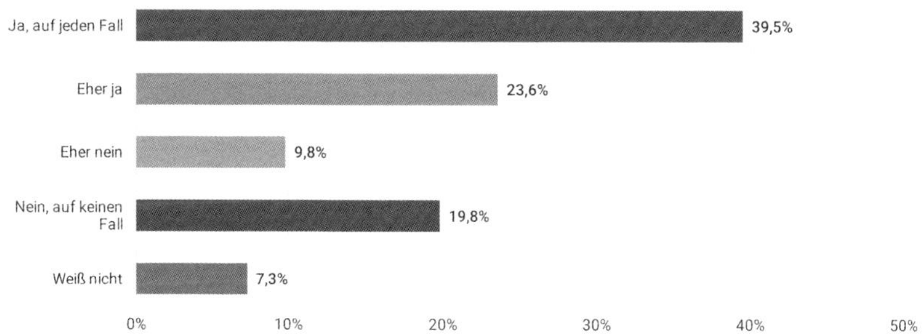

Stat. Fehler Gesamtergebnis: 2,5% | Stichprobengröße: 5.023 | Befragungszeitraum: 06.03.24 - 08.03.24

Sollte Ihrer Meinung nach in Politik und Verwaltung "Künstliche Intelligenz" eingesetzt werden, um Dokumente oder Gesetzestexte für Bürgerinnen und Bürger in leichte Sprache umzuformulieren?

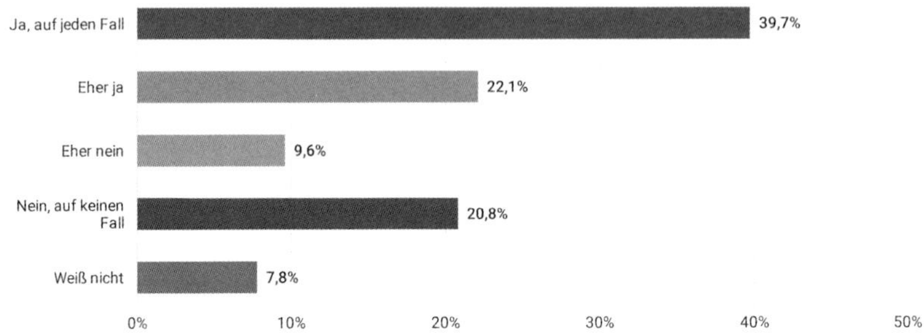

Stat. Fehler Gesamtergebnis: 2,5% | Stichprobengröße: 5.020 | Befragungszeitraum: 06.03.24 - 08.03.24

Sollte Ihrer Meinung nach in Politik und Verwaltung "Künstliche Intelligenz" eingesetzt werden, um Steuergelder effizienter einzusetzen?

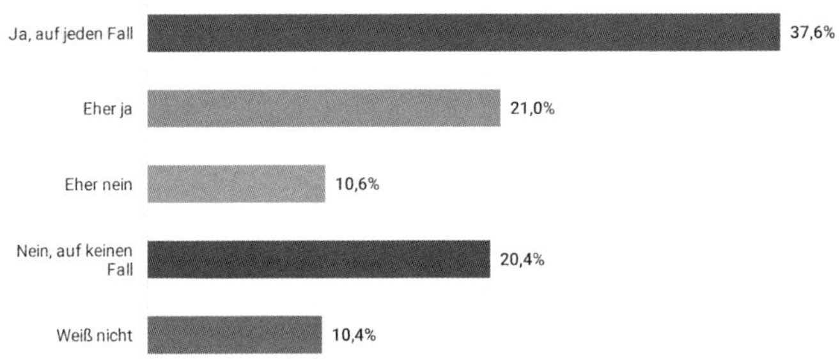

Stat. Fehler Gesamtergebnis: 2,5% | Stichprobengröße: 5.021 | Befragungszeitraum: 06.03.24 - 08.03.24

WENIGER ABSTRAKT ÜBER DIE KI SPRECHEN

Aufschlussreich ist auch ein Blick auf die politischen Lager: Die Anhängerinnen und Anhänger der AfD sehen insgesamt am wenigsten Chancen in der Verwendung von KI. Unter ihnen ist die Zustimmung zu den von uns verwendeten GovTech-Beispielen am geringsten. Die Wählerinnen und Wähler der Grünen hingegen verbinden mehr Chancen mit KI als alle anderen politischen Lager und sind die stärksten Befürworter der von uns abgefragten Fälle. Grundsätzlich lässt sich festhalten: Schaut man positiver in die Zukunft, erhöhen sich die Chancen für die KI.

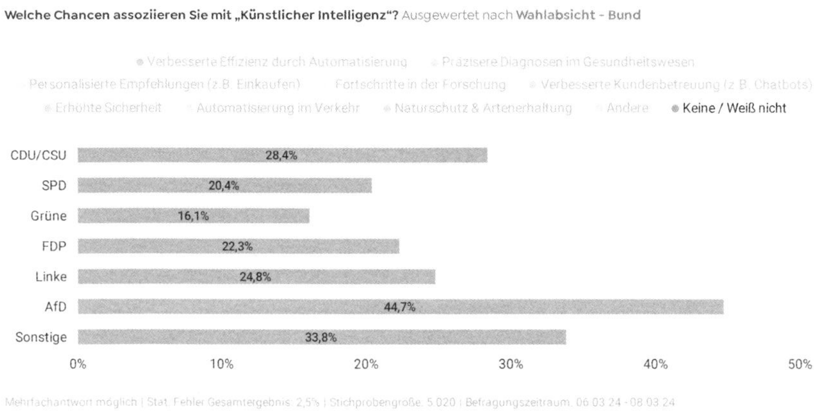

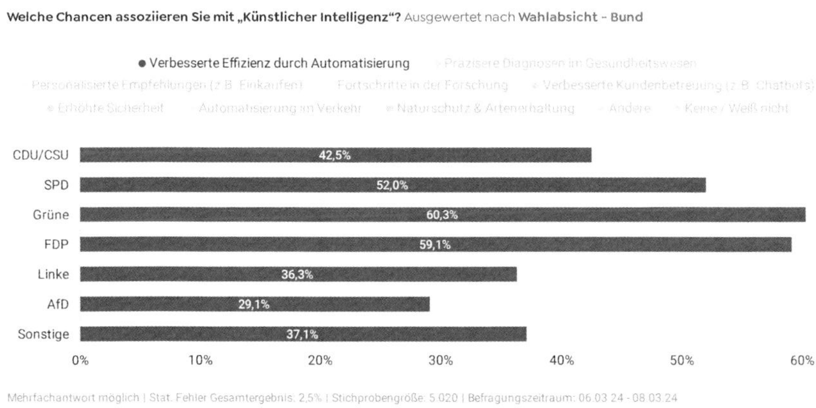

Ob Zukunftsmusik oder längst Realität, unsere Beispiele zeigen: Den Deutschen aufgrund ihrer Vorbehalte und Ängste eine pauschale Ablehnung von KI zu unterstellen, greift zu kurz. Es lohnt sich, genauer hinzuschauen. Und: Wenn wir möglichst viele Menschen auf dem Weg ins Neuland mitnehmen wollen, sollten wir zunächst weniger nebulös und mehr praxisorientiert über künstliche Intelligenz sprechen. Solange die eigene Betroffenheit und der mögliche Nutzen nicht verstanden werden, herrschen ideale Bedingungen für vage Zukunftsängste. So ist schließlich mehr als jede und jeder Zweite der Meinung, dass die Bundesregierung die berufliche Aus- und Weiterbildung für den Umgang mit künstlicher Intelligenz finanziell fördern sollte. Andere Länder tun sich dafür zum Teil bereits mit der Tech-Industrie zusammen.

Sollte die Bundesregierung Ihrer Meinung nach die berufliche Aus- und Weiterbildung für den Umgang mit „Künstlicher Intelligenz" finanziell fördern?

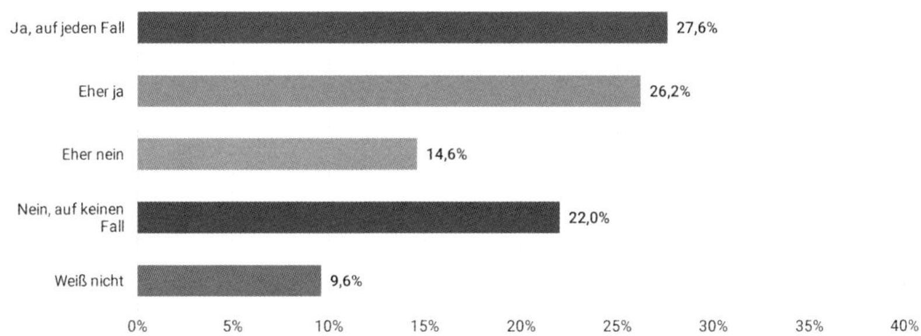

Stat. Fehler Gesamtergebnis: 2,5% | Stichprobengröße: 5.020 | Befragungszeitraum: 06.03.24 - 08.03.24

Welcher Aussage stimmen Sie in Bezug auf die Digitalisierung am ehesten zu? Erwerbstätige

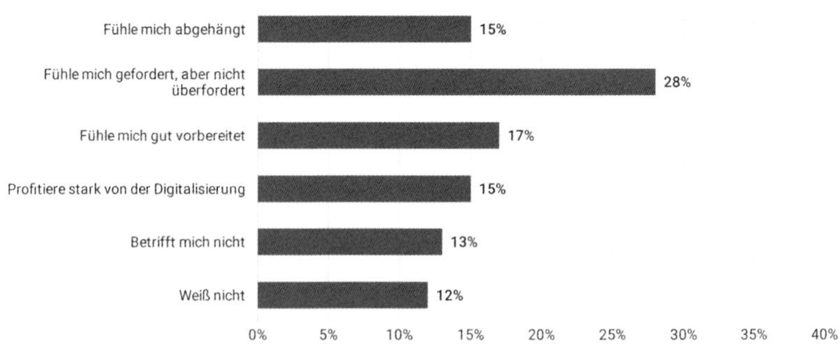

Stat. Fehler Gesamtergebnis: 6,0% | Stichprobengröße: 1.000 | Befragungszeitraum: 30.01.24 - 28.04.24 | Gerundete Ergebnisse

Eine breit angelegte Bildungsoffensive ist allerdings weder von staatlicher Seite noch in der Wirtschaft in Sicht. Selbst in Unternehmen, die mit KI arbeiten, sind Schulungen für Mitarbeitende noch kein Standard. Auf diese Weise bleibt der Begriff KI für die einen abstrakt, während andere längst daran arbeiten, mit intelligenter Technologie schneller und günstiger Medikamente zu entwickeln oder den Klimawandel aufzuhalten. Höchste Zeit für einen gesamtgesellschaftlichen Diskurs über den Wandel, in dem wir uns längst befinden.

KAPITEL 3

BILDUNG IST NICHT ALLES, ABER OHNE BILDUNG IST ALLES NICHTS!

Schon Sokrates wusste: »Bildung ist das Entfachen einer Flamme, und nicht das Füllen eines Gefäßes.« Wir brauchen eine starke Flamme in diesen Tagen – mehr denn je. Der Nukleus jeder konstruktiven Veränderung im Kontext künstlicher Intelligenz ist unser Wissen als Gesellschaft. Und zwar nicht von wenigen, sondern von so vielen wie möglich.

Eine Demokratie, die nicht nur auf dem Papier agil sein will, setzt auf das Fundament der mündigen Bürger: auf Individuen, die nicht nur bereit sind, ihre Stimme zu erheben, sondern sich auch aktiv einzumischen. Hier kommt die künstliche Intelligenz ins Spiel, nicht als kalte Maschine, sondern als Katalysator, der die Türen weiter als bisher aufstößt – für jeden. Sie ist der Hebel, der den Bildungsfahrstuhl nicht nur in Gang setzt, sondern sicherstellt, dass niemand zwischen den Etagen stecken bleibt. Ganz gleich, in welchen geografischen oder sozialen Koordinaten wir uns verorten.

Die künstliche Intelligenz transformiert Schulen mit personalisierten Lerngefährten und adaptiven Lehrmaterialien, sie revolutioniert die Weiterbildung in Unternehmen durch maßgeschneiderte digitale Unterstützung und überbrückt Sprachbarrieren bei Migranten, um dem Fachkräftemangel entgegenzutreten. Am Ende des Tages steht Alexander von Humboldt 2.0: technologisch upgegraded, bereit, eine Generation von agilen Bürgern und Mitarbeitern zu befähigen. Also, fangen wir endlich an, auf den KI-Express aufzuspringen – ein Zurück gibt es sowieso nicht mehr.

Letztlich war es ein einfacher Jobwechsel, der die Bildung in Deutschland grundlegend erneuerte. Wilhelm von Humboldt, ein Adeliger aus Berlin-Tegel, arbeitete als »Preußischer Gesandter am Heiligen Stuhl in Rom«, ein eher gemütlicher Posten mit vielen Annehmlichkeiten. Doch Anfang des 19. Jahrhunderts stand Preußens Monarchie unter Druck, der preußische Militärstaat hatte abgewirtschaftet, die Staatsbehörden mussten reorganisiert werden, es bestand dringender Handlungsbedarf, um den maroden Staat in eine neue Zeit zu führen. Mit der Berufung von Humboldt zum Leiter der »Sektion des Kultus und des öffentlichen Unterrichts« sollte endlich die Bildungsmisere in Preußen beendet werden.

***Agilität** war gefordert. Der neue Staat brauchte **gebildete Bürger,** keine unwissenden Untertanen.*

Humboldt schwebte im Kern ein humanistisches Bildungsideal mit einer ganzheitlichen Erziehung vor, sowohl künstlerisch-wissenschaftlich als auch kosmopolitisch-empathisch. Vor allem sollte Bildung nicht länger an eine Standeszugehörigkeit gebunden sein.

Die Devise lautete: Bildung möglichst für alle. Eine Revolution für damalige Verhältnisse. Humboldt etablierte in der Folge ein dreistufiges Unterrichtssystem, in dem Volksschule, Gymnasium und Universität die kirchlichen, privaten und städtischen Einrichtungen ablösten. Er setzte auf das »Lernen des Lernens« und darauf, dass ein autonomes Individuum sich zu einem selbstbestimmten und mündigen Bürger entwickelt.

Das klingt heute alles weit weg und doch so modern. Das humboldtsche Bildungsideal prägte Preußen, später Deutschland, und bedingte nicht zuletzt auch deutsche Geisteshöchstleistungen. Mag der eine oder die andere jetzt denken, das sei doch alles lange her. Stimmt, aber der humboldtsche Bildungsansatz ist im Kern über alle Zeiten hinweg modern geblieben. Selbst im bevorstehenden KI-Zeitalter werden wir auf ihn zurückgreifen können.

KI ALS GRUNDSANIERUNG FÜR UNSER BILDUNGSSYSTEM

Denn dahinter steckt ein Bildungsideal, die perfekte Vorstellung, was ein Mensch braucht, um für seinen Lebensweg bestmöglich gerüstet zu sein. Das Problem: Bildungsideale sind keine Museumsstücke, die man unangetastet in der Vitrine verstauben lässt. Sie schreien nach Evolution, nach einer Symbiose mit den Lebensrealitäten und den technologischen Sprüngen unserer Zeit. Zumal wir in Deutschland Gefahr laufen, uns an betrübliche Bildungsnachrichten zu gewöhnen: PISA-Versager, hohe Schulabbrecherquote, steigende Gewalt an Schulen, wachsende Unbildung, gravierender Lehrermangel, hohe Krankenstände, Burnout bei Lehrkräften. Dabei könnte mit KI das Bildungssystem an den größten Baustellen grundsaniert werden. Inklusive der Vorstellung eines mündigen Bürgers in einer agilen Demokratie.

Genau hier setzt meine Vision an. Das Ziel: konkrete Gedanken zu einer grundlegenden ***KI-basierten Bildungsreform.*** *Anspruch: Stärkung einer instabiler werdenden Demokratie durch die* ***beste Bildung.*** *Oder anders ausgedrückt: die Rückkehr* ***Humboldts*** *in das kommende* ***KI-Zeitalter.***

Bildung macht Zukunft: Von den Menschen mit akademischem Abschluss oder Berufsausbildung sind zwei bis drei Prozent arbeitslos, unter solchen ohne Abschluss sind es 20 Prozent. Philip Banse und Ulf Buermeyer schreiben treffend in ihrem Buch *Baustellen der Nation*: »Wir lösen das Wohlstandsversprechen nicht mehr ein. Ein gerechtes Bildungssystem prägt nicht nur die individuellen Lebenschancen. Es formt auch die Gesellschaft.«*

* Banse, P. & Buermeyer, U. (2023). *Baustellen der Nation.*

*Die Zahl der »**Ungebildeten**« steigt. Sie bleiben vielerorts ausgegrenzt. Ein **gefährlicher Nährboden** für Populisten und ihre Botschaften. »**Die da oben**« hätten Schuld, dass **die da unten** nichts zu melden hätten.*

Die Tristesse der Ergebnisse internationaler Vergleichsstudien wie PISA oder IGLU, das schleichende Gift sinkender Qualität bei Schulabschlüssen, die alarmierenden Zahlen der Schulabbrecher – all das skizziert ein Szenario, bei dem klar wird: Unser Bildungssystem schreit förmlich nach einer tiefgreifenden, ja, einer radikalen Reform.

Im Dezember 2023 war wieder Zeit für eine trübe Bilanz. Alle drei Jahre werden die Kompetenzen von 15-jährigen Jugendlichen beim Lesen, in Mathematik und Naturwissenschaften abgefragt. Es ist ein Multiple-Choice-Test, er dauert zwei Stunden, weltweit nahmen 2022 rund 690 000 Schülerinnen und Schüler teil, in Deutschland waren es 6100.

Das Ergebnis aus deutscher Sicht: Knapp ein Drittel der 15-Jährigen hat in mindestens einem der drei getesteten Felder nur sehr geringe Kompetenzen. Etwa jeder sechste Jugendliche in Deutschland hat in allen drei Bereichen deutliche Defizite. Länder wie Singapur, Taiwan oder Japan haben alle zugelegt, Deutschland ist OECD-Durchschnitt.

GRETCHENFRAGE: WARUM STECKEN WIR AKTUELL IN DIESER BILDUNGSKRISE?

Die Frage öffnet die Tür zu einer Komplexität, die charakteristisch für unsere Bildungslandschaft ist. Sie ist ein Labyrinth, konstruiert aus mangelnden Investitionen, kaum individueller Förderung, einem fast schon kafkaesken und dauerhaft zementierten Kompetenzwirrwarr zwischen Bund und Ländern, dem Fehlen eines

Durchschnittsergebnisse in Mathematik, Lesekompetenz und Naturwissenschaften bei PISA 2022

Deutschland, OECD-Durchschnitt und ausgewählte Vergleichsländer

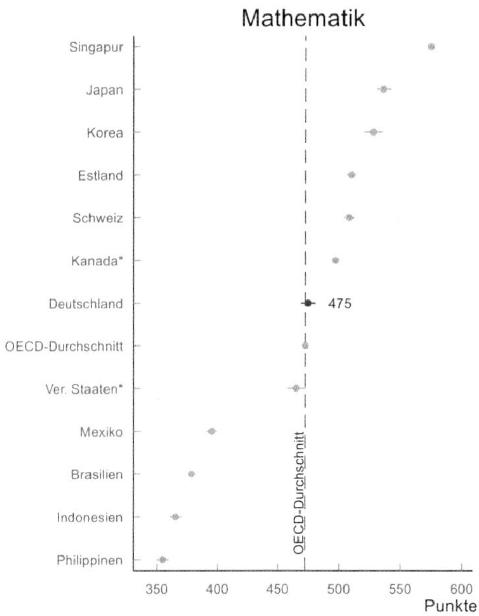

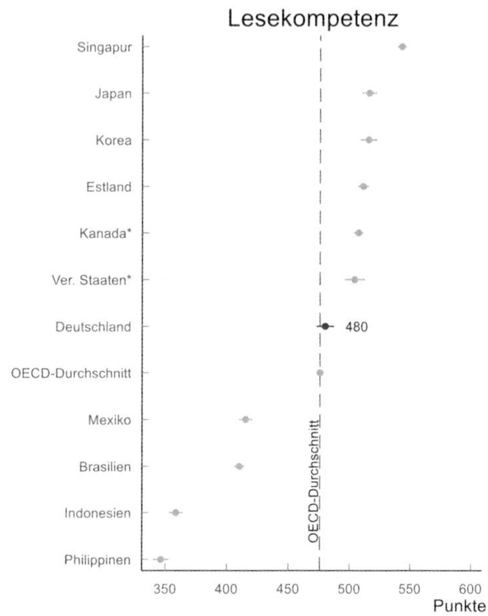

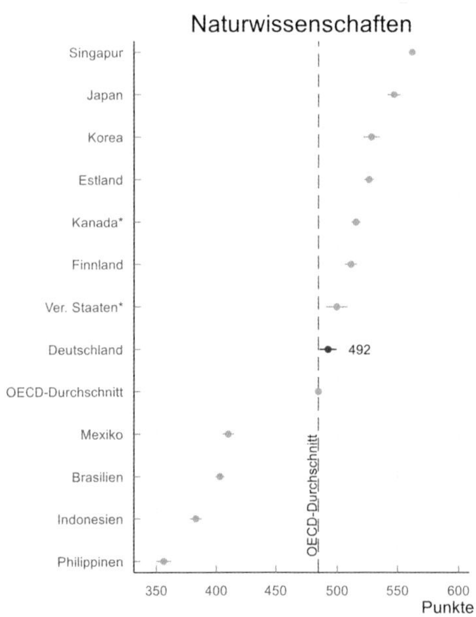

Anmerkung:
Die Vergleichsländer sind die sechs leistungsstärksten Länder in den einzelnen Kompetenzbereichen sowie die fünf Länder mit der größten Population 15-jähriger Schülerinnen und Schüler.

Die durch die Markierungspunkte hindurchgezogenen horizontalen Linien repräsentieren ein Maß für die mit den Schätzungen der Mittelwerte verbundene Unsicherheit (das 95-%-Konfidenzintervall).

Quelle: OECD, PISA-2022-Datenbank, Tabelle I.B1.2.1, I.B1.2.2 und I.B1.2.3.

einheitlichen, zeitgemäßen Leitbilds für unser Bildungswesen für die Gesellschaft der kommenden Jahrzehnte.

Beginnen wir mit den Investitionen – oder besser gesagt, dem eklatanten Mangel daran. Bildung in Deutschland leidet unter chronischer Unterfinanzierung, eine Situation, die durch den internationalen Vergleich gnadenlos offengelegt wird. Wir leben in einem der reichsten Länder der Welt und finden uns dennoch im unteren Mittelfeld von Bildungsinvestitionsrankings wieder. Dieser finanzielle Geiz ist nicht nur kurzsichtig, sondern auch ein Verrat an zukünftigen Generationen, deren Potenzial durch die Begrenzung der Ressourcen, die für ihre Ausbildung zur Verfügung stehen, künstlich eingeschränkt wird.

Die Möglichkeiten sind immens, die Chancen groß und in einem Land wie Deutschland, das von der Ressource Bildung abhängig ist, eine Notwendigkeit. Uns fehlen die glitzernden Bodenschätze, das Öl, das Gas, die seltenen Erden. Alles, was wir haben, sind die brillanten Köpfe unseres Landes. Das Land vieler Denkerinnen und Dichter. Aber investieren wir auch adäquat in diese Ressource? Die nackte Wahrheit ist: Nein. Als drittgrößte Volkswirtschaft der Welt dümpeln wir im OECD-Bildungsausgabenranking 2020 auf einem beschämenden Platz 22 herum. Mit einem Anteil von 4,6 Prozent des Bruttoinlandsprodukts (BIP) für Bildung liegen wir unter dem OECD-Durchschnitt von 5,1 Prozent.* Es ist an der Zeit, diesen Zustand nicht nur zu hinterfragen, sondern radikal umzukrempeln.

*Es ist eine **Sünde** an den kommenden Generationen und ihrem **Wohlstand, Bildung** so **fahrlässig** zu behandeln.*

* OECD (2023), *Bildung auf einen Blick 2023: OECD-Indikatoren*, wbv Media, Bielefeld/OECD Publishing, Paris, https://doi.org/10.1787/34087b82-de

Das Kompetenzwirrwarr zwischen Bund und Ländern trägt ebenfalls zur Misere bei. Das föderale System, so wertvoll es für die Berücksichtigung regionaler Besonderheiten sein mag, hat sich zu einem Hemmschuh für die notwendige Reformdynamik entwickelt. Jedes Bundesland kocht sein eigenes Bildungssüppchen, was zu einer zerklüfteten Landschaft von 16 verschiedenen Bildungssystemen führt. Diese Zersplitterung macht es nahezu unmöglich, einheitliche Standards zu setzen oder innovative Ansätze flächendeckend zu implementieren.
In Summe entsteht ein Bild von Deutschlands Bildungskrise, das nicht auf einfache Ursachen zurückzuführen ist, sondern auf eine komplexe Gemengelage verschiedenster Faktoren.

*Es ist ein **Systemversagen,** das einer grundlegenden **Neuordnung** bedarf.*

NICHTAKADEMIKERKINDER HABEN SCHLECHTE KARTEN

Bildungserfolg hat mit Herkunft zu tun. Das, was schon Humboldt vermeiden wollte – Bildung solle keine Frage der Standeszugehörigkeit sein –, haben wir wieder fest zementiert. Tatsächlich kann Bildung keinen Aufstieg mehr gewährleisten. Noch immer ist der akademische Erfolg von Kindern vom Abschluss der Eltern abhängig. Akademikerkinder haben eine dreimal so große Chance auf einen Bachelorabschluss – das ist das Ergebnis einer Studie des Stifterverbands für die Wissenschaft und der Unternehmensberatung McKinsey. Und auch im Hinblick auf Abschlüsse sieht es kaum besser aus. Bei hundert Kindern von Nichtakademikern schließen nur elf das Masterstudium ab, bei Akademikerkindern liegt die Zahl bei 43.*

* Vom Arbeiterkind zum Doktor (2019). Stifterverband. https://www.stifterverband.org/medien/vom_arbeiterkind_zum_doktor

HOHE UNZUFRIEDENHEIT WEGEN MANGELNDER BILDUNG

Der »Chancenmonitor 2023« des Münchner ifo Instituts unterstreicht die dramatische Ungerechtigkeit in der Bildungsverteilung: Die Wahrscheinlichkeit ein Gymnasium zu besuchen, für Kinder aus sozial schwachen Verhältnissen mit Migrationshintergrund liegt bei 21,5 Prozent, im Vergleich zu 80,3 für Kinder aus wohlhabenden, akademischen Familien ohne Migrationshintergrund.*
Bildung ist und bleibt offenbar eine Sache der Herkunft. Und das hat nicht nur Folgen für den Lebensweg der Betroffenen, das hat auch dramatische Folgen für Demokratie und Gesellschaft. Nach einer Studie der Friedrich-Ebert-Stiftung sind inzwischen nur noch 49 Prozent der Bevölkerung mit der Demokratie zufrieden, und die Unzufriedenheit ist besonders hoch bei niedrigeren Bildungsabschlüssen.**

*Konkret: Je **ungebildeter,** desto **demokratiefeindlicher.** Je **weniger Bildung,** desto **weniger Vertrauen** in die Demokratie.*

Was wir brauchen, ist ein Comeback der humboldtschen Bildungsphilosophie, aber in einer modernisierten, technologisch aufgerüsteten Version. Ein Humboldt 2.0, wenn man so will, der nicht nur den Bildungsabgehängten unter die Arme greift, sondern auch das Ticket für den Aufzug nach oben bereithält – sowohl für den individuellen Lebensweg als auch für ein neues »Wirtschaftswunder KI – made in Germany« unserer Nation.

* Der ifo-»Ein Herz für Kinder«-Chancenmonitor (1. September 2022). Projekt I Ifo Institut. https://www.ifo.de/projekt/2022-09-01/der-ifo-ein-herz-fuer-kinder-chancenmonitor

** Best, V., Decker, F., Fischer, S. & Küppers, A. (2022). Demokratievertrauen in Krisenzeiten [Report]. In: FRIEDRICH-EBERT-STIFTUNG. https://library.fes.de/pdf-files/pbud/20287-20230505.pdf

AGILE BILDUNG DANK KI

Dass künstliche Intelligenz bereits Einzug in das Bildungswesen hält, ist eine logische Konsequenz der technologischen Entwicklung – und ja, es geschieht bereits heute. Aber ich spreche hier nicht von dem eher oberflächlichen Einsatz von ChatGPT bei Hausaufgaben oder das Ausformulieren von Präsentationen durch Schülerinnen und Schüler. Was KI leisten kann, reicht weit darüber hinaus: Sie hat das Potenzial, das Lernen an sich zu transformieren, die Verwaltung von Schulen zu revolutionieren, Lehrkräfte in ihrer pädagogischen Arbeit zu unterstützen und den Lernenden individuell zugeschnittene Bildungsangebote zu machen.

Kurz gesagt, KI kann das gesamte Bildungssystem auf ein Level heben, das bisher nur in den kühnsten Utopien existierte – und damit die Qualität der Bildung insgesamt steigern.

BETTER CASE: KHANMIGO LÖST PROBLEME

Sal Khan erkannte das Potenzial der KI. Gemeinsam mit einem Team von Lehrenden und Entwicklerinnen arbeitete er daran, die KI für Bildungszwecke zu verbessern. Insbesondere die mathematischen Fähigkeiten. Daraus ist Khanmigo entstanden – eine maßgeschneiderte Lernerfahrung, die Verständnis und Problemlösungskompetenz fördert, anstatt nur Antworten zu liefern. Khanmigo hat als wichtiges Tool für die eher zurückhaltenden und schüchternen Schülerinnen und Schüler erwiesen: Sie stellen jetzt wesentlich mehr Fragen. Khanmigo wird bereits von über 500 öffentlichen Schulbezirken verwendet und im Rahmen des »AI-Powered Platform Pilot Grant« in Indiana in 112 Schulen eingesetzt. Es erreicht 45 000 Schülerinnen und Schüler.

BETTER CASE: FIETE KANN, WAS LEHRER NICHT KÖNNEN

Fiete.ai ist ein fortschrittliches KI-Tool, das auf GPT-4 basiert und von Hendrik Haverkamp, einem Lehrer, sowie Malte Hecht, einem Softwareentwickler, konzipiert wurde. Es zielt darauf ab, sowohl Lehrkräfte als auch Schüler und Schülerinnen mit personalisiertem und gezieltem Feedback zu unterstützen, indem es eine Plattform für kontinuierliche Zusammenarbeit an Aufgaben bietet.

Das heißt: Wenn Lehrer oder Lehrerinnen Aufgaben stellen, geht es am Ende nicht nur um die Lösungen – es geht auch um das individuelle Eingehen auf jeden Schüler und jede Schülerin. Beispiel: Ein Lehrer stellt eine Aufgabe über klimaneutrale Schifffahrt zur Diskussion, definiert spezifische Bewertungskriterien und fügt relevante Materialien hinzu. Fiete.ai bietet präzises Feedback, was die Lernenden wiederum zur Überarbeitung ihrer Antworten anregen soll. Die Schüler und Schülerinnen haben die Möglichkeit, auf Basis dieses Feedbacks ihre Antworten zu überarbeiten und erneut einzureichen, woraufhin weiteres Feedback erfolgt.

Das entlastet zum einen die Lehrkräfte, weil der Feedback-Prozess automatisiert ist. Und die Schüler bekommen individuelle Rückmeldungen und Verbesserungsvorschläge bereits während des Bearbeitungsprozesses. Das hilft ungemein bei der Förderung des Verständnisses komplexer Themen wie beispielsweise politischer Bildung.

*Kein **Lehrer** kann auf jeden einzelnen **Schüler** eingehen – die KI kann das.*

Und das ist ihr entscheidender Vorteil, gerade in Zeiten zunehmenden Lehrkräftemangels und immer noch überbordender Lehrpläne. Die KI übernimmt Lehrerarbeit und hilft, Lehrpläne abzuarbeiten. Vor allem sind die individuellen Rückmeldungen Ausdruck einer gerechteren Bildung, weil sie allen, unabhängig von ihren Start- und Existenzbedingungen, gezielte Unterstützung bietet.

Fiete.ai wird derzeit an 35 weiterführenden Schulen in Sachsen-Anhalt getestet. Das dortige Bildungsministerium plant eine Ausweitung ab dem Schuljahr 2024/2025 auf weitere 280 Lehrkräfte an 140 weiterführenden Schulen. Wir müssen solche Prototypen schneller skalieren, dank dem praktischen Feedback der Lehrkräfte verbessern und in der Fläche zur Anwendung bringen.

*KI löst nicht nur **Probleme,** KI kann **Bildung** auch **holistischer** denken.*

BETTER CASE: MIT DEN AUGEN LERNEN

Ein weiteres Beispiel für ein schulspezifisches KI-Programm ist HyperMind. Es ist ein intelligentes, adaptives Physiklehrbuch, das sich noch in der Entwicklungsphase befindet. Es misst über Eye-Tracking, Temperatur- und Pulsmessung, ob Lernende aufmerksam und motiviert sind oder das Gelesene womöglich nicht verstehen. Die KI verfolgt die Augenbewegung und registriert, wenn langsamer gelesen wird (weil die Augen müde werden), es hat überdies die Möglichkeit, die digitale Buchumgebung anzugleichen.

»BILDUNG IST LÄNDERSACHE« – DAS TOTSCHLAGARGUMENT

Sicher ist, dass die KI als Lerninhalt, wissenschaftliche Methode, Werkzeug oder Arbeitsmittel dienen kann. Andere Länder haben das früher erkannt, die USA oder China investieren intensiv in KI. Deutschland zeigt sich noch zurückhaltend in der Anwendung und Forschung zu KI in Bildungseinrichtungen. Zwar hat sich das KI-Budget des Bundesministeriums für Bildung und Forschung (BMBF) seit 2017 bis heute mehr als verzwanzigfacht, der Fokus liegt aber auf Forschung, Kompetenzentwicklung, Aufbau von Infrastrukturen und Transfer in die Anwendung und nicht auf dem Einsatz von KI für bessere Bildung.

Budget für Bildung, Forschung und Wissenschaft nach Bereichen

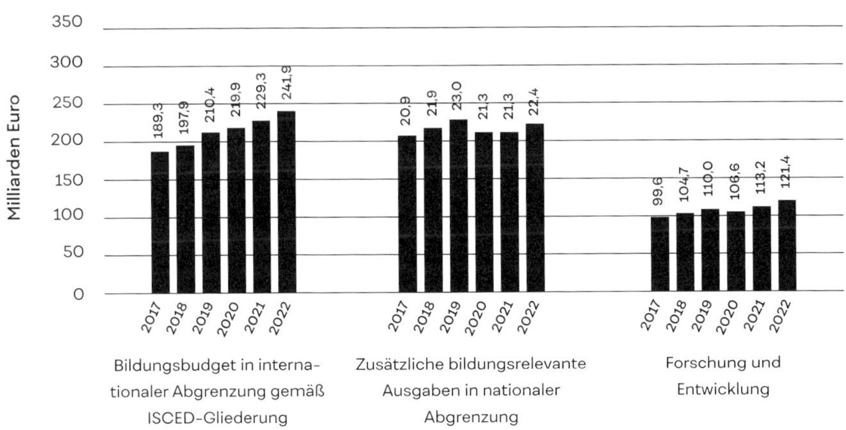

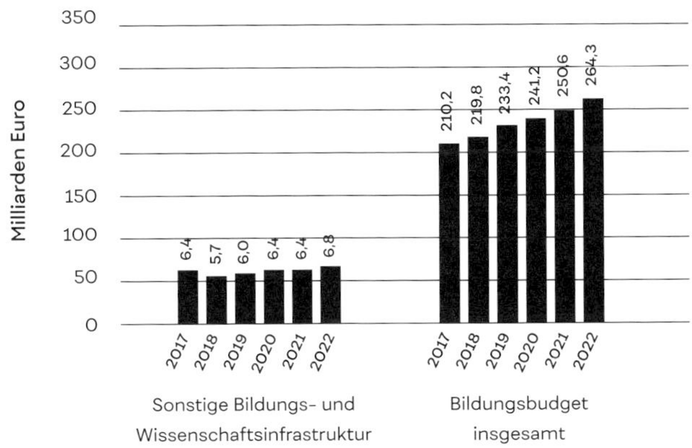

Quelle: Bundesministerium für Bildung und Forschung, 2024, https://www.datenportal.bmbf.de/portal/de/K2/grafik-1.9.1.html

Denn – und jetzt kommt das Hammer-Totschlag-Endgültigkeitsargument: Bildung ist Ländersache. Der Bund würde ja gerne, hat die Problematik auch erkannt, aber sorry: Bildung ist Ländersache. Das heißt: 16 unterschiedliche Definitionen eines Bildungswegs. 16 verschiedene Ansätze, Bildung zu reformieren. Und 16 Bildungsministerien, die sich in einer fast nicht reformierbaren Kultusministerkonferenz treffen und sich in der Regel nicht einigen.

Eine Bildungsreform wäre zwingend notwendig. Ein neues Bildungsideal eigentlich Pflicht. Aber wo ist ein Freiherr vom Stein? Wo ein Wilhelm von Humboldt? Sie sind zwar nicht da, aber sie würden sicher prüfen, wie man mit künstlicher Intelligenz die Bildung verbessern kann. Die Gleichung lautet deshalb:

HUMBOLDT + KI = AGILE BILDUNG!

BETTER CASE: KI-FRÜHWARNSYSTEM FÜR SCHULABBRECHER IN ARGENTINIEN

Im argentinischen Mendoza wird seit 2022 KI eingesetzt, um Schulabbrüche frühzeitig zu erkennen. Dieses von der Tinker Foundation finanzierte Vorhaben nutzt eine spezielle Software, die es Schulen ermöglicht, auf Basis von Noten, Anwesenheit, Bildungshintergrund der Familie und anderen Faktoren das Abbruchrisiko von Schülern und Schülerinnen zu evaluieren. Damit sollen gezielte Unterstützungsmaßnahmen für gefährdete Jugendliche angeboten werden.

»Ich war überrascht, wie sehr die Lehrenden den Einsatz der KI-Software akzeptiert haben. Darüber hinaus werden die Lehrerinnen und Lehrer emotional eingebunden. Die Lehrkraft hat die Informationen, die sie braucht, um eine emotionale Bindung aufzubauen, was in einer solchen Situation unerlässlich ist. Sie weiß, ob das Problem auf einen Mangel an Unterstützung für den Schüler zurückzuführen ist, ob sie etwas tun muss, um der Familie zu helfen, oder ob der Schüler Schwierigkeiten in bestimmten Fächern hat.« José Thomás, Generaldirektor für Schulen in der Provinz Mendoza, verstärkt die menschliche Komponente, indem er Lehrenden tiefergehende Einblicke in die individuellen Bedürfnisse ihrer Schülerinnen bietet. Es ist ein Ansatz, der Lehrende nicht ersetzt, sondern sie in ihrer essenziellen Rolle stärkt, den emotionalen Draht zu ihren Schülern und Schülerinnen nicht nur zu halten, sondern zu vertiefen. Eine Brücke zwischen Lehrkraft und Schüler, weniger ein kalter Algorithmus als vielmehr ein Instrument der Empathie, ein Mittel, um den sozialen Kitt, der Gemeinschaften zusammenhält, zu stärken.

KI HAT DEN BLICK FÜR DETAILS

Die Hoffnung, künstliche Intelligenz könnte als *deus ex machina* alle Probleme des Bildungssystems lösen, ist zwar verführerisch, aber letztlich naiv. Ihr wahres Talent liegt in der minutiösen Detailarbeit.

*KI **durchforstet, analysiert** und **offenbart** mit chirurgischer Präzision, wo der Schuh drückt im weiten Feld der Bildung.*

Stellen Sie sich eine KI vor, die wie ein hochsensibles Seismografensystem die Bildungslandschaft durchleuchtet: Sie identifiziert, wo genau Lehrkräfte fehlen, wo digitale Werkzeuge eine Seltenheit sind oder ganze Regionen bildungstechnisch im Regen stehen, und macht direkt Vorschläge für Ressourcenallokation und Maßnahmen. Der Clou: All dies wird möglich, vorausgesetzt, die Daten sind vorhanden und zugänglich. Mit diesen Informationen ausgestattet, könnte eine klug gesteuerte Verteilung von Ressourcen die Bildungsqualität nachhaltig steigern.

Mir ist bewusst, dass dies sehr idealistisch klingt – und dass man schnell mit Fragen konfrontiert wird, wie weit der Einsatz des Hilfsmittels KI gehen sollte. Wie weit dürfen wir KI als Hilfsmittel in der Bildung zulassen? Wie unterscheiden wir zwischen der Leistung der Technologie und der des Menschen? Wie markieren wir KI-gestützte Arbeit? Und was, wenn Schüler versucht sind, von der KI Generiertes als eigene Leistung auszugeben? Das sind berechtigte Bedenken, denn das Risiko, dass KI den Lernenden mehr abnimmt, als ihnen guttut, ist real.

Doch dürfen wir das Potenzial der KI nicht unterschätzen, gerade für diejenigen, die sonst an den Rand gedrängt werden. Nehmen wir junge Geflüchtete und Migranten als Beispiel: KI-gestützte Übersetzungstools haben sich als wertvolle Brückenbauer erwiesen, die Lehrmaterialien und Kommunikation nahezu in Echtzeit zugänglich machen. Diese digitalen Dolmetscher haben sich bewährt – nicht zuletzt für ukrainische Geflüchtete, die dank Übersetzungs-Apps in der Lage waren, sich in einer neuen sprachlichen Umgebung zu orientieren.

Es geht nicht darum, den Sprachunterricht zu ersetzen. Wer neu in einem Land ist, sollte sich bemühen, dessen Sprache so schnell wie möglich zu lernen – klassische Sprachkurse sind unverzichtbar. Vielmehr soll die KI als eine Art akute sprachliche Ersthilfe dienen, die es ermöglicht, anfängliche Barrieren zu überwinden. So wird die Fremdsprache nicht länger als unüberwindbare Mauer erlebt, sondern als ein Schlüssel, der Türen öffnet – zu Sprache, Kultur und Politik des neuen Heimatlandes.

KI MACHT BILDER HÖRBAR UND SPRACHE SICHTBAR

Konkret schafft sie mehr Zugänge, bessere Bildung und damit mehr Mündigkeit als Königsdisziplin agiler Demokratie. Und künstliche Intelligenz wirkt auch da, wo der Abbau von Barrieren von zentraler Bedeutung ist: bei der inklusiven Bildung. Lernbeeinträchtigte Kinder und Jugendliche, überhaupt Menschen, die von Bildungsausschluss oder Sonderbeschulung betroffen sind, werden mit KI-Lösungen mehr und besser lernen.
Menschen mit Sehbehinderungen können beispielsweise auf Bilderkennungsalgorithmen basierende KI nutzen, mit denen Bilder, Grafiken oder Lehrbücher beschrieben werden – in Sprachform.

Dieser Anwendung liegt die Nutzung von Convolutional Neural Networks (CNN) zu Grunde. Bei CNN handelt es sich um ein künstliches neuronales Netz, das momentan zu den leistungsfähigsten Modellen bei der maschinellen Verarbeitung von Bilddaten zählt. CNNs sind darauf spezialisiert, Muster und Strukturen in Bildern zu erkennen, was für die Identifikation von Objekten, Personen oder Szenen in visuellen Medien entscheidend ist.

Durch ihre Fähigkeit, die wichtigsten Merkmale eines Bildes zu extrahieren und zu analysieren, können CNN komplexe visuelle Inhalte in Textform beschreiben. Bei CNN handelt es sich um lernende Systeme, die ihre Genauigkeit durch Training mit großen Bilddatenbanken erlangen, was zu präziseren Bildbeschreibungen führt, sei es durch alltägliche Fotografie bis hin zu spezialisierten Bildern in Lehrbüchern.

Vor allem sind sie schnell. Sie können in hoher Geschwindigkeit große Mengen von Bildern analysieren, was sie für den Einsatz in Echtzeitanwendungen perfekt erscheinen lässt. Mithilfe von CNN lassen sich so zunächst statische Bilder in Text umwandeln, der wiederum mithilfe eines darauf spezialisierten zweiten Tools automatisch in Audiodeskriptionen überführt werden kann. Durch sogenanntes Tool-Chaining, die Verwendung zweier aufeinanderfolgender Tools, lassen sich so visuelle Inhalte für blinde oder sehbehinderte Personen zugänglich machen.

Mithilfe von KI lässt es sich aber auch den, sagen wir, umgekehrten Weg gehen und Hörgeschädigten helfen, indem Gesagtes in Videos in Gebärdensprache übersetzt wird. So wird KI ein integraler Bestandteil zur Überwindung von Bildungsbarrieren und fördert Bildungsgerechtigkeit, Integration und Inklusion.

KI leistet, was Bildung immer leisten soll:
Menschen zu stärken.

HILF MIR, ES SELBST ZU TUN

Bildung und Lernen sind etwas elementar Menschliches. Wir kommen als Lernende auf die Welt, wir wollen ausprobieren, wir wollen unsere Talente zur Geltung bringen, stressfrei und kreativ. Wir lernen laufen, wir lernen sprechen, wir lernen denken. Meist helfen uns dabei andere, doch darüber, wie diese Hilfe auszusehen hat, gibt es unterschiedliche Auffassungen.

Die italienische Reformpädagogin Maria Montessori entwickelte Anfang des 20. Jahrhunderts eine Methode, um das Lernen zu unterstützen. Sie war der Ansicht, jeder habe seinen eigenen Rhythmus, jeder solle in seiner Neugierde und Selbstständigkeit bestärkt werden. »Hilf mir, es selbst zu tun« ist bis heute das Motto der Montessori-Bildung. Die Pädagogik vertraut auf die Kraft und die kognitiven Fähigkeiten jedes Lernenden. Lehrer und Lehrerinnen sind in diesem Konzept unterstützend tätig und bestärken das Kind.

*Es geht um das **Prinzip** der **Selbsttätigkeit.** KI kann genau das auch leisten.*

Denn das größte Potenzial künstlicher Intelligenz in Fragen der Wissensvermittlung steckt in der Individualisierung. KI ermöglicht ein personalisiertes Lernen und kann immer und jederzeit auf individuelle Lernbedürfnisse eingehen. Das ist der beste Weg für eine Gleichbehandlung im Bildungssystem, es fördert die tatsächlichen Stärken eines Lernenden. Statt eines Unterrichtsangebots, das für alle gleich ist – und damit ungleiche Startchancen bietet –, eröffnet die KI eine tatsächliche Gleichheit bei den Startchancen.

BETTER CASE: DUOLINGO – PERSONALISIERTE LERNPLÄNE UND INDIVIDUELLES FEEDBACK ZU JEDER ZEIT

Klingt wie ein Traum? Ist aber bereits Realität, und zwar in Form einer App, die Millionen von Menschen weltweit nutzen, um neue Sprachen zu lernen.

Trotz der über 70 Millionen aktiven Nutzer kann Duolingo dank KI maßgeschneiderte Aufgaben anbieten, die dem Sprachniveau und Entwicklungsstand der Nutzenden entsprechen. Der Start erfolgt über einen Einstufungstest, der die folgenden Aufgaben an die Leistung und den Schwierigkeitsgrad der vorherigen Antworten anpasst. Dieser Ansatz ermöglicht es fortgeschritteneren Nutzern, einfachere Aufgaben zu überspringen, was die Motivation steigert. Sobald die Nutzer ihr Sprachniveau festgelegt haben, beginnen sie mit einem Trainingsprogramm, das genau auf ihre Bedürfnisse zugeschnitten ist und das sie flexibel anpassen können.

Die Rolle der KI bei Duolingo ist vielfältig und entscheidend für die Personalisierung des Lernerlebnisses. Sie bestimmt nicht nur, welche Aufgaben als Nächstes bearbeitet werden sollten, um die Sprachkompetenz zu steigern, sondern auch den optimalen Zeitabstand zwischen den Wiederholungen der Aufgaben. Zusätzlich ermöglicht KI-gestützte Spracherkennung eine Bewertung der Sprechfähigkeiten. Duolingo integriert spielerische Elemente, Herausforderungen und Erinnerungen mit dem Ziel, die Motivation zu steigern, was zeigt, wie KI maßgeblich zur Effektivität und Benutzerfreundlichkeit des Sprachenlernens beiträgt. Auch die Lerninhalte selbst werden bei Duolingo mithilfe von Large Language Models generiert.*

Die Lösung lautet:
***individualisiertes Lernen** mit der*
*KI und einer auf den **einzelnen Lernenden***
zugeschnittenen Unterstützung.

Denn: Kein Schüler ist gleich. Sie haben unterschiedliche Voraussetzungen, Stärken, Schwächen und Präferenzen. Es gilt herauszudestillieren. Was sind die Stärken und Schwächen der Person? Welche Interessen hat sie? Wie schnell lernt die Person?

Und vor allem: Mit welchen Mitteln lernt sie am besten? Bekommt sie eine Chance, an Bildung teilzuhaben?
Und gibt es noch genügend Lehrkräfte, die überhaupt Bildung vermitteln? Es fehlen Lehrerinnen und Lehrer.

* Henry, P. (15. August 2023). Wie Duolingo dank KI noch schneller Lektionen entwickelt. Duolingo Blog. https://blog.duolingo.com/de/llm-duolingo-lektionen/

»BIS ZUR RENTE SCHAFFE ICH ES NICHT«

Das Damoklesschwert des Lehrermangels schwebt über dem deutschen Bildungssystem. Bis 2025 fehlen uns 25 000 Lehrkräfte, eine Zahl, die sich bis 2030 auf 31 000 erhöht. In einem föderalen System, in dem Bildung Ländersache ist, wird dieses brennende Problem mit einem Flickenteppich aus Lösungsansätzen bekämpft: Prämien hier, Verbeamtungsversprechen mit einem Bachelorabschluss in Brandenburg dort. Doch ein kohärentes Konzept, um dieser Herausforderung strukturiert zu begegnen, bleibt aus.

Die Konsequenzen dieses Mangels lasten schwer auf den Schultern der aktiven Lehrkräfte. Ein Drittel steht am Rande des Burnouts, getrieben von dem immer lauter werdenden Mantra: »Bis zur Rente schaffe ich das nicht«.* Die Gewerkschaft Erziehung und Wissenschaft (GEW) schlägt Alarm, und ihre Warnungen sind keine leeren Worte: Die Lehrkräfte sind nicht nur am Limit, sie haben es längst überschritten. Überlastung und Erschöpfung sind die bitteren Realitäten eines Berufsstands, der sich in einem permanenten Spagat zwischen Korrekturen, Vorbereitungen und dem Geben von Feedback befindet – Tätigkeiten, die laut einer Studie der Deutschen Telekom Stiftung bis zu 50 Prozent ihrer Arbeitszeit verschlingen.**

Hier eröffnet sich ein vielversprechender Horizont: KI-basierte Anwendungen könnten das Rettungsseil sein, nach dem das Bildungssystem so verzweifelt greift. »To teach«, eine Innovation eines Stuttgarter Start-ups, steht exemplarisch für diesen Hoffnungsschimmer. Diese Anwendung ist ein digitales Multitool,

* Gaul, S. (17. Juni 2023). Lehrermangel: »Bis zur Rente schaff ich das nicht.« *ZEIT ONLINE*. https://www.zeit.de/gesellschaft/2023-06/lehrermangel-ueberlastung-schulen-nachrichtenpodcast#comments

** Rackles, M. & Deutsche Telekom Stiftung (2023). Lehrkräftearbeitszeit in Deutschland – Veränderungsdruck und Handlungsempfehlungen [Studie]. https://www.telekom-stiftung.de/sites/default/files/files/Lehrkraeftearbeitszeit-Expertise.pdf

das Lehrkräfte in der Unterrichtsplanung und -vorbereitung unterstützt, indem es didaktische Vorlagen generiert, die nicht nur den individuellen Wünschen der Lehrkraft entsprechen, sondern auch den spezifischen Bedürfnissen der Lernenden angepasst werden können. Das alles geschieht in einem bereits vertrauten Format, was die Hemmschwelle zur Nutzung deutlich senkt.*

Die Entlastung von Lehrkräften durch solche KI-Tools ist nicht nur ein Akt der Fürsorge für die Lehrerschaft selbst, sondern kommt in letzter Instanz den Schülerinnen und Schülern zugute. Denn wenn Lehrkräfte von administrativen Lasten befreit werden, können sie sich wieder dem widmen, was ihre eigentliche Berufung ist: Bildung zu vermitteln, Talente zu fördern und individuell auf den Leistungsstand jedes einzelnen einzugehen.

WENN DIE LERNBUDDYS ZUM EINSATZ KOMMEN

Im traditionellen Schul- und Frontalunterricht ist eine Individualisierung meist nicht denkbar. Nicht nur, weil es zu wenige Lehrkräfte gibt, sondern, weil das System schlichtweg nicht darauf ausgerichtet ist. Wie oft wurde mir im Matheunterricht gesagt, ich würde es sowieso zu nichts bringen. Wie oft wurden 5er oder 6er kassiert. In meiner Klasse waren die »High-Performer« gelangweilt, während die »lame ducks« wie ich nur noch Bahnhof verstanden. Für alle Beteiligten ein frustrierendes Erlebnis.

Mit dem Konzept eines personalisierten Lernens mit der KI ließe sich die Bildungslandschaft revolutionieren. Sie sammelt und analysiert Lernprozessdaten und »personalisiert« das Lernen. Das heißt, Lernmaterialien, Lerngeschwindigkeit, Lehrmethoden, Rei-

* Weiß, F. (18. Januar 2023). Bildungsinhalte durch künstliche Intelligenz. Schnittstelle. https://www.thea-ar.de/post/to-teach

henfolge des Lernplans und Schwierigkeitsniveau sowie Lernziele werden im Hinblick auf Stärken und Schwächen des Lernenden angepasst. Dabei helfen Chatbots, virtuelle Lehrer, adaptive Lernplattformen und sogenannte Lernbuddys.

*Für mich ist es das **innovative KI-Tool**: ein persönlicher **Lernbuddy** für jede Schülerin und Schüler.*

Auch der Lernbuddy ersetzt nicht den Unterricht, ist auch kein Ersatzlehrer, aber eine ideale Ergänzung zum Schulbetrieb. Der Lernbuddy ist immer dabei, eine virtuelle Unterstützung des Lernenden – als Mitmacher und Motivator. Der Buddy erkennt und reagiert auf Emotionen der Lernenden und kann die Lerninhalte und -geschwindigkeit an individuelle Bedürfnisse und Fähigkeiten anpassen. Und das für alle Schulfächer.

Der wahre Zauber der Lernbuddys entfaltet sich in ihrer Fähigkeit, die Emotionen der Lernenden zu erkennen und darauf zu reagieren. Sie passen die Lerninhalte und das Tempo an die individuellen Fähigkeiten an – quer durch das gesamte Spektrum der Schulfächer. Ob es nun darum geht, die Geheimnisse der Algebra zu entschlüsseln oder die Tiefen mittelalterlicher Geschichte zu erkunden, der Lernbuddy ist stets an deiner Seite, bereit, Feedback zu geben und dich zu motivieren. Er ist ein Meister des Lerncoachings, der auch in Sachen Lernstrategien und Zeitmanagement zur Seite steht. Denn: Der Buddy kennt dich.

Lernbuddys entfalten ihr volles Potenzial besonders bei Lernenden mit besonderen Bedürfnissen, indem sie Inhalte und Zugänge maßschneidern und so als weiteren Sekundäreffekt die Chancengleichheit fördern. Hier verwandeln sich die Lernbuddys von digitalen Werkzeugen zu Ermöglichern von Bildungsgerechtigkeit, indem sie Barrieren abbauen und jedem Individuum den Zugang zu Bildung in ihrer ganzen Fülle eröffnen.

WIE KANN EIN LERNBUDDY REALITÄT WERDEN?

Die technische Machbarkeit, obwohl herausfordernd, ist übrigens das geringste Problem. Fortschrittliche Algorithmen, die personalisierte Lernwege bahnen und Echtzeit-Feedback ermöglichen, sowie Natural Language Processing (NLP), das die Türen zur natürlichen Sprachkommunikation öffnet, sind keine Zukunftsmusik mehr – sie sind heute realisierbar. Doch die eigentliche Kunst liegt nicht in der Technik selbst, sondern in der Fähigkeit, sie sinnvoll in den Dienst der Bildung zu stellen.

Das größere und vielleicht interessantere Puzzlestück betrifft die Menschen im Bildungssystem: Lehrkräfte, Schüler und Schülerinnen sowie Eltern. Sie müssen nicht nur von den Vorteilen eines solchen digitalen Gefährten überzeugt werden, sondern auch Vertrauen in die Technologie fassen. Datenschutzbedenken und ethische Fragestellungen rund um den Einsatz von KI im Klassenzimmer sind ebenso zentrale Themen, die adressiert und gelöst werden müssen. Und schließlich muss die Zugänglichkeit gewährleistet sein, damit der Lernbuddy nicht zum exklusiven Privileg derer wird, die es sich leisten können, sondern ein universelles Werkzeug der Bildungsgerechtigkeit darstellt.
Sind diese Fragen geklärt, eröffnet der Lernbuddy ein Universum an Möglichkeiten:

- ☐ Er wird zum Katalysator individueller Förderung, indem er schwächere Schüler und Schülerinnen gezielt unterstützt und begabten Lernenden komplexere Herausforderungen bietet, die ihr Potenzial voll ausschöpfen können.
- ☐ Er entlastet das Lehrpersonal, indem er mühsame repetitive und administrative Aufgaben übernimmt, und schafft so Freiräume für pädagogische Kreativität und individuelle Betreuung.
- ☐ Er bereitet Schüler und Schülerinnen auf die Zukunft vor, indem er nicht nur Wissen vermittelt, sondern auch Selbstlern-

kompetenzen für den Alltag fördert. (Steuererklärung oder Algorithmen-Basics, hallo!)

*Der **Lernbuddy** ist mehr als nur ein Stück Technologie; er ist ein **Sprungbrett** in ein **neues Zeitalter** der Bildung, in dem die Grenzen dessen, was möglich ist, **neu definiert** werden können. Wagen wir den Sprung?*

Wie ein anderes Bildungssystem aussehen könnte, verrät auch ein Blick nach Singapur, die PISA-Gewinner dort haben vor allem eins erkannt: Bildung hört nicht nach der Schule auf.
Gerade mit Blick auf eine Welt, die sich rasant ändert und neue Innovationen hervorbringt, wird das Konzept des lebenslangen Lernens immer wichtiger.

BETTER CASE: LEBENSLANGES LERNEN MIT KI IN SINGAPUR

Unter der Leitung von Lawrence Wong hat der Stadtstaat eine proaktive Bildungspolitik eingeführt, die insbesondere die Bedeutung von lebenslangem Lernen und der Anpassungsfähigkeit an neue Technologien herausstellt. Singapur stellt damit unter Beweis, wie wichtig eine kontinuierliche Weiterbildung ist, um in der modernen, von KI dominierten Wirtschaft erfolgreich zu sein.

Ein Kernstück dieser Politik sind staatliche Subventionen für Bürger über 40 Jahre, die einen Anreiz bieten sollen, sich durch Vollzeitdiplome und höhere Bildungsangebote weiter zu qualifizieren. Die Fähigkeit zur Anpassung an technologische Veränderungen wird zur Schlüsselkompetenz.

Singapur demonstriert eindrucksvoll, wie durch die Kombination aus staatlicher Unterstützung und der Betonung des lebenslangen Lernens eine Bevölkerung entsteht, die nicht nur für die gegenwärtigen, sondern auch für zukünftige Herausforderungen des Arbeitsmarktes der kommenden Jahrzehnte gerüstet ist.

Was genau macht dieses KI-Literacy-Programm so interessant? Die Kernbestandteile können auch für Deutschland als spannende Inspiration dienen:

- **Future-Skills-Credit-Aufstockung:** Singapurer im Alter von 40 Jahren und darüber erhalten eine Aufstockung ihres Future Skills Credit um 4000 Dollar, die auf Programme abzielt, welche die Beschäftigungsfähigkeit in der von KI getriebenen Wirtschaft steigern.
- **Förderung für Berufstätige in der Lebensmitte:** Berechtigte Singapurer in der »Golden Hour« des Lebens können eine Kursgebührenabdeckung von bis zu 90 Prozent für eine breite Palette von KI-Kursen in Anspruch nehmen.
- **Schwerpunkt auf Förderung von Postgraduiertenstudiengängen:** Ein signifikanter Schwerpunkt wird auf kursbasierte postgraduale KI-Studiengänge für Lernende in der Lebensmitte gelegt, wobei hohe Subventionen angeboten werden.

Agile Bildung? *Humboldt würde fragen:* ***Worauf warten*** *wir denn noch?*

Die Vision eines solchen Bildungswesens ist ein Appell an die Politik, aber auch an uns. So kann es nicht weitergehen. KI kann uns helfen, schnell wenigstens die größten Problemfelder anzugehen. Humboldt im Ohr: Mehr Gerechtigkeit im Bildungssystem bedeutet, dass jedes Kind, unabhängig von Herkunft, sozialem Stand oder individuellen Herausforderungen, die gleiche

Chance auf exzellente Bildung erhält. Ein KI-unterstütztes System erkennt die Vielfalt der Talente, Lernstile und Träume seiner Schüler und Schülerinnen an und fördert sie individuell. Präzise und motivierend. Es ist ein System, das dauerhaft Barrieren abbaut, statt sie zu errichten, und in dem jeder Lernende nach seinen Stärken gefördert wird.

Bessere Lernergebnisse entstehen nicht durch stures Pauken von Fakten, sondern durch das Wecken von Neugier, durch die Förderung von kritischem Denken und die Befähigung zu lebenslangem Lernen. Wir müssen ein Bildungssystem schaffen, das sich auf eine Welt einstellt, in der KI und menschliche Intelligenz dauerhaft koexistieren werden. Ein System, das KI-Kompetenzen ebenso vermittelt wie emotionale Intelligenz und Wissen nicht als Selbstzweck sieht, sondern als Werkzeug für persönliches Wachstum und gesellschaftliche Teilhabe.

Ein agiles Bildungswesen ist transparent in seinen Zielen, Methoden und Ergebnissen und sieht sich als Partner der Lernenden auf ihrer Bildungsreise.

Lasst uns aufbrechen in die
agile Bildungsrepublik Deutschland.
Humboldt würde es tun.

AUF DEN MOND ZIELEN, UM DIE STERNE ZU ERREICHEN

Als der Präsident der Vereinigten Staaten von Amerika, John F. Kennedy, 1962 vor der Rice-Universität stand und das Versprechen gab, »im kommenden Jahrzehnt zum Mond zu fliegen«, hatte er keine konkrete Vorstellung, wie das möglich sein würde. Trotzdem legte Kennedy einen klaren Zeitrahmen fest. Diese scheinbare Unmöglichkeit wurde zum Antrieb einer ganzen Nation, die sich hinter einem Ziel versammelte. Das Undenkbare wurde möglich.

Im Geiste Kennedys möchten wir im Anschluss an die einzelnen Buchkapitel jeweils einen Raum für visionäre Ideen schaffen. Im Folgenden kommen Expertenstimmen aus den unterschiedlichsten Bereichen zu Wort, die ihre Moonshots vorstellen. Dabei werden Visionen geteilt, die Demokratie zu stärken, ethische Grenzen in der Entwicklung und Anwendung von KI zu definieren und letztlich eine Zukunft zu gestalten, in der Technologie und gesellschaftliche Werte Hand in Hand gehen.

*Die **Moonshots** sind mehr als nur **hochgesteckte Ziele.** Sie sind eine **Einladung,** über die **gegenwärtigen Grenzen** hinauszudenken.*

DREI MOONSHOT-IDEEN FÜR BESSERE BILDUNG MIT KI

1. **Schulsystem von morgen demokratisieren.** Wie soll die Schule von morgen gestaltet werden? Die Antwort liegt nicht allein in den Händen von Politik und Bildungsexperten, die oftmals fernab der tatsächlichen Lern- und Lehrerfahrungen agieren. Nein, es sind insbesondere die Lehrkräfte, aber auch Schülerinnen und Schüler selbst, die in diesen Gestaltungsprozess einbezogen werden müssen.
   Durch die Implementierung von KI-gestützten Plattformen kann eine Form der direkten Feedback-Kultur in der Schullandschaft etabliert werden, die es den Akteuren schneller ermöglicht, aktiv über Lehrpläne, Schulgestaltung und einzelne Lehrinhalte Rückmeldung zu geben und mithilfe von Daten diese laufend zu optimieren und besser zu gestalten. Warum nicht auch mehr Mitbestimmung für Schulen, insbesondere

mit Möglichkeiten stärkerer regionaler Priorisierung einzelner Inhalte oder Themen? Mehr Freiheit denen, die wirklich wissen, worauf es ankommt.

2. **Lehrkräfte zu Lernbegleitern machen.** Die Rolle der Lehrkräfte in einer zunehmend von KI geprägten Gesellschaft wird sich grundlegend wandeln. Im Zentrum steht eine Neubestimmung der Rolle der Lehrkraft – weg vom klassischen Bild des Wissensvermittlers hin zum Lernbegleitenden, zum Navigator und Coach in der vielschichtigen Welt des Wissens.
Diese Neuausrichtung priorisiert das Wissen heute neu. Nicht mehr das stumpfe Pauken von Wissen, sondern kreatives, kontextuelles Denken sind wichtiger. Was ist im Informationsoverload wirklich wichtig, was nicht? Hier kommen künstliche Intelligenz und ihre Systeme ins Spiel: Sie übernehmen die Rolle des Informationskurators und -präsentators, filtern aus dem Strom der Daten relevante Lerninhalte und bereiten sie in individuell verständlicher Form auf.

   Die Aufgabe der Lehrkräfte verschiebt sich in die Förderung der sozialen und emotionalen Intelligenz. Lehrkräfte werden zu Mentoren, die Schüler und Schülerinnen nicht nur akademisches Wissen vermitteln, sondern sie auch auf die Herausforderungen vorbereiten, die in Lehrplänen oft zu kurz kommen: Teamarbeit, Empathie, kritisches Denken, Umgang mit Unsicherheit und die Fähigkeit, sich in einer immer schneller verändernden Welt zurechtzufinden.
Stellen wir uns eine Schule vor, in der Lehrkräfte mit Schülern und Schülerinnen an Projekten arbeiten, die reale Probleme und Cases adressieren, vom Entwickeln einer eigenen KI, die einem als Sparringspartner für Berufsempfehlung zur Seite steht, bis hin zu technischen KI-Grundlagen. In diesem Modell ist der Lernende nicht mehr passiver Empfänger von Wissen, sondern aktiver Gestalter seines Lernprozesses.

*Die **Lehrkraft** steht als Coach zur Seite, der hilft, **Ziele** zu setzen, **Fortschritte** zu reflektieren und **Herausforderungen** zu meistern.*

3. **Lebenslanges KI-Lernen für mündige Bürger.** KI-Basics sind das neue Lesen und Schreiben. Das erfordert eine Revolution in der Art und Weise, wie wir über Bildung und Lernen denken, besonders für jene, die mitten im Berufsleben stehen.

*Mein Plädoyer: Wir müssen unsere **eigene Bildung** mindestens **alle fünf Jahre** einem **Update** unterziehen.*

Ein solches Bildungsupdate sollte für alle gelten, unabhängig vom ursprünglichen Abschluss. Warum alle fünf Jahre? Weil in unserer schnelllebigen Zeit Wissen und Fähigkeiten eine Halbwertszeit haben, die kürzer ist als je zuvor. Neue Technologien, veränderte Arbeitsmarktbedingungen und der unaufhaltsame Fortschritt der KI machen lebenslanges Lernen nicht zu einer Option, sondern zur Notwendigkeit. Stellen wir uns vor, wie ein solches System aussehen könnte: Bildungsupdates, angeboten in flexiblen Formaten, die sich in den Arbeitsalltag integrieren lassen, kostenlos vom Staat durch Onlinelernplattformen zur Verfügung gestellt.

KAPITEL 4

PARTIZIPATION: WAS WOLLT IHR, DAS WIR MACHEN?

Die Krise der Demokratie ist auch eine der Partizipation. Immer mehr entsteht der Eindruck, Politik finde nur noch von oben herab statt. Ängste, Bedenken oder auch Kritik von Bürgern und Bürgerinnen spielen keine Rolle mehr. Die einzige demokratische Handlung sind noch Wahlen, davor und danach interessiert der Bürgerwille wenig. Das Land hat sich weit entfernt von Willy Brandts »Mehr Demokratie wagen« und der ursprünglich demokratischen Idee, den Bürgern mehr Mitwirkung zu ermöglichen. Dabei könnten wir den demokratischen Prozess längst nachhaltig reformieren, unter anderem mit KI-basierten Tools, mit denen sich Meinungen und Vorschläge von Bürgern und Bürgerinnen besser kanalisieren ließen – und zu besseren Entscheidungen führten.
Wir haben tatsächlich die Chance, die partizipativste Demokratie zu werden, die es je gegeben hat.

»Wir stehen nicht am Ende der Demokratie, wir fangen erst richtig an.« Das war der letzte Satz, mit dem der neu gewählte Bundeskanzler Willy Brandt am 21. Oktober 1969 seine Regierungserklärung beendete. Ein Satz, der die Opposition schäumen ließ. Was er sich erlaube, wer er denn sei, rief es vonseiten der CDU/CSU. Brandts Rede endete tatsächlich mit einem kleinen Aufruhr. Im Protokoll ist zu lesen: »Der Abgeordnete Dr. Barzel (CDU): Das ist ein starkes Stück, Herr Bundeskanzler! Ein starkes Stück! Unglaublich! Unerhört!« Barzel und der Rest der Union störten sich vor allem noch an Brandts Vision einer neuen Deutschlandpolitik: »Auch wenn zwei Staaten in Deutschland existieren, so sind sie doch füreinander nicht Ausland.«

Auf der anderen Seite war es die Zeit der APO, der Studentenproteste, es gab Kampf gegen den »Muff von 1000 Jahren«, gegen die alten Strukturen. Im Land hatten noch viele entdeckte und vor allem unentdeckte Nazitäter das Sagen, zum Teil in wichtigen Funktionen. Viele junge Menschen begehrten auf – und

Brandt war derjenige, der mit seiner sozialliberalen Koalition die Tür zu einer neuen Zeit öffnete. Aber der Kernsatz seiner Regierungserklärung war natürlich: »Mehr Demokratie wagen!«

»Wir wollen mehr Demokratie wagen. Wir werden unsere Arbeitsweise öffnen und dem kritischen Bedürfnis nach Information Genüge tun.« Auch so eine Provokation gegen die Christdemokraten, die sich seit der Gründung der Bundesrepublik als gottgewollte Regierungspartei sahen, die immer weiß, was gut und richtig für das Land ist. Brandt ergänzte in seiner Regierungserklärung: »Mitbestimmung, Mitverantwortung in den verschiedenen Bereichen unserer Gesellschaft wird eine bewegende Kraft der kommenden Jahre sein.« Das war ein klares Signal an jeden Einzelnen: Du bist wichtig! Man könne nicht, so Brandt »die perfekte Demokratie schaffen«, aber man wolle »eine Gesellschaft, die mehr Freiheit bietet und mehr Mitverantwortung fordert.«

»JEDER BÜRGER SOLL MITWIRKEN KÖNNEN«

Brandt öffnete damals die Politik. Er lud dazu ein, Bürgerinnen und Bürgern mehr Verantwortung zu geben. Mehr Demokratie wagen. »Die demokratische Ordnung braucht außerordentliche Geduld im Zuhören und außerordentliche Anstrengung, sich gegenseitig zu verstehen.« Das sind so Kernsätze in der Politik, die man lange nicht gehört oder vielleicht doch gehört hat, die aber selten so gemeint waren.

Ich bin einige Jahre nach dieser Regierungserklärung geboren, Brandt war eher eine ferne Figur für mich. Und als gelernter Christdemokrat war für mich Brandt eine Figur »der anderen«. Doch rückblickend hat er nicht nur per symbolischem Knopfdruck die Zeit des Schwarz-Weiß-Fernsehens in der BRD beendet, sondern tatsächlich die bundesrepublikanische Demokratie modernisiert. »Wir werden darauf hinwirken, dass nicht nur durch

Anhörungen im Bundestag, sondern auch durch ständige Fühlungnahme mit den repräsentativen Gruppen unseres Volkes und durch eine umfassende Unterrichtung über die Regierungspolitik jeder Bürger die Möglichkeit erhält, an der Reform von Staat und Gesellschaft mitzuwirken.«

Ja, das hat er so gesagt. ***Jeder.***

Im Grunde stehen wir heute exakt vor genau dieser Frage, inwieweit der Bürger überhaupt noch Akteur ist, der ernst genommen wird. Es scheint, als stünden Bürger und Bürgerinnen bei der Politik nur dann im Fokus, wenn es Richtung Wahlurne geht. Nach einer Wahl interessiert es wenig, was den Bürger bewegt, was er will – so zumindest das Gefühl. Und Fakten haben es inzwischen schwer gegen das Gefühl.

Beispielsweise zeichnete der *Deutschlandtrend* vom 7. Dezember 2023 ein klares Bild: Nur 16 Prozent der Befragten waren damals mit der Ampelregierung zufrieden, ganze 82 Prozent waren weniger oder gar nicht zufrieden. Dabei zeigte eine Studie der Bertelsmann Stiftung, dass die Ampelregierung bereits zwei Drittel ihrer Ziele aus dem Koalitionsvertrag umgesetzt oder angepackt hatte. Trotzdem glaubten 43 Prozent der Befragten, dass nur ein kleiner Teil der vereinbarten Koalitionsversprechen umgesetzt wurde.[*] Abgesehen davon befand sich die Zufriedenheit mit der Arbeit von Bundeskanzler Olaf Scholz (SPD) auf einem Rekordtief. Mit anderen Worten: Obwohl sie machen, wofür sie gewählt wurden, wird das nicht in der Bevölkerung registriert. Aber offenbar ist das Misstrauen in die handelnden Akteure tief,

* Vehrkamp, R. & Matthieß, T. (2023). »Mehr Koalition wagen – Halbzeitbilanz der Ampel-Koalition zur Umsetzung des Koalitionsvertrags 2021«. Gütersloh: Bertelsmann Stiftung. https://www.bertelsmann-stiftung.de/de/publikationen/publikation/did/mehr-koalition-wagen-1

die Krise der Demokratie ebenso. Aber woran liegt das? Warum fühlen sich Wählerinnen und Wähler übergangen und nicht gehört?

Die naheliegende Antwort: Weil so etwas wie Partizipation gefühlt kaum stattfindet. Weil wir – obwohl wir es könnten – eben nicht »mehr Demokratie wagen«. Zumal wir inzwischen über technologische Möglichkeiten, wie eben die KI, verfügen, die eine demokratische Teilhabe völlig neu gestalten könnten.

SELTEN EIN ZUHÖREN SIGNALISIERT

Ende der 1960er-Jahre begann das, was wir »partizipatorische Revolution« nennen. Zuvor waren es Wahlen und das Engagement in einer Partei, die Partizipation ermöglichten. Mit der Zeit, auch mit Brandts Initialzündung, entwickelten sich viele, auch unkonventionelle Formen der politischen Partizipation: Bürgerinitiativen, das Mitwirken in Interessengruppen, Vereinen und in den neuen sozialen Bewegungen, an Petitionen, Demonstrationen, Streiks, Sit-ins und Besetzungen. Streiks und Demonstrationen sind längst alltäglich. Ob Bauern, Bahn oder Klimaaktivisten – kein Tag vergeht ohne lautstarke Wortmeldungen von Interessengruppen. Die Intention ist inzwischen aber weniger: Wir wollen der Regierung helfen, mit uns gemeinsam die beste Lösung zu finden. Sondern eher ein vehementes: »Die haben den Schuss nicht gehört« in Richtung Berlin. Vor allem weil die Regierungspolitik der vergangenen 20 Jahre selten wirkliches Zuhören signalisierte. Es wurde oft über die Bürger (und nicht selten auch über Abgeordnete) hinweg regiert. Das führte zu Frust – und eben auch zu einer tiefen Abneigung gegen Politiker, Parteien, gegen die Politik im Allgemeinen. Und das führt zur Krise der Demokratie. Das führt zum Aufstieg von Populisten, die unverhohlen damit drohen, die Demokratie abschaffen zu wollen.

WIE STEHT ES UM DIE PARTIZIPATION?

Etwa eine beziehungsweise einer von fünf Bürgerinnen und Bürgern hatte 2018 in den vergangenen zwölf Monaten eine Politikerin oder einen Politiker kontaktiert. Mehr als jede/jeder Dritte hatte sich an einer Unterschriftensammlung beteiligt und etwa jede/jeder Zehnte an einer Demonstration. Bei den institutionalisierten Beteiligungsformen wie der Mitarbeit in Parteien und Bürgerinitiativen lagen die Anteile bei etwa fünf Prozent.*

*Das ist nicht **wenig**, das ist aber auch nicht **viel**. Um die Demokratie **lebendig** zu halten, müssen diese **Zahlen gesteigert** werden, ist im Grunde **jede und jeder gefordert.***

Hier liegt das Problem. Die Demokratie ist fragil. Sie muss immer wieder neu erkämpft werden. Und es gibt genug Feinde der Demokratie, Populisten, Rechts- wie Linksextreme, die einer Partizipation nicht viel abgewinnen können. Die Demokratie steht massiv unter Druck, wir sehen es am Erstarken von autokratischen Systemen, wir sehen es an der Sehnsucht nach dem »starken Mann«, wir können es an den vielen Stimmengewinnen rechter Parteien in ganz Europa ablesen. Offenbar sind viele Menschen der Demokratie überdrüssig und entziehen einem Repräsentationssystem, in dem sie sich nicht vertreten fühlen, ihre Zustimmung. Die Gründe sind vielfältig. Sie fühlen sich nicht gehört, fühlen sich von der Globalisierung abgehängt, stehen unter dem Druck der vielfältigen Herausforderungen wie dem Klima-

* Weßels, B. (10. März 2021). Politisches Interesse und politische Partizipation. bpb.de. https://www.bpb.de/kurz-knapp/zahlen-und-fakten/datenreport-2021/politische-und-gesellschaftliche-partizipation/330210/politisches-interesse-und-politische-partizipation/

wandel, sie sind unsicher und verstehen immer weniger, warum man sich im Krieg in der Ukraine engagiert, während das eigene Land in die Krise schlittert.

Vielen ist unklar, welche Veränderungen die Regierung plant, viele der Entscheidungen sind kaum mehr nachvollziehbar, weil nur erklärt wird, was – aber eben nicht, warum etwas getan wird. In dieses Vakuum stoßen ausgerechnet Populisten, die zwar keine Lösung für Probleme wie Klimawandel bieten, sich aber als Lautsprecher verstehen für das, »was das Volk will«. Teilhabe des Volkes gehört aber eben nicht dazu.

Fakt ist: Alles, was Autokraten nutzt, schadet der Demokratie. Die westlichen Demokratien stehen mehr denn je unter Druck. Zeit, endlich wieder »mehr Demokratie zu wagen«. Und die Demokratie partizipativer zu machen, mithilfe von KI.

BETTER CASE: DECIDIM – BARCELONA

Die Stadtverwaltung in Barcelona hat mit Decidim eine offene, digitale Plattform für partizipative Demokratie geschaffen, die weltweit von Städten, Regionen und Organisationen genutzt wird. Auf der Plattform können Bürger und Bürgerinnen auf ganz vielfältige Art und Weise an der Politik teilhaben. Beispielsweise durch partizipative Budgetierungsprozesse, in denen aktiv über die Verwendung öffentlicher Mittel entschieden wird, oder durch Vorschläge für Projekte, die dann zur Abstimmung gegeben werden.* So weit, so digital, aber der nächste Schritt in der Weiterentwicklung der Plattform könnte eine KI sein, so sagt es einer

* Ennadif, G. (1. Juli 2020). Participatory D-emocracy. Joinup. https://joinup.ec.europa.eu/collection/open-source-observatory-osor/news/participatory-democracy

der Gründungsmitglieder, Xabier E. Barandiaran. Dabei schweben ihm insbesondere zwei Möglichkeiten vor:

- Die Verbesserung der Benutzerschnittstellen mit einer direkteren Interaktion der Nutzer mit den Systemen ohne komplexe Menüführung dank generativer KI.
- Die Analyse und Verarbeitung von Beteiligungsdaten mit einer Verbesserung der Datenanalyse, um Trends und Präferenzen der Nutzer besser zu verstehen und berücksichtigen zu können.

Decidim verfügt sogar schon über eine API (eine Anwendungsprogrammierschnittstelle, die es ermöglicht, eine Schnittstelle zu anderer Software herzustellen), könnte also direkt mit einer KI verbunden werden.*

DAS DESILLUSIONIERTE VOLK

Fast alle Umfragen ergeben ein betrübliches Bild, was die Mitbestimmung der Bürger und die Haltung gegenüber der Politik betrifft.

- Nach Angaben von Statista stimmten bereits 2013 fast ein Drittel (27 Prozent) der Bevölkerung der Aussage zu, wonach »es nichts bringt, sich politisch zu engagieren«.**
- 71 Prozent der Befragten sind, so eine Studie der Körber-Stiftung, der Meinung, dass führende Leute in Politik und Medien

* Wetherall-Grujić, G. (17. November 2023). »AI and the Future of Participation. Democracy Technologies«. https://democracy-technologies.org/participation/artificial-collective-intelligence-and-the-future-of-participation/

** Statista. (11. Juni 2023). Umfrage zum Nutzen von politischer Partizipation nach ausgewählten Kriterien. https://de.statista.com/statistik/daten/studie/260788/umfrage/umfrage-zum-nutzen-von-politischer-partizipation-nach-ausgewaehlten-kriterien/

in ihrer eigenen Welt leben, aus der sie auf den Rest der Bevölkerung herabschauen.*

- Das *Edelman Trust Barometer 2024* ergab: In Deutschland wird die Regierung nicht nur als unethischer als die Wirtschaft, sondern auch als inkompetenter als NGOs eingeschätzt.**

BETTER CASE: MIT LOSVERFAHREN ZUR TEILHABE – AUF EU-LEVEL

Wie eine radikal anders gedachte Form der Partizipation mit KI in der Umsetzung aussehen könnte, zeigt das Paper, das von der EUI School of Transnational Governance und DemocracyNext herausgegeben wurde. Darin wird für die Schaffung einer dauerhaften Bürgerinnenversammlung auf EU-Ebene geworben, um die Bürger direkt in den politischen Entscheidungsprozess einzubeziehen.
Wie das aussehen soll? Mithilfe eines Losverfahrens sollen Bürger und Bürgerinnen aus der ganzen EU zufällig ausgewählt werden. Dadurch soll ein Mikrokosmos der Gesellschaft entstehen, die repräsentative Demokratie sowie die demokratische Fairness gestärkt werden. Außerdem soll so ein Gegengewicht zu elitären und wirtschaftlichen Interessen geschaffen und eine kollektive Intelligenz gestärkt werden.

Dabei unterstreicht dieser Ansatz fünf Merkmale:

1. **Gestärkt:** Die Bürger und Bürgerinnen nehmen die Versammlung als wirkungsvoll wahr;

* Claaßen, J. & Körber Stiftung (17. August 2023). »Deutsche verlieren Vertrauen in ihre Demokratie« [Press-release]. Körber-Stiftung. https://koerber-stiftung.de/site/assets/files/32169/230817_pressemitteilung_demokratie_in_der_krise.pdf

** Edelman. (2024). »2024 Edelman Trust Barometer Global Report«. https://www.edelman.com/sites/g/files/aatuss191/files/2024-02/2024%20Edelman%20Trust%20Barometer%20Global%20Report_FINAL.pdf

2. **vertraulich:** Ihre Zusammensetzung spiegelt die EU-Bevölkerung wider;
3. **verwurzelt:** Sie verbindet Bürger und Bürgerinnen direkt mit den Machtzentren;
4. **allgegenwärtig:** Veranstaltungen finden europaweit statt, was die EU-Vielfalt unterstreicht;
5. **technologiegestützt:** KI-Werkzeuge verbessern die Erfahrung und fördern Vertrauen.

Durch den Einsatz neuer Technologien soll die Bürgerversammlung transparenter werden. Es beginnt mit der simplen digitalen Übertragung der Versammlung bis hin zum Abbau von Sprachbarrieren durch die KI. Tausende Menschen werden gleichzeitig einbezogen. Derzeit werden hierzu KI-gestütztes Sense-Making, analytisches Zuhören, Präferenzkartierung und Aggregation erforscht.*

56 PROZENT STIMMTEN FÜR »JA« – INTERESSIERTE ABER NICHT

Die Wirklichkeit in Deutschland ist leider noch vielerorts eine andere. Am 24. September 2017 zeigte sich etwa in Berlin, wie wenig es interessiert, was Bürger wollen oder entscheiden. Die Bürger der Stadt waren aufgerufen, sich an einem Volksentscheid zu beteiligen. Es ging um die einfache Frage, ob Berlin den bisherigen Flughafen Tegel offen halten oder ob dieser geschlossen werden sollte. Zum Volksentscheid war es gekommen, weil der neu geplante Flughafen BER, südlich der Hauptstadt, noch immer eine (weltweit verlachte) Baustelle war, keiner in der Stadt sagen konnte, ob und vor allem wann der neue Flughafen eröffnen würde. Unter

* Berg, C., Chwalisz, C., Nicolaidis, K. & Sintomer, Y. (2023), »The European Citizens' Assembly: Designing the missing branch of the EU«, European University Institute and DemocracyNext. https://www.demnext.org/uploads/The-EUCA-Paper_040923-FINAL.pdf

anderem auch deshalb gab es gute Gründe, den Flughafen Berlin-Tegel »Otto Lilienthal« nach der BER-Eröffnung nicht zu schließen – und das waren eben auch gute Gründe für einen Volksentscheid, gute Gründe für eine gelebte Partizipation: Ja oder Nein? Soll er unbefristet offen bleiben? Ja oder Nein? Ganz einfach.

Wahlberechtigt waren rund 2,5 Millionen Menschen in Berlin. Nach Auszählung aller 2439 Wahlbezirke gaben die Wahlbehörden am Tag der Abstimmung bekannt: 991 832 Ja-Stimmen und 737 216 Nein-Stimmen. 39 735 abgegebene Stimmen waren ungültig (2,2 Prozent). Damit stand fest: 56,1 Prozent der Berliner wollten, dass sich der Senat für eine Offenhaltung von TXL einsetzt. 41,7 Prozent waren dagegen. Oder anders gesagt: Die Mehrheit der Bürgerinnen und Bürger sprach sich für die Offenhaltung aus. Eine glasklare Mehrheit. Der Berliner Senat sollte nun, so der Wortlaut des Volksbegehrens, »alle Maßnahmen einleiten, die erforderlich sind, um den unbefristeten Fortbetrieb des Flughafens Tegel als Verkehrsflughafen zu sichern«.*

*»**Bürgerwille** krass missachtet!«*

Ein halbes Jahr später dann die Nachricht: Tegel wird geschlossen. Weil der Volksentscheid keinen Gesetzentwurf zum Inhalt hatte, so der Berliner Senat, sei das Ergebnis nicht bindend. Außerdem verfüge der geplante BER, der 2020 eröffnen sollte, über »genügend Kapazitäten, sodass Berlin keinen zweiten Flughafen brauche«. Was wiederum bedeutete: Die Berliner Politik hatte sich über den Bürgerwillen hinweggesetzt. Das Signal, das von dieser Berliner Entscheidung ausging, war:
Egal, was das Volk will – wir machen, was wir wollen.

* Landesabstimmungsleiterin (4. April 2017). Volksbegehren über den Weiterbetrieb des Flughafens Berlin-Tegel »Otto-Lilienthal« (TXL) [Press release]. https://www.berlin.de/wahlen/abstimmungen/volksentscheid-tegel-2017/allgemeine-informationen/artikel.756181.php

Die Abstimmung über Tegel war beileibe nicht die einzige.

Zum Vergleich: Im November 2009 befürwortete eine Mehrheit der Schweizer Wählerinnen und Wähler eine Volksinitiative, die den Bau weiterer Minarette in der Schweiz verbot.
Minarette sind Türme neben Moscheen, von denen der Muezzin zum Gebet ruft. 57,5 Prozent der Schweizer wollten keine weiteren Minarette. Ganz gleich, wie man diese umstrittene Entscheidung bewertet, seitdem werden in der Schweiz keine weiteren Minarette gebaut – und das, obwohl die Zahl der Muslime in der Schweiz weiter anwächst. Mit 450 000 Gläubigen ist der Islam inzwischen die drittgrößte Religionsgemeinschaft in der Alpenrepublik – aber der Bürgerwille bleibt unangetastet. Volksabstimmungen haben eine lange Tradition in der Schweiz und sind ein wichtiges Element im politischen System, sie können sowohl auf kommunaler, kantonaler oder auch auf Bundesebene initiiert werden.

Die Abstimmungen geben den Bürgern die Chance, in Sachfragen Einfluss auf die Politik zu nehmen. Auch bei uns werden immer wieder Volksabstimmungen diskutiert, bislang ohne Ergebnis. Die Partei, die Volksabstimmungen auf Bundesebene in ihrem Wahlprogramm verankert hat, ist die AfD. Ausgerechnet die Partei, die im Verdacht steht, die Demokratie in Deutschland torpedieren zu wollen, sieht in Volksabstimmungen ein Konzept »zur demokratischen Weiterentwicklung Deutschlands« – und beruft sich dabei auf: Willy Brandt.

Unabhängig davon, ob nun Demokratiefeinde mehr Demokratie wollen, sollte es zumindest ein Gedanke sein, ob bei wichtigen Entscheidungen nicht Volksabstimmungen als Element der Partizipation genutzt werden sollen. Beispielsweise auf kommunaler Ebene bei der Abstimmung über den Standort eines neuen Freibads oder der Errichtung eines Windparks.

MACHT ABGEBEN

Partizipation setzt in jedem Fall Vertrauen voraus. Vertrauen in die Bürgerinnen und Bürger. Vor allem aber in die Teilhabe an der Macht. Und das nicht nur symbolisch, sondern sehr konkret. In der Tat helfen Bürgerdialoge, Town-Hall-Meetings oder andere vermeintliche Partizipationsformate recht wenig, wenn die Politik nicht bereit ist, wenigstens ein Fitzelchen Macht abzugeben.

Dabei könnte es so einfach sein – wie das KI-Tool »Stadtvisionen« des finnischen Unternehmens UrbanistAI zeigt. Der Alice-Salomon-Platz in Berlin-Hellersdorf soll umgestaltet werden. Er ist der zentrale Stadtplatz in Hellersdorf, Standort des Rathauses, einer Hochschule, eines Einkaufszentrums und ein Cinestar-Kino ist um die Ecke. Es dominiert grauer Beton, kaum Grün, insgesamt ein ungemütlicher Platz. Die Idee war nun, die Bürger bei der Umgestaltung teilhaben zu lassen. Doch wie geht Veränderung? Was ist denn vorstellbar? Was geht überhaupt? Da sind die meisten Menschen tatsächlich etwas ratlos. Genau dafür wurde »Stadtvisionen« entwickelt.

Das Tool ist ein Modell, mit dem sich Bilder umgestalten lassen. Gestartet wird im vorliegenden Fall mit Bildern vom Alice-Salomon-Platz, die auf einer Benutzeroberfläche bearbeitet werden können. Das könne jeder Laie, heißt es bei UrbanistAI. Aus einer großen Auswahl an Elementen können zum Beispiel Bänke, Fahrradständer oder Bäume, auch Sportstätten oder Kunstwerke ausgewählt werden. Jeder kann sie auf der Oberfläche dahin packen, wo es ihm oder ihr gefällt, alles sehr spielerisch. So wird Kreativität angeregt, plötzlich entstehen neue Gestaltungsideen.

Darüber hinaus gibt es in diesem KI-Tool eine zweite Benutzeroberfläche für eine fortgeschrittene Anwendung. Und dabei lässt sich anhand von Eingaben analysieren, was Anwohner und Nutzer sich wünschen: Schatten spendendes Grün gegen die Sommerhitze, eine Verkehrsführung, die den Platz nicht durchschneidet und mehr Aufenthaltsmöglichkeiten. Mithilfe der KI kann ermittelt werden, welche Prioritäten beim Bau gesetzt werden sollen. Im besten Fall werden die Ergebnisse im Planungsprozess berücksichtigt. Die »Stadtvisionen«* wurden schon für Stadtentwicklungsprozesse in unterschiedlichen Großstädten, vor allem in Finnland, eingesetzt. Es hat sich bewährt – und ist ein kleines Beispiel, zeigt aber, wie leicht Bürgerideen mit KI in einen Prozess integriert werden können.**

»WIR SIND AN UNSEREN GRENZEN ANGELANGT«

Ein bisschen mehr Demokratie wagen. Das heißt nicht, dass man sich in endlosen Debatten verzetteln muss. Das heißt nicht, dass jedes Partikularinteresse berücksichtigt werden muss. Demokratische Prozesse sind keine Einkaufslisten, die die Politik gefälligst abzuarbeiten hat.

Demokratie ist die ***Herrschaft der Mehrheit.*** *Was die Mehrheit will, ist die Richtschnur des Handelns, ganz einfach. Die KI ist eine effektive Methode, um den* ***Mehrheitswillen*** *zu ermitteln – und sie ist auch ein* ***effektives Mittel,*** *um die* ***Gefahren*** *einer ausufernden Basisdemokratie* ***einzudämmen.***

Denn wie lähmend der demokratische Prozess sein kann, haben wir einst bei der Piratenpartei erlebt. Die »Piraten«, im Jahr 2006 gegründet, wollten ein neues Verständnis von der Funktionsweise der politischen Prozesse etablieren. Sie nannten es »Liquid

* UrbanistAI. https://urbanistai.com/

** Billanitsch, K. (1. November 2023). Wie KI in der Bürgerbeteiligung eingesetzt wird. Demo. https://www.demo-online.de/artikel/ki-buergerbeteiligung-eingesetzt

Democracy«, sozusagen eine »Verflüssigung« des Prozesses der politischen Willensbildung. Mithilfe neuer digitaler Technologien wollten sie »flüssig« direkte Demokratie fördern, viel mehr Menschen an Informationen und politischen Entscheidungen teilhaben lassen. Sie wollten es anders machen, basisdemokratischer, jede und jeder sollte gehört werden, der Begriff der »Schwarmintelligenz« wurde geprägt. Die Intelligenz der vielen sollte zum richtigen Ziel führen.

DIE FLÜSSIGE DEMOKRATIE – MODELL FÜR DIE ZUKUNFT?

Liquid Democracy ist ein politisches Steuerungsmodell, das Elemente der direkten und der repräsentativen Demokratie verbindet. Es ermöglicht Teilnehmenden, ihre Stimmen zu Themen direkt abzugeben oder ihre Stimmrechte flexibel an Vertrauenspersonen (Delegierte) zu übertragen, die als kompetent angesehen werden. Diese Delegierung kann jederzeit zurückgenommen oder geändert werden, was dem System eine dynamische und »flüssige« Struktur verleiht. Die Hauptvorteile liegen in der Flexibilität und in der Möglichkeit, sowohl direkt demokratisch als auch durch Vertrauenspersonen repräsentativ teilzunehmen.*

Bei den Piraten ging es eine Weile gut, sie sind auch in eine Reihe von Landesparlamenten gewählt worden, in ihren besten Zeiten lagen sie bundesweit bei zwölf Prozent. Sie sorgten für frischen Wind in der politischen Landschaft. Doch in der Praxis bewährte sich die »Schwarmintelligenz« kaum, vielmehr begann der

* Liquid Democracy e. V. (o. J.). Unsere Vision ist eine demokratische Kultur, in der Mitgestaltung für jede/jeden selbstverständlich ist. https://liqd.net/de/about/

Schwarm zu stolpern. Denn wenn »jede und jeder« gehört werden sollen, führt das zu endlosen Parteitagen. *Der Spiegel* berichtete im November 2012 etwas fassungslos, was die Piraten bei einem Parteitag in Bochum ablieferten: »700 Anträge und mehr als 1400 Seiten sind Höchstwerte. Die Schlangen vor den Mikrofonen sind oft zehn, 20 Meter lang. Am Nachmittag entzündete sich eine zähe Debatte, ob die Rednerlisten vorzeitig geschlossen werden sollen. Ein Pirat tritt ans Mikro: ›Wir können hier nicht fünf oder sechs Stunden über drei verdammte Anträge sprechen.‹ Der Schwarm drohte ständig zu zerfasern. Obendrein brach das Internet unter der Belastung zusammen. ›Wir sind an unseren Grenzen angelangt, mehr als 1700 Piraten können wohl nicht mehr konstruktiv miteinander arbeiten‹, sagt der Berliner Abgeordnete Martin Delius.« Die Partei, die auf digitale Technologien setzen wollte, verhedderte sich in einem zutiefst menschlichen Kleinklein, weil sich jeder für wichtig hielt, jeder glaubte, sein Beitrag sei von immenser Bedeutung – statt dass man mithilfe moderner Technologie tatsächlich Entscheidungsprozesse beschleunigte. So, wie das heute mit KI funktioniert.

WAS DARF DER UBER-FAHRER?

Oft reichen schon ein Open-Source-Software-Tool, um Meinungsbilder in Diskussionen zu visualisieren und im besten Fall konsensfähige Debattenbeiträge zu identifizieren. In Taiwan wird beispielsweise seit einiger Zeit das Tool Polis genutzt, um angesichts der Markteinführung von Uber abzufragen, ob für Uber die gleichen Gesetzte gelten sollen wie für andere Taxiunternehmen. Auf der Onlineplattform vTaiwan wurden dazu Taxi- und Uber-Fahrer sowie deren Kunden befragt. Die Antworten wurden gesammelt, analysiert und von einer KI aufbereitet. Und auf Basis dessen wurde ein Konsens ermittelt, in dem vor allem Themen wie Sicherheit, Unfall- und Haftpflichtversicherung berücksichtigt wurden. Es stellte sich heraus, dass es meist um diese drei Themen ging, und letztlich war der erzielte Konsens entscheidend, als in Taiwan dann ein Gesetz zur Regulierung von Uber verabschiedet wurde. Nur ein Beispiel, inzwischen haben rund 80 Prozent der auf der Plattform vTaiwan erarbeiteten Diskussionsanalysen zu entscheidenden politischen Maßnahmen geführt.

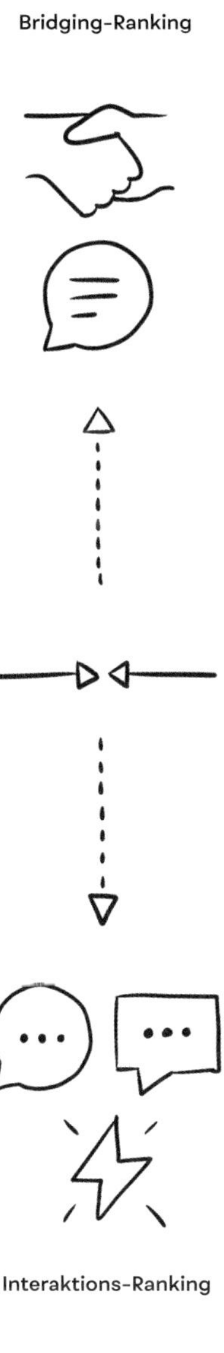

Wie so eine Debatte mithilfe des Tools Polis bei uns ablaufen könnte, hat Felix Sieker von der Bertelsmann Stiftung am Thema »Autofreie Innenstädte in Deutschland« durchgespielt. Dabei zeigt sich insbesondere das Potenzial von sogenannten Bridging-Algorithmen, also Algorithmen, die nicht die Argumente am höchsten anzeigen, die die meisten Reaktionen hervorrufen oder am häufigsten genannt werden, sondern die den größten Konsens bilden. Beim Thema »Autofreie Innenstädte« sind das zum Beispiel Aussagen wie: »Lieferverkehr, Busse, Krankentransporte und andere öffentliche Fahrzeuge sollten weiterhin erlaubt sein.« Hierauf können sich die meisten Teilnehmenden einigen. Zum Vergleich würde ein »Interaktionsalgorithmus«, der Kommentare unter anderem auf Basis der reinen Anzahl der Reaktionen höher rankt, Aussagen wie: »In der Innenstadt geht es Autofahrern mit ihren prolligen SUVs doch sowieso nur ums Angeben« ganz oben anzeigen. Hier zeigt sich die Stärke der Bridging-Algorithmen, wie sie Polis verwendet: Sie bauen wortwörtlich Brücken zwischen einzelnen Meinungen. Das passiert, indem die Aussagen im Diskurs herausgearbeitet werden, auf die sich (fast) alle einigen können. So können Debatten mithilfe von KI konstruktiver geführt werden und die Chance, einen Konsens zu finden, der für alle zufriedenstellend ist, steigt.

TRAUMSCHIFF MUSS NICHT SEIN

Das allerheißeste Eisen in der öffentlichen Debatte neben dem Thema »Auto« ist der öffentlich-rechtliche Rundfunk (ÖRR). Wer zuverlässig Stress und Streit sucht, muss in sozialen Netzwerken für eine Erhöhung von Rundfunkbeiträgen argumentieren. Innerhalb weniger Sekunden ereignet sich ein epischer Shitstorm. Denn nicht erst seit der Vetternwirtschaft beim RBB gelten die öffentlichen Sendeanstalten als abgewirtschaftet: zu teuer, zu alt, zu staatsnah, zu einseitig – und ein Programm, das zielsicher am Publikum vorbeisendet.

Die Bürgerinnen und Bürger müssen jedoch Beiträge und Gebühren zahlen. Und wer nicht zahlt, wird strafrechtlich verfolgt. Was mit dem Geld geschieht, darauf haben die Bürger keinen Einfluss. Keine Woche vergeht, in der nicht eine Studie mit Titeln wie: »Der ÖRR muss reformiert werden« erscheint, allerdings bleiben diese Appelle meist folgenlos. Doch das System ist reformbedürftig – und könnte reformiert werden.

Mit einer KI-basierten Bürgerbeteiligung.

Das geht weit über die üblichen Bürgergespräche hinaus, die oft nur symbolischen Charakter haben. Mit KI-Tools, in denen Meinungen und Vorschläge kanalisiert werden, könnten Barrieren zwischen Sendeanstalten und Bürgern abgebaut werden. Meinungen und Vorschläge würden über eine Plattform gesammelt und es würde sich ein Meinungsbild ergeben, an dem abzulesen wäre, inwiefern ein Programm angepasst werden müsste.

Welche Reportagen, welche Serien, welche Beiträge das Publikum gerne sehen würde. Es käme nicht mehr auf »die Nase« eines Redakteurs an, sondern auf die Meinung der vielen.

Bislang verlässt man sich bei der Programmgestaltung meist auf die Quoten und produziert, was vermeintlich geschaut wird. Heute wäre es längst möglich, anhand von Datenanalysen die Schwerpunkte der Zuschauerinteressen zu identifizieren und in die Programmgestaltung einfließen zu lassen.

*Und wenn man sich offen zeigt, was **Zuschauer** sehen wollen, wenn man ihnen zuhört, wenn man Bürgern eine **Teilhabe an der Programmgestaltung** ermöglicht, würde das vielen Kritikern den **Wind aus den Segeln** nehmen.*

ES GIBT NUR EINEN WEG – UND DER MACHT UNS ARM

Unabhängig von den technischen Möglichkeiten ist es immer sinnvoll und vor allem demokratisch, den Menschen mehrere Szenarien aufzuzeigen oder auch über mehrere Szenarien abstimmen zu lassen. Wie viel weniger Ärger hätte Bundeswirtschaftsminister Robert Habeck im Jahr 2023 gehabt, wenn er nicht versucht hätte, ein einzig mögliches Heizungsgesetz durchzuboxen, sondern wenn er mehrere denkbare Varianten des Gesetzentwurfs öffentlich gemacht hätte. Fünf Varianten, wie sich Heizungen in Deutschland klimagerecht sanieren lassen. Fünf Varianten, über die man vielleicht sogar hätte abstimmen können. Das wäre weniger von oben herab gewesen, das wäre ein Signal gewesen: Es ist mir wichtig, wie Sie es sehen. So entstand der Eindruck: Es gibt nur einen Weg und der macht uns alle arm.

Das ist eine Frage der Kommunikation. Wie offen man kommuniziert, was und warum man es plant. Doch genau diese Offenheit wäre eine Investition, die ins Vertrauen einzahlt. Wer mir erklärt, warum er etwas macht, nimmt mich ernst, traut mir zu, dass ich in der Lage bin, über eine Sache zu urteilen. Das ist Demokratie. Und mit KI-Tools könnte es künftig noch leichter werden, den Wahlbürgern zu signalisieren: »Deine Meinung interessiert mich!« Oder noch besser: »Mit deiner Meinung (und der Meinung der anderen) lässt sich ein Stimmungsbild darstellen, das für mein Handeln wichtig ist und in die Entscheidung einfließt.« Das macht den Politiker wieder zu einem echten Volksvertreter.

*Mein **Rat an die Politik:** In jede der künftigen **Wahlkampfreden** den Satz bringen: »Was **wollt** ihr, das wir **machen?**«*

Denn, um es mit Willy Brandt zu sagen: »Wir sind keine Erwählten. Wir sind Gewählte.« Laut Bundestagsprotokoll vom 21. Oktober 1969 gab es darauf: »Lebhaften Beifall bei den Regierungsparteien.«

MOONSHOT: »DAS UPGRADE FÜR UNSERE DEMOKRATIE IST ENDLICH HIER!«

von Moritz Ritter, Liquid Democracy e. V.*

Moritz Ritter ist Demokratie-Aktivist und Technologie-Optimist. Seit 2016 ist er Geschäftsführer des gemeinnützigen Vereins Liquid Democracy in Berlin. Dort arbeitet er daran, unsere Demokratie durch digitale Plattformen partizipativer, transparenter und gleichberechtigter zu machen.

*Drei Jahre nach dem Start des **KI-Assistenten DIMO** ist das Vertrauen in das demokratische System auf einem **Allzeithoch** und politische Institutionen erleben einen **massiven Zulauf.***

* Alle Ereignisse, Namen und Personen in diesem Text sind frei erfunden.

Berlin, 13. März 2029. Das hätte noch vor fünf Jahren niemand für möglich gehalten: Die über 20 Jahre anhaltende Vertrauenskrise in die Demokratie in Deutschland scheint seit einiger Zeit einem neuen Frühlingserwachen gewichen zu sein. 89,5 Prozent der Befragten gaben in einer im Februar 2029 durchgeführten Umfrage von infratest dimap an, der Demokratie in Deutschland sehr oder vollkommen zu vertrauen. Auch Parteien und Medien genießen Zustimmungswerte, die seit den 1950er-Jahren nicht mehr gemessen wurden. Zu verdanken ist dies auch der Entwicklung eines Assistenten, der mithilfe von künstlicher Intelligenz (KI) die demokratischen Prozesse für Bürger und Bürgerinnen zugänglich und verständlich macht. Damit tragen die Maßnahmen der Politik, die Effizienzgewinne durch KI für die Demokratie nutzbar zu machen, endlich Früchte.

Seit seinem Launch im März 2026 ist der KI-Assistent »DIMO: Deine Demokratie« mittlerweile aus dem politischen Alltag in Deutschland kaum mehr wegzudenken. Ende 2024 begann die Entwicklung des Assistenten durch einen Zusammenschluss mehrerer gemeinnütziger Initiativen, befeuert durch katastrophale Wahlergebnisse und Protestwahlen im Jahr 2024. Inzwischen wird DIMO von über sieben Millionen Menschen in Deutschland mehrmals im Monat genutzt.

Grundlage von DIMO ist eine Kombination verschiedener, speziell auf politische Teilhabe trainierter KI-Sprachmodelle. Der smarte Assistent ermöglicht es allen Bürgern in Deutschland, für die Probleme, die ihnen im Alltag begegnen, die richtigen Prozesse, Institutionen und Ansprechpersonen zu finden. Ob Gesetzgebungsverfahren, Bürgerinitiativen, Petitionen oder relevante Vereine und NGOs – die Suche relevanter politischer Prozesse und Themen wird erleichtert, um sich besser und gezielter einbringen zu können. Aber nicht nur das: DIMO kann sogar den aktuellen Stand des politischen Prozesses zu einem Thema verständlich zusammenfassen und alle relevanten Informationen in mehrere Sprachen übersetzen.

Der smarte Demokratie-Assistent wird seit seinem Start vor drei Jahren kontinuierlich verbessert und über einen Erweiterungsmarktplatz von mehr als 20 gemeinnützigen Initiativen aus Deutschland co-entwickelt. Der Quellcode und die Sprachmodelle von DIMO sind Open Source und werden in regelmäßigen Audits durch unabhängige Experten aus dem Ausland und Inland begutachtet. Inzwischen wird die Entwicklung der Software durch mehr als zehn Stiftungen finanziell gesichert. Seit einem Update im November 2027 hilft DIMO Bürgern und Bürgerinnen auch, geeignete Ideen auszuformulieren und an die passenden Stellen zu versenden: Sei es eine Stellungnahme zu einem Bebauungsplan in der Nachbarschaft, eine E-Mail an die Landtagsabgeordnete oder eine Petition an den Deutschen Bundestag.

*Der intelligente **Demokratie-Assistent** weiß aufgrund eines **neuronalen Netzes** genau, welches Problem auf welche Weise **politisch am effektivsten** angegangen werden kann.*

DIMO agiert also als eine Art Navigator, Übersetzer und Megafon zugleich für die politischen Meinungen der Bürger.

Politikwissenschaftlerin Annegret Mollenhauer vom Wissenschaftszentrum Berlin für Sozialforschung hat mehrere umfangreiche Studien zur Nutzung des KI-Assistenten durchgeführt – mit überraschenden Ergebnissen. Ihr Fazit: »Wir sehen unter den Nutzerinnen und Nutzern von DIMO ein enorm repräsentatives Spektrum der deutschen Bevölkerung abgebildet. Wirklich überraschend ist aber, dass mehr als 80 Prozent der Befragten angaben, dass sie durch die Nutzung von DIMO mehr oder sogar deutlich mehr Vertrauen in das demokratische System in

Deutschland gewonnen haben.« Frühlingserwachen der Demokratie in Deutschland. Abgeordnete, Parteien, Bürgerinitiativen und Vereine erleben, befeuert durch die Empfehlungen der Demokratie-KI, eine regelrechte Welle von Beitritten und Einreichungen der Bürgerinnen und Bürger. Patrick Martinez, zuständig für die Mitgliedergewinnung und das Community Management beim Bundesvorstand von Bündnis 90/Die Grünen spricht von einer sehr positiven Entwicklung. »Ich glaube, ich kann da für alle demokratischen Parteien sprechen, wenn ich sage, dass diese Welle an Beteiligung, die wir da seit zwei Jahren erleben, ein absolutes Luxusproblem ist. Wir passen unsere Strukturen und Werkzeuge bereits seit geraumer Zeit an, unter anderem auch durch die Nutzung von KI-basierten Lösungen.«

Auch die Nutzer von DIMO zeigen sich zufrieden. Selina Meinhardt, 22 Jahre alt, ist eine Nutzerin der ersten Stunde. Als sie Anfang 2026 von DIMO hörte, schloss sie gerade ihre Ausbildung ab und fühlte sich vom politischen System in Deutschland komplett entfremdet. Zu Wahlen sei sie bis dahin nie gegangen, gibt die Einzelhandelskauffrau aus Emden zu. Mehr aus Langeweile habe sie DIMO installiert, weil ihr eine Freundin davon erzählt hatte. Sie hatte sich über die nervigen Spam-Nachrichten auf WhatsApp geärgert und wollte wissen, was sie dagegen tun könne. Sie fragte DIMO nach Ideen und binnen zehn Minuten hatte sie mithilfe des Assistenten eine digitale Petition an den Deutschen Bundestag gestartet, die binnen kürzester Zeit das nötige Quorum von 50 000 Unterschriften erreichte.

»Da war ich ganz schön baff«, erzählt Meinhardt, »doch dann war es ein tolles Gefühl, diese Petition einzureichen und damit etwas zu bewegen«, fügt sie stolz hinzu. Mittlerweile nutzt sie DIMO mindestens zwei- bis dreimal im Monat – sowohl um Probleme in ihrem Viertel (keine ausreichenden Kitaplätze) als auch im Landkreis (Regionalbahnen fahren zu selten) anzugehen.

Ist DIMO also so etwas wie der KI-Messias für die Rettung der Demokratie? »Das wäre wohl etwas sehr einfach gesprochen«, gibt Constanze Wandt, Demokratie- und Partizipationsforscherin an der Heinrich-Heine-Universität Düsseldorf, zu bedenken. Denn zwei weitere, wichtige Veränderungen haben den Erfolg von DIMO maßgeblich befeuert.

Wandt hat die Effekte der beiden Maßnahmen durch eine Langzeitstudie für eine große deutsche Stiftung analysiert und kommt zu dem Schluss: »Die 2026 durch die Bundesregierung parallel eingeführte bundesweite Vier-Tage-Woche und das Freiwillige Engagementjahr, das allen Menschen in Deutschland ähnlich wie eine Elternzeit eine Auszeit für gemeinnütziges Engagement finanziert, haben signifikant dazu beigetragen, dass die Menschen in Deutschland mehr Zeit denn je für politisches und bürgerschaftliches Engagement haben – und die nutzen sie auch, wie unsere Studie zeigt!« Allerdings hätten auch diese Entwicklungen indirekt mit künstlicher Intelligenz zu tun. Möglich geworden seien die Erleichterungen durch die rapiden Effizienzsteigerungen in der deutschen Wirtschaft seit der sich rasant verbreitenden Nutzung von generativer KI aus dem Jahr 2023. »Die Bundesregierung hat mit diesen beiden, damals stark umstrittenen, Maßnahmen einen seltenen Volltreffer gelandet. Die sich gerade abzeichnenden positiven Effekte von künstlicher Intelligenz wurden so auf eine sinnvolle Weise als Booster für Demokratie und Gesellschaft genutzt.«

Unterschätzen sollte man die Effekte des Demokratie-Assistenten DIMO jedoch auch nicht.
»Am Ende ist es dem Mut und der Weitsicht der zivilgesellschaftlichen Initiativen hinter DIMO zu verdanken, dass sie KI auf sinnvolle Weise für die Demokratie nutzbar gemacht haben«, lobt Ahmed Almasi, Vorstandsmitglied des Chaos Computer Club e. V., der die Entwicklung von DIMO zunächst kritisch begleitete. Der

KI-Assistent sei zum richtigen Zeitpunkt und vor allem so offen und transparent wie möglich entwickelt worden. »Nur so konnte er eine so große Masse an Menschen erreichen, die auf einmal Zeit für politisches Engagement hatten!« Almasi gibt zu, dass er DIMO am Anfang skeptisch gegenüberstand. Nach nunmehr drei Jahren fortschreitender Entwicklung und vieler positiver Rückmeldungen, auch unter den Mitgliedern des Chaos Computer Club, zeigt auch er sich jedoch überzeugt: »Wenn ich mir diese Entwicklungen so anschaue, erwische ich mich schon mal bei dem Gedanken: ›Das Upgrade für unsere Demokratie ist endlich hier!‹«

KAPITEL 5

WAHLEN: DAS HEILIGSTE UNSERER DEMOKRATIE MUSS GESCHÜTZT WERDEN

Das Recht zu wählen, die Macht, zwischen unterschiedlichen politischen Angeboten zu entscheiden, ist der Lebensnerv und wichtigster Grundpfeiler der Demokratie. Es ist das unverfälschte Wesen demokratischer Selbstbestimmung. Doch dank KI finden aktuell Demokratiefeinde neue, subtile Wege, um den freien Willen der Wählerschaft zu manipulieren. Desinformation ist zum größten Angstgegner geworden. Was ist noch wahr? Was ist KI-generiert? Ausländische Akteure und Extremisten nutzen nun Fakebilder, KI-Bots und viele weitere perfide Strategien, um demokratische Gesellschaften strategisch und nachhaltig zu destabilisieren. Die Gefahr ist real und daher liegt in diesem Kapitel der Fokus auf zwei zentralen Handlungsfeldern für den Einsatz von KI im Kontext von Wahlen: zum einen die Nutzung von KI selbst, um Wahlbeteiligung und Wahlen zu stärken und perspektivisch weiterzuentwickeln. Zum anderen der Schutz der Wahlen vor dem Schatten der Desinformation und digitalen Manipulation durch KI-gestützte Verteidigungsstrategien.

Die ironische Wendung unserer Zeit ist, dass die Technologie, die als größte Bedrohung unserer Freiheit angesehen werden kann, gleichzeitig der größte Verbündete werden könnte. KI bietet die einmalige Chance, Wahlen nicht nur vor externen zerstörerischen Einflüssen zu schützen, sondern auch den demokratischen Diskurs zu bereichern und zu diversifizieren. Es ist an der Zeit, den Kampf gegen die technologische Bedrohung aufzunehmen – mit den fortschrittlichsten Werkzeugen, die uns zur Verfügung stehen: der KI selbst. Die Demokratie muss mit der Zeit gehen, sich anpassen und die gleichen fortschrittlichen Technologien nutzen, die ihre Gegner so geschickt einsetzen.

Das freie, gleiche und geheime Wahlrecht war eine Kernforderung der Revolutionäre von 1848. Die Macht sollte nach ihrem Willen bei der Bevölkerung liegen. Wobei einschränkend gesagt werden muss, dass das Wahlrecht damals vor allem Männersache war. Jedenfalls war es das frei gewählte gesamtdeutsche Parlament, die Frankfurter Nationalversammlung, das im Jahr 1849 eine Verfassung beschloss – mit den beiden Kernelementen: Grundrechte für alle Bürger und ein allgemeines Wahlrecht beziehungsweise für Frauen eben nicht: Das Frauenwahlrecht war im Verfassungsentwurf nicht aufgenommen worden. Die Verfassung der 48er-Revolutionäre trat jedoch nie in Kraft, vor allem, weil die Großmacht Preußen sie ablehnte. In Preußen gab es nach 1849 ein Dreiklassenwahlrecht, das sich an drei Einkommensklassen orientierte, und obwohl die Einkommensklassen ungleich verteilt waren, hatten sie jeweils den gleichen Einfluss auf die Besetzung des Parlaments.

Erst nach Ausrufung der Weimarer Republik am 9. November 1918 fand tatsächlich die erste freie, geheime Wahl statt – und vor allem konnten am 19. Januar 1919 erstmals auch Frauen in Deutschland an der Wahl zur verfassunggebenden Nationalversammlung teilnehmen. Damit wurde Deutschland eine parlamentarische Demokratie, da der gewählte Reichstag über die Zusammensetzung der Regierung mitbestimmen konnte.

Politik ist ***Volkes Wille.*** *Wir bestimmen, wer etwas zu sagen hat. Der Traum von* ***Mitbestimmung*** *wird mit dem* ***Wahlrecht*** *verwirklicht. Deshalb ist Wählen ein* ***Privileg,*** *eine* ***gelebte Teilhabe.*** *Es ist* ***Freiheit,*** *zu entscheiden, was man will und was man nicht will.*

Länder, in den das nicht möglich ist, in denen Wahlen gefälscht werden, in denen Wahlen nur noch Inszenierungen sind, um eine bereits Jahrzehnte herrschende Klasse erneut zu bestätigen, sind Länder der Unfreiheit. Doch obwohl das Wahlrecht in Deutschland nicht eingeschränkt ist, ist der Frust groß. Man dürfe nur alle vier Jahre wählen, danach sollen wir wieder still sein, heißt es. »Die machen doch eh, was sie wollen, ganz gleich, wen wir wählen.« Die Folgen sind sinkende Wahlbeteiligungen.

Im Lichte dieser Entwicklungen werden wir uns in diesem Kapitel auf drei zentrale Elemente konzentrieren, die zusammen das Fundament einer agilen Demokratie in der Ära der künstlichen Intelligenz bilden können.

- **Erstens,** der Schutz von Wahlen vor KI-basierter Desinformation, ein Gebot, das zunehmend an Bedeutung gewinnt, da Desinformationskampagnen eine neue Bedrohung für die Integrität demokratischer Prozesse darstellen. Wir werden konkrete Maßnahmen und Verteidigungsstrategien diskutieren, die entwickelt wurden, um diesen Herausforderungen zu begegnen.
- **Zweitens,** die Steigerung der Wahlbeteiligung, eine zentrale Säule, um die Repräsentativität und Legitimität von Wahlen zu gewährleisten. Hier wird der Einsatz von KI zur Unterstützung bei der Wahlentscheidung und -beteiligung untersucht, um Barrieren abzubauen und Informationsangebote zu erweitern.
- **Drittens** werden wir innovative und zukunftsorientierte Ideen von KI zur Verbesserung von Wahlen betrachten, die das Potenzial haben, den Wahlprozess nicht nur effizienter und sicherer zu gestalten, sondern auch dynamischer und interaktiver.

Die Revolutionäre von 1848 um Robert Blum hätten sich die transformative Kraft der KI nicht vorstellen können, doch ihr Streben nach einer inklusiven und gerechten demokratischen Gesellschaft bildet eine Brücke zu den jetzigen notwendigen Anstrengungen.

WIE SCHÜTZEN WIR UNSERE DEMOKRATIE VOR DEM GIFT DER DESINFORMATION?

Vor dem Hintergrund der anstehenden Bundestagswahlen wird diese Frage nicht bloß zu einem akademischen Gedankenspiel, sondern zu einer brennenden, praktischen Notwendigkeit. Das World Economic Forum hat in seinem *Risks Report 2024* Desinformation sogar auf Platz 1 bei den Bedrohungen gesetzt und resümiert: »Die Präsenz von Fehl- und Desinformation in diesen Wahlprozessen könnte die echte und wahrgenommene Legitimität neu gewählter Regierungen ernsthaft destabilisieren und politische Unruhen, Gewalt und Terrorismus sowie eine langfristige Erosion demokratischer Prozesse riskieren.«*

Vorab muss klar gesagt werden: Desinformation an sich ist kein Phänomen der Neuzeit, sondern hat ihre Wurzeln tief in der Geschichte unserer Gesellschaft, Politik und Wirtschaft. Schon immer gab es Kräfte, die aus intriganten politischen oder kommerziellen Gründen bewusst falsche Informationen verbreitet haben, ebenso wie eine Nachfrage nach solchen Informationen, angetrieben durch verschiedene psychologische Bedürfnisse der Menschen. Wir vergessen gerne: Zwar haben wir Kühlschränke, elektrische Autos und Smartphones, aber unsere neuronalen Netze sind die gleichen wie die unserer Vorfahren in den Höhlen vor 300 000 Jahren. Wir lieben Geschichten, Emotionen und Ängste. Was sich heute jedoch grundlegend verändert hat, ist die Fähigkeit von KI, dieses alte Problem exponentiell zu skalieren und Desinformation in Echtzeit und in einem bislang unbekannten Ausmaß in die Öffentlichkeit zu tragen.

* Global Risks Report 2024 | World Economic Forum (2024). https://www.weforum.org/publications/global-risks-report-2024/

> *Es existiert kein einfaches **Patentrezept** oder eine ultimativ zu befolgende **Strategie** zur **Bekämpfung** von KI-spezifischer **Desinformation.***

Eines steht für unsere Demokratie in jedem Fall bereits fest: Die Bundestagswahl 2025 wird unter bisher noch kaum abzusehenden Herausforderungen stattfinden, bei denen Desinformation von Extremisten im Inland und Regimen wie Russland im Ausland strategisch genutzt werden wird, um unsere Gesellschaft zu destabilisieren. Es steht einiges auf dem Spiel. Genau sagen, wie groß der Einfluss von KI-Tools wie ChatGPT bei den kommenden Wahlen sein wird, kann keiner zum jetzigen Zeitpunkt. Die technologische Entwicklung ist zu rasant. Aber er wird von Wahl zu Wahl steigen.

ZEICHENTRICKOPA WIRD PRÄSIDENT

In Indonesien, der drittgrößten Demokratie der Welt, fanden 2024 Präsidentschaftswahlen statt. Dabei spielten die sozialen Medien und vor allem auch KI eine zentrale Rolle. Ein Grund ist, dass die Hälfte der wahlberechtigten Bevölkerung unter 40 Jahre alt und TikTok nach dem Fernsehen die zweitbeliebteste Informationsquelle für politische Inhalte ist. Besonders interessant in diesem Wahlkampf war der Einsatz von KI durch das Wahlkampfteam des Präsidentschaftskandidaten und späteren Siegers Prabowo Subianto.

Der 72-jährige ehemalige General, mit einer umstrittenen Vergangenheit unter dem Langzeitdiktator Suharto, hatte sich mithilfe von KI ein komplett neues Image aufgebaut. Um die junge Wählerschaft anzusprechen, wurde Prabowo mittels der KI-Software Midjourney als liebenswerter Zeichentrickopa visualisiert, der auf TikTok tanzt, um Wählerstimmen zu gewinnen. Mit einer für den Wahlkampf konzipierten App konnten Wähler außerdem ohne viel Aufwand Videos erstellen, in denen sie neben Prabowos animiertem Avatar tanzen. Solche Videos ließen sich wiederum schnell und leicht auf TikTok teilen.

Die 20 bekanntesten Tech-Firmen hatten bei der Münchner Sicherheitskonferenz 2024 ein koordiniertes Vorgehen versprochen, um Fakes im Zusammenhang mit Wahlen aufzuspüren, unter ihnen Vertreter der Erzrivalen Instagram, TikTok, X und YouTube.*

Seit der Ankündigung ist jedoch wenig passiert: Künstlich generierte Bilder werden in den sozialen Netzwerken nach wie vor ohne KI-Label oder Warnhinweis viral verbreitet. Wie schnell dabei KI-generierte Inhalte nationale Tragweite erreichen können, haben Wahlen in den vergangenen Monaten auf der ganzen Welt gezeigt:

- Ein prominenter europäischer Fall stammt aus den Nationalratswahlen in der Slowakei im Oktober 2023.** Dort verbreitete sich in den sozialen Netzwerken eine Audiodatei, angeblich der Mitschnitt eines Telefongesprächs. Darin erklärt Michal Šimečka, der Vorsitzende der liberalen Partei »Progressive Slowakei«, einer Vertrauten, dass er die Wahl manipuliere. Die sehr gut gefälschte Audiodatei wurde zwei Tage vor der Wahl publiziert, zu einem Zeitpunkt, in dem slowakische Medien traditionellerweise nicht mehr über die Wahlen berichten.

* Munich Security Conference (2024). A tech accord to combat deceptive use of AI in 2024 elections. https://securityconference.org/en/aielections accord/accord/

** Meaker, M. (3. Oktober 2023). Slovakia's Election Deepfakes Show AI Is a Danger to Democracy. WIRED. https://www.wired.com/story/slovakias-election-deep fakes-show-ai-is-a-danger-to-democracy/

- In Moldawien, einem Land, das geopolitisch zwischen Europäischer Union und Russland balanciert, wurde Präsidentin Maia Sandu, die für ihre prowestliche Ausrichtung bekannt ist, Ziel einer raffinierten Desinformationskampagne. Ein manipuliertes Video zeigte sie, wie sie eine politische Partei unterstützt, die enge Bindungen zu Russland hat. Im Video gab sie zudem bekannt, Pläne für ihren Rücktritt zu hegen. Die Echtheit und Überzeugungskraft des Videos waren so hoch, dass es für viele Zuschauer schwierig war, die Fälschung zu erkennen.
- In Bangladesch wurde eine Oppositionsabgeordnete Opfer einer besonders heimtückischen Form der Desinformation. Ein Video, das viral ging, zeigte die Abgeordnete Rumeen Farhana, eine bekannte Kritikerin der Regierung, angeblich in einem Bikini. Im muslimischen Land, in dem derartige Darstellungen stark tabuisiert sind, bestand die Gefahr, ihre politische Karriere und ihren Ruf nachhaltig zu schädigen. Die Fälschung zielte darauf ab, ihre Glaubwürdigkeit und ihre Stellung in der Gesellschaft zu unterminieren.*
- Bei den jüngsten Wahlen in Pakistan spielte KI eine entscheidende Rolle, indem sie es dem ehemaligen Premierminister Imran Khan ermöglichte, aus dem Gefängnis heraus Wahlkampf zu führen.** Über zwei Monate hinweg veröffentlichte Khans Partei, die PTI, vier Deepfake-Videos, in denen eine als KI-Version gekennzeichnete Abbildung von Imran Khan seine Anhänger ansprach. »Die Leute waren angenehm überrascht,

* Swenson, A. & Chan, K. (14. März 2024). Election disinformation takes a big leap with AI being used to deceive worldwide. AP News. https://apnews.com/article/artificial-intelligence-elections-disinformation-chatgpt-bc283e7426402f0b4baa7df280a4c3fd

** Ray, S. (18. Dezember 2023). Imran Khan—Pakistan's jailed Ex-Leader—Uses AI Deepfake To Address Online Election Rally. Forbes ME. https://www.forbesmiddleeast.com/innovation/artificial-intelligence-machine-learning/imran-khan pakistans-jailed-ex-leaderuses-ai-deepfake-to-address-online-election-rally

dass sie ihren Anführer aus dem Gefängnis heraus sprechen hörten. Wir hatten in den letzten 26 Jahren nie eine politische Kundgebung ohne eine Rede von Imran Khan erlebt.« Die Videos wurden mit einer Technologie des US-Unternehmens ElevenLabs erstellt und basierten auf Archivaufnahmen von Khan sowie Notizen, die er aus dem Gefängnis geschmuggelt hatte, wo ihm die Aufnahme von Audio und Video untersagt war.

WIE KANN EINE STRATEGISCHE TOOLBOX ZUM SCHUTZ DER DEMOKRATIE AUSSEHEN?

Ein gutes Jahr vor der Bundestagswahl 2025 steht Deutschland vor einer beispiellosen Herausforderung: Wie können wir eine Informationslandschaft schaffen, die resilient gegen die Flutwelle von Desinformation ist, insbesondere, wenn diese durch KI-Technologien angetrieben wird?

Die Notwendigkeit einer umfassenden, agil entwickelten Toolbox zur Abwehr von KI-gestützter Desinformation ist entscheidend für die Wahrung der Integrität unserer demokratischen Prozesse. Doch wie kann eine solche Toolbox aussehen und wer sind die Schlüsselspieler in ihrer Entwicklung?

Die Antwort liegt in der synergetischen Zusammenarbeit einer breiten Palette von Akteuren, die jeweils einzigartige Perspektiven, Fähigkeiten und Ressourcen in den Kampf gegen Desinformation einbringen. Diese Akteure reichen von Forschungseinrichtungen und spezialisierten NGOs über staatliche Institutionen bis hin zur Medienindustrie und dem Bildungssektor.

Das Carnegie Endowment for International Peace hat im Januar 2024 einen richtungsweisenden Leitfaden mit dem Titel *Countering Disinformation Effectively: An Evidence-Based Policy*

Guide[*] veröffentlicht, der mit seinem multidimensionalen Ansatz als gute Blaupause im Kampf gegen die wachsende Flut an Desinformation in Deutschland dienen kann. Mit der Analyse von zehn politischen Interventionsarten – von der Faktenprüfung über Sanktionen gegenüber ausländischen Akteuren bis hin zu Anpassungen in den Algorithmen sozialer Netzwerke – gibt der Bericht konkrete Empfehlungen. Dabei werden drei Schlüsselfragen adressiert: Welches Wissen liegt über die Wirksamkeit spezifischer Interventionen vor? Wie effektiv sind diese Maßnahmen unter Berücksichtigung der aktuellen Erkenntnisse? Und wie realisierbar sind sie im Hinblick auf eine breit angelegte Umsetzung?

ERKENNUNG UND KENNZEICHNUNG VON DESINFORMATION UND KI-TOOLS IM EINSATZ

Die Basis einer möglichen Toolbox ist die präzise Erkennung und Kennzeichnung von Falschnachrichten. Ein herausragendes Beispiel bietet Correctiv, eine führende Organisation in Deutschland, die sich auf die Aufdeckung von Falschinformationen spezialisiert hat. Correctiv nutzt unter anderem KI, um Inhalte auf sozialen Medien und Nachrichtenportalen in Echtzeit zu durchleuchten.

> *Mit der **Wolf-Schneider-KI** (WSKI) hat man dort einen spannenden Innovationscase für die **Toolbox** gestartet.*

Entwickelt auf den Prinzipien des renommierten Journalismuslehrers Wolf Schneider bietet dieses Tool eine direkte, nutzer-

[*] Bateman, J., Jackson, D., & Carnegie Endowment for International Peace (2024). An Evidence-Based Policy Guide: Countering Disinformation Effectively. Carnegie Endowment for International Peace. https://carnegieendowment.org/research/2024/01/countering-disinformation-effectively-an-evidence-based-policy-guide?lang=en

freundliche Unterstützung für das Schreiben präziser und klarer Texte. Es geht weit über bloßes Korrigieren hinaus, indem es konstruktive Rückmeldungen und Verbesserungsvorschläge liefert.*

In der Praxis bedeutet dies: Eine Journalistin oder Schreiberin lädt einen Text hoch und wählt die gewünschte Textart. Die KI analysiert den Text, nimmt Verbesserungen vor und liefert eine überarbeitete Version zurück – komplett mit Erklärungen und Tipps für eine noch intensivere Auseinandersetzung mit dem Thema.

Durch mehr Klarheit und Präzision in der Kommunikation hilft WSKI, Missverständnisse zu vermeiden und die Verbreitung von falschen Informationen einzudämmen. Journalistinnen und Schreiberinnen werden befähigt, Inhalte zu produzieren, die widerstandsfähig gegen Desinformationsversuche sind.

Ein weiteres spannendes Beispiel für die innovative Nutzung von KI im Kampf gegen Desinformation ist das vom Start-up Valent Projects in Großbritannien entwickelte Tool Ariadne.** Es repräsentiert die nächste Generation von KI-Anwendungen, indem es auch zukünftige Gefahren anhand von sogenannten »Predicitve Models« prognostiziert und Strategien zu deren Bekämpfung bietet. Das Tool analysiert kontinuierlich Onlineinhalte und -interaktionen, um Muster zu erkennen, die typisch für Desinformationskampagnen sind. Mithilfe von Machine Learning und KI entwickelt Ariadne präzise Vorhersagen darüber, wie sich Desinformation ausbreiten könnte, und empfiehlt proaktive Maßnahmen, um deren Verbreitung zu verhindern oder einzudämmen.

* Correctiv (13. Oktober 2023). Wolf-Schneider-KI ist online. correctiv.org. https://correctiv.org/in-eigener-sache/2023/10/13/wolf-schneider-ki-ist-online/

** Valent Projects (2024). https://valent-projects.com/

Die Effektivität solcher KI-Tools wird übrigens durch wissenschaftliche Studien bekräftigt, wie beispielsweise eine Untersuchung der Universität Hamburg, die eine Identifizierungsgenauigkeit von bis zu 90 Prozent für die Erkennung von Desinformation feststellte. Diese hohe Treffsicherheit demonstriert das enorme Potenzial von KI-basierten Lösungen in der Desinformationsbekämpfung. Durch das Trainieren der Algorithmen auf spezifische Daten und Muster verbessern sich diese Tools kontinuierlich und werden immer effektiver im Erkennen von falschen oder manipulativen Inhalten.

MIT OPEN-SOURCE-KURSEN KI-KOMPETENZEN SKALIEREN

Der KI-Campus des Stifterverbandes steht im Zentrum einer breit angelegten Initiative, um die allgemeine Medienkompetenz im Kontext KI zu fördern.* Als umfassende Lernplattform konzipiert, bietet der KI-Campus Zugang zu einer Vielfalt von Onlinekursen, interaktiven Workshops und umfangreichen Bildungsmaterialien. Diese sind darauf ausgerichtet, ein fundiertes Verständnis für KI-Technologien zu schaffen, vielfältige Einsatzmöglichkeiten aufzuzeigen und insbesondere die Herausforderungen im Umgang mit KI-bezogener Desinformation zu thematisieren.

*Der **KI-Campus** vermittelt nicht nur **grundlegendes Wissen** über KI, sondern legt auch einen starken Fokus darauf, **kritisches Denken** und die Fähigkeit zur kritischen Auseinandersetzung mit durch KI generierten Inhalten zu entwickeln.*

* AI Campus (o. J.). https://ki-campus.org/

SCHWEDEN ALS VORBILD – MIT VEREINTEN KRÄFTEN GEGEN DIE FEINDE DER DEMOKRATIE

Die schwedische Psychological Defence Agency gilt innerhalb der NATO als Best Practice im aktiven Kampf gegen Desinformation. Ihre Hauptaufgabe besteht darin, die Anstrengungen zur Koordination und Entwicklung der Aktivitäten von Behörden und anderen Akteuren innerhalb Schwedens psychologischer Verteidigung (umgangssprachlich PsyOps) zu leiten. Sie bietet Unterstützung für Behörden, Kommunen, Regionen, Unternehmen und Organisationen an und hilft, die Resilienz der schwedischen Bevölkerung in der Medienkompetenz insbesondere im Kontext KI zu stärken.*

Für Deutschland stellt sich die Frage: Wie können wir eine ebenso schlagkräftige Antwort auf die vielschichtigen Herausforderungen der Desinformation und ausländischen Einflussnahmen entwickeln? Die Antwort liegt in einer zentralen, strategisch koordinierten Initiative auf Bundesebene. Angesichts der digitalen Komplexität und der ausgeklügelten Methoden der Informationsbeeinflussung genügt es nicht, wenn einzelne Behörden oder Bundesländer separat agieren. Wir müssten Ressourcen insbesondere mit KI-basierten Wissensplattformen zusammenlegen und eine einheitliche Front bilden. Die Herausforderung ist groß, aber die Notwendigkeit, unsere Informationshoheit zu sichern, ist ein entscheidender Aspekt nationaler Sicherheit.

* Psychological Defence Agency (2024). https://www.mpf.se/psychological-defence-agency

BETTER CASE: BRASILIEN – REGULIERUNG ZU KI IM WAHLKAMPF

Brasilien stand Anfang 2023 am Rande einer demokratischen Krise. Desinformationskampagnen, befeuert durch den ungezügelten Einsatz künstlicher Intelligenz, hatten das Land in Aufruhr versetzt. Die politische Spaltung wurde durch massenhaft verbreitete Falschinformationen über soziale Medien noch verstärkt, wodurch selbst die Legitimität des Wahlprozesses infrage gestellt wurde. Vor allem waren es Deepfakes – also durch künstliche Intelligenz erzeugte Fälschungen, die echte Personen scheinbar Dinge sagen oder tun lassen, die nie geschehen sind.

Die Antwort war ein rigoroser Regulierungsrahmen für den Einsatz von künstlicher Intelligenz im Wahlkampf, der in der Geschichte des Landes beispiellos ist. Diese neuen Vorschriften umfassen unter anderem:

- ☐ **Kennzeichnung KI-generierter Inhalte:** Jeglicher Inhalt, der mithilfe von künstlicher Intelligenz erstellt wurde, muss eindeutig als solcher gekennzeichnet sein, um die Transparenz zu erhöhen und Wählerinnen und Wähler darüber aufzuklären, dass sie potenziell manipulierte Inhalte konsumieren.
- ☐ **Verbot von Chatbots,** die Gespräche mit einem Kandidaten vortäuschen: Interaktionen mit Wählern müssen authentisch sein. Die Verwendung von Bots, die sich als Kandidaten ausgeben, um Wähler zu beeinflussen, ist strikt untersagt.
- ☐ **Verbot des Einsatzes von Deepfakes in Wahlkampagnen:** Die Erstellung und Verbreitung von Deepfakes, um politische Gegner zu diskreditieren oder falsche Narrative zu verbreiten, wird streng geahndet.

Die Konsequenzen für die Missachtung dieser Regeln sind hart. Kandidaten riskieren nicht nur den Verlust ihres Mandats oder den

Ausschluss von der Kandidatur, sondern auch die Plattformen, auf denen diese Inhalte verbreitet werden, stehen in der Verantwortung. Technologieunternehmen, die es versäumen, gefährliche Inhalte umgehend zu entfernen, können rechtlich belangt werden. Dies zwingt Plattformen, ihre Rolle in der Gesellschaft ernst zu nehmen und ihrer Sorgfaltspflicht nachzukommen.

*Die **Regulierungen** signalisieren eine **klare Botschaft**: Die Integrität des Wahlprozesses und das Vertrauen der Öffentlichkeit **stehen über** den unbegrenzten Möglichkeiten der Technologie.*

Doch bleibt die Frage: Werden diese Maßnahmen ausreichen, um den Einfluss von KI-generierten Falschinformationen wirksam einzudämmen? Oder werden diejenigen, die Desinformation verbreiten wollen, einfach neue Wege finden, um diese Hürden zu umgehen?*

BETEILIGUNG VON WAHLEN MIT KI STÄRKEN

Wie können wir sicherstellen, dass bei einer Wahl jede Stimme nicht nur gezählt wird, sondern dass jeder Wähler und jede Wählerin auch die Möglichkeit hat, eine informierte Entscheidung zu treffen? Hier stößt die Realität oft an ihre Grenzen. Informationsflut, komplexe politische Sachverhalte und die Schwierigkeit, verlässliche Quellen zu identifizieren, können Wählerinnen und Wähler überfordern. Künstliche Intelligenz kann hier einen Wendepunkt schon ab nächstem Jahr darstellen.

* Mari, A. (28. Februar 2024). Brazil Outlines Rules For AI Use During Elections. Forbes. https://www.forbes.com/sites/angelicamarideoliveira/2024/02/28/brazil-outlines-rules-for-ai-use-during-elections/

Beispiel Nichtwähler: Ihre Zahl lag bei der Bundestagswahl 2021 bei 23,4 Prozent. Bei Europa-, Landtags- oder Kommunalwahlen liegen sie inzwischen weit über 40 Prozent. Bei der Landtagswahl in Nordrhein-Westfalen im Jahr 2022 lag der Anteil der Nichtwähler bei 44,5 Prozent, bei den Europawahlen wurden teilweise Nichtwähleranteile von mehr als 50 Prozent erreicht.* Das sind mehr als Alarmsignale. Die Hälfte der Wahlberechtigten wählt nicht mehr, auch das ist Ausdruck eines längst nicht mehr schleichenden Vertrauensverlusts. Doch je komplizierter die Politik, je komplizierter und intransparenter politische Prozesse sind, desto weniger ist klar, was vor sich geht, und desto mehr entfernen sie sich die Bürger und Bürgerinnen vom politischen Geschehen. Auch das gehört zum Alltag: Bürgern und Bürgerinnen mangelt es an Verständnis für Politik, was die aktive Teilnahme an demokratischen Prozessen erschwert. Nach einer Studie der Friedrich-Ebert-Stiftung sind für drei Viertel der Befragten politische Probleme inzwischen undurchschaubar.**

ECHTE WAHLHILFE IM NEUEN GEWAND?

Zur Jahrtausendwende gründeten einige Politikstudenten am Otto-Suhr-Institut der Freien Universität Berlin die Politikfabrik. Eine Agentur für politische Kommunikation, die sich zum Ziel gesetzt hat, besonders junge Menschen wieder für Politik und das Wählen zu begeistern. Dazu gehört auch die Entwicklung des Wahl-O-Mat.

* Statistikportal.de (o. J.). Statistische Ämter Des Bundes Und Der Länder | Gemeinsames Statistikportal. https://www.statistikportal.de/de/wahlen#datenbanken

** Best, V., Decker, F., Fischer, S. & Küppers, A. (2022). Demokratievertrauen in Krisenzeiten [Report]. In: FRIEDRICH-EBERT-STIFTUNG. https://library.fes.de/pdf-files/pbud/20287-20230505.pdf

Damals, 2002 bei der Bundestagswahl, erstmals eingesetzt, hat sich die studentische Idee inzwischen zu einer festen Größe vor Wahlen etabliert. Der Wahl-O-Mat ist eine digitale Entscheidungshilfe im Internet, vom Prinzip aufgebaut wie eine Maschine: Man gibt etwas hinein, am anderen Ende kommt etwas heraus. Beim Wahl-O-Mat werden mehrere politische Thesen, Forderungen und Wahlversprechen der Parteien in die »Maschine« eingespeist. Die Nutzer werden dann abgefragt, welcher jeweiligen These oder Forderung sie zustimmen oder sich am ehesten identifizieren können. Und am Ende erfahren sie, welche Parteien am ehesten auch ihre Meinungen vertreten und welche weniger. Eine echte Wahlhilfe, zumal man nicht seitenlange Wahlprogramme lesen muss, sondern alles präzise aufbereitet bekommt.

Nach Angaben der Bundeszentrale für Politische Bildung (bpb) sind mit jeder Version des Wahl-O-Mat auch die Nutzerzahlen gestiegen. Rekord zur Bundestagswahl 2021: 21,3 Millionen Mal wurde der Wahl-O-Mat genutzt. Mit 2,95 Millionen Nutzungen hält die Landtagswahl in Bayern 2023 den Rekord für eine Wahl auf Länderebene. Insgesamt über 115 Millionen Mal wurde der Wahl-O-Mat seit seiner ersten Veröffentlichung 2002 im Vorfeld von Wahlen genutzt. Er wurde verfeinert, ausgebaut – und doch könnte er mit der KI noch mehr Nutzerinnen und Nutzer für Wahlen begeistern. Indem nicht nur abgefragt, sondern ein echtes Gespräch ermöglicht wird. Mithilfe einer KI könnte sich der Wahl-O-Mat noch mehr mit den Lebensumständen und Bedürfnissen der Nutzerinnen beschäftigen.

»Wo wohnst du?«

»Was sind dort gerade die drängendsten Fragen?«

»Was hältst du für die größte Herausforderung der nächsten Jahre?«

Mit einem KI-basierten Wahl-O-Mat könnte eine objektive, neutrale, auf die Interessen und Bedürfnisse des Wahl-O-Mat-Nutzers abgestimmte Wahlempfehlung abgegeben werden. Der Nebeneffekt: Die Nutzer hätten das Gefühl, tatsächlich gehört zu werden. Und weil die KI ihnen nur sagt, was sie durch neutrale Recherche ermittelt hat, ergibt sich eine wesentlich bessere Informationsgrundlage. Gespräche mit einer KI sind für die wenigsten von uns ungewohnt, vor allem die Nutzer von Siri und Co. haben sich längst daran gewöhnt, dass ihnen eine Maschine zur Seite springt.

Stellen Sie sich vor, dieses Tool würde nicht nur Ihre politischen Präferenzen analysieren, sondern auch kontextbezogene Einblicke in die möglichen Auswirkungen Ihrer Wahlentscheidung bieten. Es könnte sogar simulieren, wie die Umsetzung spezifischer politischer Programme Wirtschaft, Umwelt oder Sozialsysteme beeinflussen könnte, basierend auf aktuellen Daten und wissenschaftlichen Modellen. Das würde eine echte Stärkung der Demokratie bedeuten.

Ein weiteres visionäres Feature könnte eine Art »Zeitreise«-Funktion sein, die es den Nutzern ermöglicht, zu sehen, wie sich die Positionen der Parteien zu bestimmten Themen über die Zeit entwickelt haben. Dies würde nicht nur Aufschluss über die Konstanz und Glaubwürdigkeit der politischen Akteure geben, sondern auch tiefere Einblicke in die politische Dynamik und die Reaktionen auf gesellschaftliche Veränderungen ermöglichen.

Ein besonders spannendes Feature könnte die Einbindung von Augmented Reality (AR) sein – schon bald will Apple seine VisionPro launchen. Warum nicht? Die Nutzer könnten beispielsweise mit ihrem Smartphone durch die Stadt gehen und Informationen zu politischen Themen oder Standpunkten der Parteien in Echtzeit eingeblendet bekommen, sobald sie sich einem relevanten Ort nähern – sei es ein geplantes Infrastrukturprojekt, eine Schule oder ein Krankenhaus.

SICHERE WAHLEN MIT KI

Wahlen lassen sich aber nicht nur vor der eigentlichen Wahl mit KI verbessern – es besteht auch die Chance, den gesamten Wahlprozess, von der kleinsten bis zur großen systemischen Ebene mit KI zu revolutionieren, vor allem im Hinblick auf die Sicherheit des eigentlichen Wahlvorgangs. Wenige Wochen vor der Bundestagswahl 2021 wurde ein Cyberangriff auf den IT-Dienstleister Hetzner bekannt, der die Server für den Bundeswahlleiter betreute.* Laut Verfassungsschutz hätten durchaus Wahlcomputer manipuliert werden können. Obwohl keine Hinweise auf Manipulationen gefunden wurden, war dies ein deutliches Warnsignal. Dabei könnten KI-basierte Anomalie- und Intrusion-Detection-Systeme Cyberangriffe oder Manipulationen von Wahlcomputern frühzeitig erkennen und abwehren. Estland setzt beispielsweise setzt schon auf KI zur Absicherung der E-Voting-Infrastruktur.**

DIE KI ALS PROBLEM, DIE KI ALS LÖSUNG?

Vor Wahlen gibt es häufig gezielte Desinformationskampagnen in sozialen Medien. Damit sollen Zweifel am Wahlprozess gesät oder bestimmte Kandidaten bevorzugt werden, wie dies 2016 bei den US-Wahlen der Fall war. Russland wird diesbezüglich seit Jahren vorgeworfen, in der EU gezielt Fake News und Propaganda zu

* Petersen, L. (15. September 2021). Bundestagswahl 2021: Hackerangriff auf Website des Bundeswahlleiters. Business Insider. https://www.businessinsider.de/politik/deutschland/hackerangriff-auf-server-des-bundeswahlleiters/

** Mackisack, D. (5. Juli 2023). The Front Lines of Digital Democracy – Securing i-Voting in Estonia. Democracy Technologies. https://democracy-technologies.org/voting/front-lines-digital-democracy-i-voting-in-estonia/

streuen, um Misstrauen gegenüber Regierungen zu schüren und Wahlen zu beeinflussen. »Mehr als 50 000 gefälschte Nutzerkonten auf der Onlineplattform X, mehr als eine Million deutschsprachiger Tweets: Russland soll mit einer massiven Kampagne versucht haben, mehr Unmut gegen die Ampel-Regierung zu schüren«, meldete die Tagesschau im Januar 2024. KI-gestützte Faktencheck-Systeme könnten Desinformation in sozialen Medien automatisiert aufspüren und korrigieren. Facebook setzt hier schon teilweise auf KI. Auch unabhängige Organisationen wie Correctiv prüfen dubiose Behauptungen mithilfe von KI.

*Die **KI** kann hier ihr **Potenzial** zeigen, **riesige Datenmengen** zu verarbeiten.*

Um dagegen vorzugehen, gibt es zwei Wege: Entweder wird die Erstellung von Inhalten eingeschränkt, was mit Blick auf Presse- und Meinungsfreiheit schwierig ist, oder falsche und gefährliche Inhalte werden gelöscht. Bei so viel Content, der sekündlich hochgeladen wird, ist eine manuelle Überprüfung von Inhalten nicht mehr möglich. Hier kommt die KI ins Spiel.

DEFAKTS – EIN LEUCHTTURMPROJEKT GEGEN DESINFORMATION

von Jonas Fegert, FZI Forschungszentrum Informatik, House of Participation (HoP)

Jonas Fegert ist Abteilungsleiter am FZI Forschungszentrum Informatik und leitet das House of Participation (HoP) – das Kompetenzzentrum zu Fragen digitaler Demokratie – sowie eine Forschungsgruppe am Karlsruher Institut für Technologie (KIT). Dort promovierte er in Wirtschaftsinformatik mit einem Aufenthalt als Visiting Scholar an der University of

Southern California. Zuvor studierte er Politikwissenschaft, Governance und Public Policy in Berlin, Friedrichshafen und Porto Alegre. In verschiedenen Forschungsvorhaben beschäftigen er und sein Team sich mit gesellschaftlicher Polarisierung, der Bekämpfung und Analyse von Desinformation, digitaler Bürger- und Bürgerinnenbeteiligung und einer modernen digitalen Verwaltung.

Die Idee zu DeFaktS entstand während der Coronapandemie, in einer Zeit, in der Reichweite und Wirkung von Desinformation und Verschwörungstheorien wie unter dem Brennglas im täglichen Leben sichtbar wurden. Wir haben uns damals gefragt: »Was kann man dem entgegensetzen?« Gemeinsam mit den Kollegen und Kolleginnen von Murmuras UG, Liquid Democracy e. V. und der Philipps-Universität Marburg DeFaktS konnten wir uns bei einer Förderrichtlinie des Bundesministeriums für Bildung und Forschung durchsetzen und werden seit 2022 als Forschungsprojekt gefördert.

Unser Ziel ist die ***Erforschung*** *und* ***Bekämpfung*** *von Desinformation.*

Wie das funktioniert: Unsere KI wird über die maschinelle Verarbeitung natürlicher Sprache (Natural Language Processing) so trainiert, dass sie – erstmalig für den deutschen Sprachraum – für Desinformation charakteristische Stilmittel erkennen kann. Das Training erfolgt auf Basis von echten Daten, in diesem Fall verdächtigen Social-Media-Inhalten sowie Inhalten aus Messenger-Gruppen. Mithilfe einer XAI, also einer eXplainable Artificial Intelligence, oder auch Erklär-KI-Komponente werden die Informationen dann so aufbereitet, dass sie für alle Nutzerinnen und Nutzer leicht verständlich sind.

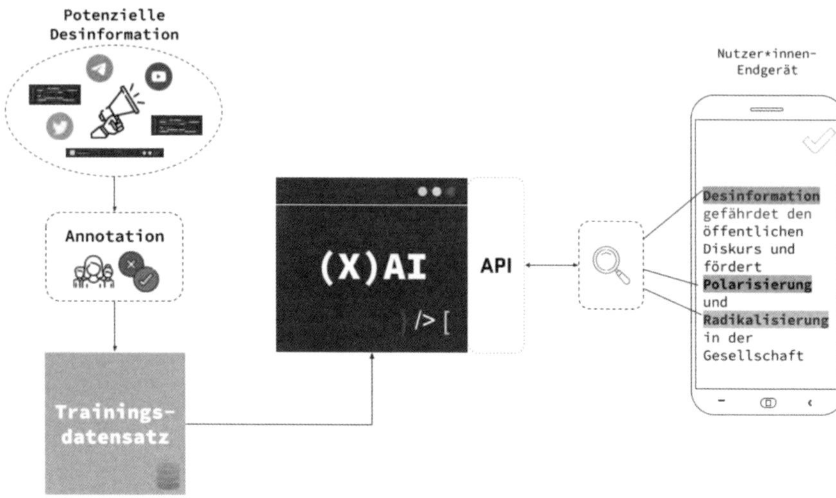

Abbildung: Projektübersicht

Quelle: Projekt DeFaktS/Isabel Bezzaoui

DeFaktS hat das Ziel, Desinformationsinhalte korrekt zu identifizieren und offenzulegen, egal, aus welchen Gründen diese als solche klassifiziert wurden. Ein ambitioniertes Ziel, das wir uns auf Basis von Studien zu US-amerikanischen Modellen gesetzt haben, bei denen in ähnlichen Fällen etwa 90 Prozent der manipulierten Inhalte erkannt werden. Der Demonstrator ist noch in der Weiterentwicklung, dabei legen wir besonderen Wert auf die Nutzerfreundlichkeit und das Vertrauen der Nutzenden in die KI-Entscheidungen. Denn es gibt Forschung zu XAI aus anderen Kontexten, die zeigt, dass detaillierte Erklärungen zu Entscheidungen der KI nicht automatisch mehr Vertrauen schaffen. Ob mehr Texterklärungen, weniger Details oder visuelle Elemente eher zu Akzeptanz führen, untersuchen wir mit echten Nutzenden.

Den Personal- und Betreuungsaufwand für das Training des KI-Systems haben wir allerdings unterschätzt. Mindestens zehn Hilfskräfte mussten geschult, eng betreut werden und haben unter großer psychischer Belastung sich durch die höchst problematischen Inhalte geklickt, um unsere KI zu trainieren. Dieser Aufwand und diese Aspekte müssten dringend mehr Beachtung in der Debatte zur Ethik von KI finden.

Ein zentrales Merkmal von DeFaktS ist die geplante Verfügbarkeit als API, die eine einfache Integration in bestehende Plattformen und Anwendungen ermöglicht. Die Bürgerbeteiligungsplattform von Liquid Democracy »Adhocracy+« dient dabei als Pilotprojekt, um die Wirksamkeit unseres Tools zu testen. Perspektivisch ist auch die Zusammenarbeit mit Journalisten geplant. Ziel ist es, DeFaktS als ein Werkzeug für die Erkennung und Verhinderung von Desinformationskampagnen nutzbar zu machen.

Mit DeFaktS möchten wir im Sinne einer Machbarkeitsstudie zeigen, dass ein KI-basiertes Werkzeug zur Bekämpfung und Analyse von Desinformation möglich ist und nützlich sein kann. Die zukünftige Entwicklung von DeFaktS und ähnlichen Projekten wird nicht nur von der technologischen Leistungsfähigkeit, sondern auch von der Bereitschaft der Gesellschaft abhängen, neue Wege in der Informationsbewertung und -vermittlung zu beschreiten. Neben einer koordinierten Förderung zivilgesellschaftlicher Organisationen ist auch die Forschungsförderung wichtig, auch um risikoreiche Ansätze, wie in DeFaktS, zu erproben. Dabei sollte die Finanzierung, bei Erfolgen in der Arbeit und entsprechendem öffentlichen Interesse, über die Projektlaufzeit hinaus möglich sein, um eine nachhaltige Entwicklung und vor allem die Anwendung zu ermöglichen.

Aktuell gibt es immer mehr Initiativen, die sich der Bekämpfung von Desinformation verschrieben haben – jedoch sind diese sehr fragmentiert. Es wäre nun wichtig, die verschiedenen Akteure an einen Tisch zu bringen. Zudem sind die Online Social Networks zum Handeln aufgefordert, denn ohne Anpassungen ihrer Plattformmechanismen gibt es kaum Verbesserungspotenzial für die Diskursqualität. Online Social Networks setzen auf (negative) Emotionalisierungen und ihre Mechanismen verstärken diese, um eine möglichst lange Nutzungsdauer zu erzwingen.

*Hier brauchen wir einen **gesellschaftlichen Konsens** darüber, was wir **»wollen und was uns wichtig ist«**, und anschließend entsprechende Veränderungen.*

MEHR DIREKTE DEMOKRATIE DURCH VORHERSAGENDE KI-ALGORITHMEN?

Das Kernproblem unserer Demokratie, so betont César Hidalgo in einem viel beachteten TED Talk in Vancouver, liegt in ihrer unzugänglichen Benutzeroberfläche.* Hidalgo ist ein in Chile geborener, chilenisch-spanisch-amerikanischer Unternehmer und leitet das Zentrum für kollektives Lernen am Institut für künstliche Intelligenz an der Universität Toulouse. Wir verlassen uns auf Politiker, die die Stimmen und Bedürfnisse ihrer Wählerschaft bündeln sollen. Doch Hidalgo kritisiert, diese seien wie alte, überladene Software: ineffizient und voller Kompromisse, unfähig, den spezifischen Anforderungen jedes Einzelnen gerecht zu werden.

Um diese Lücke zu schließen, schlagen einige vor, das aktuelle System der repräsentativen Demokratie durch eine direkte Demokratie zu ersetzen. Jeder stimmt über alles ab – ein idealistischer, aber praktisch untragbarer Vorschlag. Hidalgo identifiziert das Problem als eines der »kognitiven Bandbreite«. Unsere Abgeordneten jonglieren täglich mit bis zu neun Gesetzesentwürfen, eine Belastung, die für den durchschnittlichen Bürger mit Beruf außerhalb der Politik unzumutbar wäre.

* Hidalgo, C. (2016). A bold idea to replace politicians [Video]. TED Talks. https://www.ted.com/talks/cesar_hidalgo_a_bold_idea_to_replace_politicians

An dieser Stelle bringt er eine faszinierende Lösung ins Spiel: die Automatisierung des Politikers durch KI. Stellen wir uns vor, jeder Wähler in Deutschland wäre mit einem »digitalen Agenten« verbunden, einem persönlichen politischen Assistenten, der, gespeist durch die Daten unserer sozialen Medien und Suchanfragen, wie ein politisches Spotify agiert. Diese digitalen Agenten könnten, durch Algorithmen gesteuert, unsere politischen Präferenzen analysieren und in unserem Namen abstimmen.

Hidalgo malt das Bild einer automatisierten Demokratie, in der digitale Agenten sich zu einem virtuellen Kongress zusammenschließen, wobei theoretisch jeder Bürger zum Abgeordneten wird. Was jedoch Fragen aufwirft: Wie sichern wir diese Systeme? Wie bleibt die Demokratie inklusiv und gerecht? Wer setzt die Tagesordnung?

Diese Vision einer durch KI in Teilen automatisierten Demokratie mag momentan noch wie fernes Utopia klingen, ein faszinierendes Gedankenspiel, das eher der Science-Fiction als der gegenwärtigen Realpolitik zu entstammen scheint. Doch gerade seine kühne Utopie macht den Ansatz zu einem wertvollen Beitrag in der Debatte um die Zukunft unserer demokratischen Systeme.

Hidalgo selbst sieht seine Überlegungen als Anstoß für eine breitere Diskussion, weniger als konkrete Blaupause. Es geht ihm um das Potenzial der Technologie, unsere etwas ermüdeten demokratischen Strukturen mit neuer Energie zu versorgen. In einem Land, das sowohl für seine ingenieurtechnischen Fähigkeiten als auch für sein tiefes demokratisches Bewusstsein bekannt ist, könnte Deutschland eine führende Rolle in der Entwicklung einer solchen zukunftsorientierten Demokratie spielen. Die Vorstellung, dass eine Maschine helfen könnte, die Kluft zwischen Bürger und Politik zu überbrücken, mag futuristisch klingen, doch in einer Welt, die sich ständig wandelt, könnte sie genau das Rezept sein, um die Demokratie für neue Generationen lebendig und relevant zu halten.

MOONSHOT: »DEUTSCHLAND 2030: A BRAVE NEW WORLD«*

von Katja Muñoz

Dr. Katja Muñoz, wissenschaftliche Mitarbeiterin am DGAP Center for Geopolitics, Geoeconomics, and Technology, beschäftigt sich mit dem komplexen Zusammenspiel von sozialen Medien und Politik. Ihre Expertise liegt im Verständnis des Mobilisierungspotenzials von Social-Media-Influencern, der Dynamik von Desinformation und der Plattformregulierung. Ihre Forschung umfasst auch die Überschneidung von künstlicher Intelligenz (KI) und Demokratie, mit besonderem Schwerpunkt auf kommenden KI-Trends, die die Integrität von Onlineinformationen neu gestalten. Ihr besonderes Interesse gilt der Kartierung und Überwachung der Auswirkungen von KI auf den Wahlprozess, einschließlich Wahlkampf, Stimmungsanalyse der Wähler und Governance-Systemen.

Deutschland hat sich zu einem Vorreiter in Sachen Demokratie und Innovation entwickelt. Der Weg zu diesem beeindruckenden Wandel war geprägt von mutigen Entscheidungen und vor allem der Bereitschaft, Veränderungen zu wagen.

Eine entscheidende Rolle spielte 2024 der chinesische Angriff auf die Philippinen. Dieser Konflikt zeigte, wie sehr die Kriegsführung inzwischen die Manipulation von Informationen einschließt und wie verwundbar unser Informationsraum ist. Es folgte der

* Alle Ereignisse, Namen und Personen in diesem Text sind frei erfunden.

Ruf nach einer effektiveren Demokratie, die widerstandsfähig und wehrhaft ist, um in Zeiten internationaler Spannungen und hybrider Bedrohungen die Souveränität und Sicherheit der Bürger zu gewährleisten und gleichzeitig die Integrität des Informationsraums zu schützen.

Der Umbruch begann mit einer einfachen Idee: Wie können wir Technologie nutzen, um Demokratie neu zu wagen und widerstandsfähiger zu machen?

Ein Zusammenschluss verschiedener zivilgesellschaftlicher und staatlicher Akteure, die auf die transformative Kraft der künstlichen Intelligenz setzen, hat Diskussionsräume geschaffen, um demokratische Prozesse zugänglicher zu machen. Die erarbeiteten Lösungen mündeten 2026 in einer *Gesamtgesellschaftlichen Strategie zur Stärkung unseres Informationsraums und der Demokratie*.

Der Umbruch folgte Schlag auf Schlag:

Es wurde massiv in politische Bildung, Technik- und Medienkompetenz investiert und bereits in den Grundschulen verankert, unter anderem wurde die Nutzung von Smartphones und sozialen Medien in Schulen verboten, während innovative Lernansätze wie immersives Lernen gefördert wurden.

KI-Anwendungen wurden zunehmend als wirksames Instrument zur Bekämpfung von Desinformation eingesetzt. Durch den Zugang zu Plattformdaten, unterstützt durch eine enge internationale Zusammenarbeit mit Verbündeten und die Einführung einer stärkeren Identitätsstruktur, wurden innovative Ansätze genutzt, um Einflusskampagnen effektiver zu identifizieren und zu bekämpfen.

Parallel dazu wurden vermehrt Bürgerforen eingesetzt. Diese Foren, moderiert von KI-gesteuerten Plattformen, boten den Bürgerinnen und Bürgern eine Bühne für offenen Dialog und Zusammenarbeit. Hier konnten sie die Politik, die ihr Leben beeinflusste, diskutieren und gestalten und so direkt Einfluss auf die Entscheidungsprozesse der Regierung nehmen.

Beflügelt durch die gesellschaftliche Akzeptanz wurden transparente KI-Systeme in die Verwaltung integriert. Die dadurch geschaffene Möglichkeit, systemische Ungleichheiten zu beheben, kam allen Gesellschaftsschichten innerhalb kurzer Zeit zugute. Digitale Identitäten und robustere Datenarchitekturen ebneten den Weg für direkte Demokratie durch Volksbegehren und Bürgerräte – ab 2028 förderte auch das Wählen per App die Breite der Beteiligungsmöglichkeiten. Innovation und Mut zur Veränderung führten zur Reform des Wahlsystems mit der Einführung von Rangfolgenwahlen kurz vor der Bundestagswahl 2029.

Derzeit wird an KI-basierten Wahl-O-Maten gearbeitet, die potenzielle Koalitionen simulieren und so ein tieferes Verständnis der politischen Landschaft vermitteln. Geplanter Start ist die EU-Parlamentswahl 2034 mit dem Ziel, politische Bildung und Teilhabe durch eine Modellierung von Wirkungspotenzialen auf Wirtschaft, Politik, Freiheit und Umwelt zu stärken.

Durch diese Maßnahmen konnte in Deutschland eine transparentere und inklusivere Demokratie geschaffen werden. Deutschland ist nicht mehr nur ein Land, das Veränderung anstrebt – sondern verkörpert.

MOONSHOT: »KI GEGEN DESINFORMATION«

von Caroline Lindekamp

Caroline Lindekamp schrieb als Journalistin unter anderem für Handelsblatt Online, European Journalism Observatory, FAZ *und* journalist. *Sie hat an Hochschulen sowie als Medienanalystin bei NewsGuard gearbeitet. Nach dem Journalistikstudium in Dortmund und Frankreich war sie Fellow im JournalismAI Program der London School of Economics. Diese Bereiche kommen in ihrer Rolle im gemeinnützigen Medienhaus Correctiv zusammen: Sie leitet ein interdisziplinäres Projektteam, das neue Wege im Kampf gegen Desinformation erarbeitet.*

2024: Superwahljahr. Desinformationen kommen dank automatisierter Formulierungshilfen in überzeugendem Gewand daher; Deepfakes schwächeln immer noch in den Details, aber schwemmen zunehmend manipulierte Informationen in digitale Kommunikationsräume.

2029: Mal wieder wird gewählt. Europäische Regulierung kann die Flut an Desinformation nicht flächendeckend eindämmen; Selbstverpflichtungserklärungen von Plattformen wurden bestenfalls halbherzig umgesetzt. Und Deepfakes sind oberflächlich nicht mehr von realem Content zu unterscheiden. Aber KI-Tools sind eben nur Tools und können auch Teil der Lösung sein: Sie kommen längst auch im Sinne demokratischer Prinzipien zum Einsatz.

Auch 2029: Das gemeinwohlorientierte Medienhaus Correctiv hat vor fünf Jahren mit dem Faktenforum Deutschland die erste

Faktencheck-Community aufgebaut und die Idee vom Bürgerjournalismus aufs Faktenchecken übertragen. Seitdem haben sich deutschlandweit engagierte Bürger*innen angeschlossen; Partnerorganisationen im Ausland kopieren die Idee mittlerweile. Weitgehend unabhängig von journalistischen Vorkenntnissen ermöglicht die Plattform Engagement einen faktenbasierten Diskurs: Nutzer*innen reichen mögliche Falschbehauptungen ein – ob als Text, Bild oder Video. Gemeinsam diskutieren erfahrenere User die Einreichungen, suchen glaubwürdige Quellen, die sie ebenfalls über die Plattform einreichen. Erst wenn alle Quellen doppelgecheckt sind, erfolgt eine Einordnung der Behauptung und die Publikation der Erkenntnisse.

Die Onlineplattform ist nicht nur das Zuhause für die Faktenforum-Community, ein Ort für Austausch und Diskussion. Sie ist auch ein Ort, an dem menschliche und künstliche Intelligenz zusammenkommen. Denn jede KI-Anwendung kann erst im passenden Umfeld Wirkung entfalten. Der Faktencheck braucht nach wie vor die menschliche Einordnung, aber er wird mit smarten Assistenztools schneller, effizienter und niederschwelliger. Oft reicht schon eine Minute, um eine Desinformation in Umlauf zu bringen. Aber es dauert Stunden oder Tage, sie zu widerlegen – Zeit, in der Falschinformationen Schaden anrichten. Je kürzer dieses Fenster dank intelligenter Assistenzsysteme wird, desto besser.

MINI-GLOSSAR

Echtzeittranskription: KI transkribiert Videos, um Reden und Ereignisse zu überprüfen – und das sprachunabhängig.

Identifizierung überprüfbarer Aussagen: Zwar überlassen wir KI nicht den Faktencheck, aber sie identifiziert automatisch Aussagen zur Faktenprüfung innerhalb eines beliebigen Textes.

Erkennung verifizierter Daten: Verschwörungserzähler sind auch im Zeitalter Post-ChatGPT nicht kreativ geworden und befördern immer wieder dieselben Narrative. KI-basierte Werkzeuge gleichen die Behauptungen mit bereits verifizierten Inhalten aus der Faktenforum-Datenbank ab, verweisen auf bestehende Faktenchecks oder schlagen geprüfte Quellen vor, um der Faktencheck-Community die Arbeit zu erleichtern.

Text-zu-Bild-Generierung: Mal geht es um große Studien, mal um komplexe wissenschaftliche Zusammenhänge. Wenn Faktenchecks kompliziert sind, macht ein Tool Vorschläge für automatisch generierte, aussagekräftige Grafiken, die Faktencheck-Artikel begleiten.

Text-zu-Video-Produktion: Nicht jeder User hat Lust, lange Faktencheck-Artikel zu lesen, und die manuelle Videoproduktion ist zeitaufwendig – zumindest ohne KI. Dank natürlicher Sprach- und Video-Synthese sind informative Videos schnell produziert und erschließen neue Nutzergruppen.

KAPITEL 6

RECHT: WAS DEN GUTEN NUTZT, NUTZT AUCH DEN BÖSEN

Die Justiz in Deutschland ist überlastet. Gerichtsverfahren ziehen sich in die Länge, Untersuchungshäftlinge werden vorzeitig entlassen und ein Mangel an Richtern und Staatsanwältinnen wird die dramatische Situation weiter verschärfen. Zeit für künstliche Intelligenz in Justiz und Strafvollzug. Doch der Einsatz von KI in der Justiz ist ein zweischneidiges Schwert. Zum einen hilft sie natürlich, Prozesse und Aktensichtungen zu beschleunigen, sie hilft auch bei Strafverfolgung, der Ergreifung von Tätern und Täterinnen durch Bilderkennung oder präzise Datenanalyse. Auf der anderen Seite hilft KI aber eben auch der »anderen Seite«, den Verbrechern und Verbrecherinnen. Mit KI sind völlig neue Straftaten möglich: Deepfakes, Robocalls, Phishing. Jedoch braucht die Verfolgung dieser Straftaten einen rechtlichen Rahmen, der mit der technologischen Entwicklung Schritt hält, weil die Bösen immer schneller sind. Der AI Act der EU ist daher eine enorm wichtige Regulierung von KI – zeigt aber auch, dass bei aller Euphorie über KI der Mensch als »Kontrollinstanz« gerade in der Justiz unverzichtbar bleibt.

Die Göttin der Gerechtigkeit. Es ist immer wieder bemerkenswert, dass wir die römische Mythologie bemühen, um die ausgleichende Gerechtigkeit vor deutschen Gerichten zu symbolisieren. Waage, Schwert und die Augen verbunden. Die Waage hilft, das richtige Strafmaß zu finden. Das Schwert steht für die Härte der Strafe und Augen zugleich: Justitia urteilt ohne Ansehen der Person. So weit, so bekannt. Die Frage ist: Geht das besser?
Kann das Schwert noch präziser, noch geschliffener sein und die Waage noch ausbalancierter?

Beim Thema Recht ist es wichtig, die Möglichkeiten der KI auf zwei Ebenen zu betrachten. Oder, um im Bild zu bleiben: Die beiden Gefäße von Justitias Waage genauer zu betrachten. Also, wie gelingt auf der einen Seite der verantwortungsvolle Einsatz von KI in der Demokratie? Und auf der anderen Seite: Welche Gesetze brauchen wir in Deutschland und auf EU-Ebene, um KI wirkungsvoll zu regulieren – ohne sie zu beschränken oder gar die Entwicklung einer zukunftsweisenden Technologie zu verhindern? Denn KI sollte weder missbräuchlich vom Staat noch missbräuchlich von Kriminellen eingesetzt werden. Nur dann wird es gelingen, KI zu integrieren, um das Recht durchzusetzen – oder, um im Bild zu bleiben: mit KI die Klinge von Justitias Schwert zu schärfen.

»DAS INTERNET IST NEULAND«

Sie erinnern sich vermutlich noch an die berühmte Pressekonferenz der damaligen Bundeskanzlerin Angela Merkel (CDU), bei der sie den Satz sagte: »Das Internet ist für uns alle Neuland.« Es war im Juni 2013, neben ihr stand Ex-US-Präsident Barack Obama und was von der Pressekonferenz hängen blieb, war: Das Internet ist Neuland. Was folgte, waren Spott, Häme und Witze. Der Satz symbolisierte eine vermeintliche Rückständigkeit und Ahnungslosigkeit der Bundeskanzlerin. »Neuland – höhöhö!« »Das ist ja typisch!« Kaum ein Kabarettprogramm, kaum eine Karnevalsrede, die nicht auf das »Neuland«-Zitat einging. »Mehr als 20 Jahre nach Erfindung des WWW ist es für die Kanzlerin immer noch Neuland« usw.

Tatsächlich war es für Merkel kein Neuland. Sie war eine der ersten Politikerinnen, die Ende der 1990er-Jahre eine eigene Website hatte. Als promovierte Physikerin verfolgte sie ohnehin die Entwicklung der Digitalisierung. Kabinettsmitglieder berichteten, wie sie manchmal sonntags ins Kanzleramt gebeten wurden, weil ein KI-Spezialist oder ein Digitalexperte einen Vortrag gehalten hat.

Was Angela Merkel meinte, und was eigentlich nicht zu missverstehen ist, war vielmehr: Mit dem Internet betreten wir strafrechtlich Neuland.

Das war es damals und heute, mehr als zehn Jahre später sind wir immer noch dabei, einen rechtlichen Rahmen zu schaffen, was Daten, Internet und eben auch die KI betrifft. Denn tatsächlich bewegen wir uns in einem neuen Land, was den Rechtsrahmen betrifft – doch es wird uns allmählich vertrauter. Im Frühjahr 2024 hat die EU ein Gesetz zur Regulierung von künstlicher Intelligenz erlassen. Es ist das erste umfassende KI-Gesetz überhaupt, der sogenannte AI Act, ein Meilenstein. Es ging den Parlamentariern darum, Regeln zu schaffen, um bei allen Vorteilen darauf zu achten, dass Persönlichkeitsrechte nicht missachtet werden. So dürfen beispielsweise Arbeitgeber nicht in Videocalls die Stimmen ihrer Mitarbeitenden auswerten, also, ob diese wütend, traurig oder demotiviert klingen und welche Schlüsse sich daraus ziehen lassen.

Neben der sogenannten ***»Emotionserkennung«*** *ist auch das* ***Social Scoring*** *verboten, bei dem* ***Plus- beziehungsweise Minuspunkte*** *für entsprechendes* ***Verhalten*** *der Bürgerinnen und Bürger vergeben werden.*

Ein Streitfall war bis zuletzt die automatische Gesichtserkennung. Die bleibt zwar verboten – allerdings wird es einige Ausnahmen für Sicherheitsbehörden geben, beispielsweise bei schweren Straftaten wie Vergewaltigung oder Entführung, aber auch Menschenhandel oder bewaffneter Raub. Menschenrechtsaktivisten sehen in den Ausnahmen schwerwiegende Eingriffe – tatsächlich ist die Gesichtserkennung durch öffentliche Kameras ein gutes Beispiel dafür, wie KI beitragen kann, Strafverfolgung schneller und effizienter zu gestalten.

KEINE SELBSTREGULIERUNG DER TECH-KONZERNE

Erlaubt, wenn auch mit engen Leitplanken, ist dagegen die KI-basierte Überprüfung von Visa-Anträgen oder auch eine KI, die Klausuren an Universitäten korrigiert. Wichtig ist jedoch, dass festgelegt wurde, dass eine KI nicht allein entscheiden darf, ob ein Visum gültig ist oder nicht – in jedem Fall müssen Menschen weiterhin den Prozess überwachen.
Auch wenn es viel Kritik gab, da man befürchtete, eine Zukunftstechnologie zu regulieren, die noch gar nicht entwickelt wurde, also Innovationen ausbremst, scheint es so, dass jetzt auf europäischer Ebene der Wildwuchs eingedämmt wird.

Vor allem aber wurde festgelegt, dass KI-Technologien den bestehenden Gesetzen unterliegen und den demokratischen Kontext nicht gefährden dürfen. Auf keinen Fall wollte man den Anbietern, also den großen Tech-Konzernen, eine Selbstregulierung überlassen.
Vor allem, damit sich Strafverfolgungsbehörden bei der Nutzung von KI im Rahmen der Gesetzgebung bewegen. Der Staat sollte keine Rechte übertreten, deshalb gab es ja die vielen Debatten über den sogenannten Staatstrojaner, heute wird darüber diskutiert, ob Ermittler einen Chatbot ins Darknet schicken dürfen, womit man auch einen strafrechtlichen Graubereich betreten würde.

Entscheidend ist, dass die EU jetzt einen rechtlichen Rahmen geschaffen hat. Die Kritiker und Kritikerinnen mögen es als »Überregulierung« bezeichnen, als »innovationsfeindlich«, tatsächlich ist es eine große Leistung, ein Fundament geschaffen zu haben, auf dem sich alle Akteure in Politik, Wirtschaft und Justiz bewegen werden.

RECHTLICHER RAHMEN AUF EINEN BLICK

Digital Services Act (DSA) & Digital Market Act (DMA)*
Gemeinsam bilden sie ein einheitliches Regelwerk, das in der gesamten Europäischen Union gilt. Der DSA regelt die Aktivitäten von Anbietern digitaler Dienste und verpflichtet Plattformen zu mehr Schutz und Transparenz für Verbraucherinnen und Verbraucher. Es gilt der Grundsatz: Was offline illegal ist, muss auch online illegal sein. Daher wird das Regelwerk als »Grundgesetz für das Internet« bezeichnet. Mit dem DSA wird sowohl der Verbraucherschutz als auch die Rechtsstaatlichkeit im digitalen Raum gestärkt, vor allem aber nimmt er die Tech-Unternehmen stärker in die Verantwortung.

Artificial Intelligence Act (AI Act)**
Der AI Act ist weltweit der erste Rechtsrahmen für KI, der Risiken berücksichtigt und klare Leitplanken schafft. Mit dem AI Act werden Anforderungen und Pflichten in Bezug auf die Nutzung von KI geregelt. Die Regulierung folgt einem risikobasierten Ansatz. Generell schützt der AI Act Sicherheit, Gesundheit und Grundrechte der EU-Bürger und legt Regeln für Hochrisiko- und risikoarme KI-Systeme fest.

Datenschutz-Grundverordnung (DSGVO)***
Die Datenschutz-Grundverordnung (DSGVO) regelt den Umgang mit personenbezogenen Daten, sowohl, was den Schutz, als

* The Digital Services Act package (o. J.). digital-strategy.ec.europa.eu. https://digital-strategy.ec.europa.eu/en/policies/digital-services-act-package

** Das EU-Gesetz zur künstlichen Intelligenz. Aktuelle Entwicklungen und Analysen des EU AI-Gesetzes (o. J.). EU Artificial Intelligence Act. https://artificialintelligenceact.eu/de/

*** Entwicklungsgeschichte der Datenschutz-Grundverordnung (o. J.). European Data Protection Supervisor. https://www.edps.europa.eu/data-protection/data-protection/legislation/history-general-data-protection-regulation_de auch, was Verantwortlichkeiten bei der Datenverarbeitung betrifft. Bis 2018 galten EU-weit sehr unterschiedliche Regelungen und Standards in Sachen Datenschutz. Mit dem DSGVO-Gesetz wurde in der Europäischen Union ein einheitliches Regelwerk geschaffen, was besonders relevant für die KI sowie die Förderung des Vertrauens in KI-Technologien ist.

Zielsetzungen und Auswirkungen der Gesetze:

- ☐ Anpassung der Gesetzgebung an die spezifischen Herausforderungen von KI.
- ☐ Schutz der Demokratie durch Regulierung der Datenverwendung und KI-Systeme.
- ☐ Förderung eines sicheren, gerechten digitalen Ökosystems und des Vertrauens in KI-Technologien.

Mir geht es in diesem Buch darum, einen positiven Blick auf die KI zu richten. Was alles möglich ist, wie durch KI das Vertrauen in die Demokratie wiederhergestellt werden kann. Aber damit sie das kann, muss sie selbst vertrauenswürdig sein. Und das ist sie nicht immer.

Deshalb ist, bei aller Euphorie, beim Einsatz von KI gerade im Rechtssystem Vorsicht geboten. Das Rechtssystem muss in jedem Fall ein stabiles Gerüst sein, das einen sicheren KI-Einsatz ermöglicht. Es muss streng sein, damit es ein Mindestmaß an Sicherheit gibt.

Denn, das muss uns bewusst sein:
***KI** ändert das **ganze System** – daher müssen auch Gesetze an das System **angepasst** werden.*
*Dafür ist es unabdingbar, dass die, die Gesetze machen, sich auch **mit KI auskennen!***

Mehr noch: Sie müssen wissen, wie man mit KI Recht und Rechtsprechung auf ein besseres Level heben kann. Mir ist bewusst, dass KI in der Justiz, KI in der Strafverfolgung nicht nur Optimismus auslösen. Berüchtigt sind Apps aus den USA, die die Wahrscheinlichkeit berechnen, wonach ein Mensch erneut straffällig werden kann.

Vergleichbar mit der deutschen Schufa, die Auskunft über die Kreditwürdigkeit gibt, bekommen Menschen eine Art Verbrechens-Score. Und vergleichbar mit der deutschen Schufa sind die Kriterien undurchsichtig. Dieses personenbezogene, sogenannte Predictive Policing steht häufig im Verdacht, besonders diskriminierend zu sein. Das amerikanische COMPAS hat beispielsweise höhere false-positive Raten bei PoC im Gegensatz zu weißen Testpersonen attestiert,* auch wenn die Studienlage diesbezüglich nicht eindeutig ist, wie die *Kriminalpolitische Zeitschrift* (KriPoz) in ihrer ersten Ausgabe aus dem Jahr 2024 berichtet. Es bestünde, so die KriPoz-Autoren, »stets die Gefahr, dass in den Trainingsdaten – und damit in den menschlichen Entscheidungen der Vergangenheit – angelegte Diskriminierungen oder jedenfalls Ungleichbehandlungen von der KI reproduziert werden und sich so verfestigen.«** Dass die KI zum kleinen Rassisten mutiert, sollte nicht das Ziel sein. Auf der anderen Seite erweist sich die KI enorm hilfreich bei der Beobachtung und Strafverfolgung. Das sogenannte Data-Mining, also die Mustererkennung in großen Datenmengen, unterstützt schon heute Polizei und Geheimdienste bei Kontrollaufgaben, beispielsweise bei der Terrorabwehr.

* Sanford, A. (14. Februar 2024). Artificial Intelligence Is Putting Innocent People at Risk of Being Incarcerated. https://innocenceproject.org/artificial-intelligence-is-putting-innocent-people-at-risk-of-being-incarcerated/

** Bock, H., & Höffler, K. (2022). »Künstliche Intelligenz und Kriminalität«. kripoz.de. https://kripoz.de/wp-content/uploads/2022/07/bock-hoeffler-kuenstliche-intelligenz-und-kriminalitaet.pdf

Kurz und gut: In Fragen des Rechts ist KI nicht nur ein Segen. Zumal auch die »anderen Seite«, sprich Kriminelle von KI profitieren. Das Potenzial der neuen Technologien bieten Verbrechern eine Reihe von Einfallstoren. Die Sicherheitsbehörden sind längst alarmiert und sprechen, so wie Europol, im vergangenen Jahr bereits von einem »düsteren Ausblick«. Die sich schnell entwickelnden Fähigkeiten von Chatbots wie ChatGPT oder anderen Sprachmodellen würden künftig nicht nur genutzt, um die Menschheit zu verbessern – sondern auch, um sie zu betrügen, heißt es in einem 2023 erschienenen Europol-Bericht.

»ChatGPT kann zum Beispiel bestimmte Sprachstile imitieren und so besonders wirksam für das sogenannte Phishing mit gefälschten Mails eingesetzt werden.«* Tatsächlich stieg die Zahl von Phishing-Angriffen beispielsweise in den USA von 2022 bis 2023 um unglaubliche 1265 Prozent.** Im Schnitt geht man für das Jahr 224 von 31000 Angriffen pro Tag aus.

Beim Phishing werden legitim erscheinende Nachrichten verwendet, um Vertrauen und Beziehungen aufzubauen und den Empfänger auszunutzen, beispielsweise um sensible Daten wie Bankdaten abzufragen. Diese sogenannten Social-Engineering-Angriffe nehmen seit dem Aufkommen von ChatGPT überhand. Zudem kann ChatGPT Kriminellen inzwischen Informationen geben, etwa für Einbrüche, bis hin zu Terrorismus, Cyberkriminalität und sexueller Gewalt.

*Das ist das **zweischneidige Schwert** bei KI im Bereich der **Justiz**: Was den **Guten** nutzt, nutzt leider auch den **Bösen**.*

* Europol (2023), European Union Terrorism Situation and Trend Report. Publications Office of the European Union, Luxembourg.

** SlashNext (2023). The State of Phishing 2023. https://slashnext.com/state-of-phishing-2023/

»GRÖSSTE KRIMINELLE BEDROHUNG IM ZUSAMMENHANG MIT KI«

Neben Phishing gehören inzwischen vor allem die Deepfakes zu den häufigsten KI-Missbrauchsfällen, also Fotos, Videos oder Audiodateien, die mithilfe von künstlicher Intelligenz absichtlich verändert werden. Wenn vom Bundeskanzler im Netz das Video einer Fake-Weihnachtsansprache kursiert, mag das noch amüsant sein. Doch gefälschte Ton- und Bildmontagen werden längst auch auf kriminelle Weise genutzt, als Porno-Fakes beispielsweise, wenn Bilder von Frauenköpfen auf andere Körper montiert werden. Und mit zunehmender Verfeinerung der Technologien können die KI-basierten Bild- und Tonfälschungen bei Betrug, Erpressungen oder Bedrohungen verwendet werden. Weiß man wirklich, ob die Person auf dem Video tatsächlich hinter der Erpressung steckt? Wer bedroht mich wirklich? Laut den Kriminalistikexperten der KriPoz gelten die mit den Deepfakes einhergehenden Gefahren als »die in absehbarer Zeit größte kriminelle Bedrohung im Zusammenhang mit KI«.*

Nicht zuletzt besteht auch die Gefahr, dass sie zur Verbreitung von falschen Geständnissen oder Falschaussagen genutzt werden. Dass die öffentliche Debatte mit noch mehr gefälschten »Informationen« geflutet werden. Im amerikanischen Bundesstaat Kalifornien sind Deepfakes seit 2019 strafbar – wenn sie dazu dienen, Politiker im Wahlkampf rufschädigend darzustellen. Ohnehin entwickeln sich Deepfakes immer mehr zur Gefahr für die Stabilität des demokratischen Prozesses. Im Januar 2024 wurden Wähler im amerikanischen Bundesstaat New Hampshire angerufen. Eine offenbar KI-generierte Stimme, die sich als US-Präsident Joe Biden ausgab, forderte die Wähler auf, nicht zu

* Bock, H. & Höffler, K. (2022). »Künstliche Intelligenz und Kriminalität«. kripoz.de. https://kripoz.de/wp-content/uploads/2022/07/bock-hoeffler-kuenstliche-intelligenz-und-kriminalitaet.pdf

den demokratischen Vorwahlen zu gehen. Der Anruf wurde so manipuliert, dass er den Anschein erweckte, er sei von einem Mitglied des demokratischen Komitees verschickt worden.*

ZEIT IST EIN IMMER WICHTIGER WERDENDER FAKTOR

In den meisten Kapiteln und in vielen Beispielen in diesem Buch geht es um: Zeit. Zeit, die verloren geht.
Zeit, die mit KI wieder gewonnen werden könnte.
Zeit, um Prozesse zu beschleunigen – und damit zu helfen, die Demokratie zu verbessern.

Auch bei der Durchsetzung des Rechts spielt Zeit eine immer größere Rolle. So dauern Gerichtsverfahren vor Strafgerichten immer länger. Die durchschnittliche Dauer von erstinstanzlichen Strafverfahren vor Landgerichten lag laut Statistischem Bundesamt im Jahr 2022 bei 8,6 Monaten.** Im Zehnjahresvergleich bedeutet das eine Verlängerung von Strafprozessen um zwei Monate. Grund sei, so der Deutsche Richterbund (DRB), der zunehmende Personalmangel. Bundesweit würden mehr als tausend Richter und Staatsanwälte fehlen – und das sei erst der Anfang, so der DRB. Anstehende Pensionierungen würden dazu führen, dass bis zum Jahr 2030 rund 40 Prozent aller Richter und Staatsanwälte die Justiz in Deutschland verlassen würden. In Ostdeutschland wären es sogar mehr als die Hälfte aller

* *Der Spiegel* (8. Februar 2024). »US-Regierung geht hart gegen KI-Anrufe vor«, Hamburg. https://www.spiegel.de/ausland/robocalls-im-wahlkampf-us-regierung-geht-hart-gegen-ki-anrufe-vor-a-3d74bb82-11d9-4453-baac-c5fc479c7295

** Statistisches Bundesamt (Destatis) (2023). Statistischer Bericht – Strafgerichte – 2022. In: Destatis. https://www.destatis.de/DE/Themen/Staat/Justiz-Rechtspflege/_inhalt.html#_47ubvrlzn

Juristen.[*] Und Nachwuchs ist kaum in Sicht. Denn wer Jura studiert, entscheidet sich immer öfter für gut bezahlte Posten in internationalen Kanzleien und weniger für ein Richtergehalt an deutschen Gerichten. »Eine kluge Personalpolitik muss darauf jetzt, nicht erst in fünf Jahren, reagieren«, heißt es beim DRB.[**] Eine kluge Politik könnte sich aber auch mit den Chancen der KI auseinandersetzen.

Sicher, die KI wird den Richtermangel nicht komplett beheben. Aber mit der bereits erwähnten Beschleunigungshilfe könnte KI dafür sorgen, dass so etwas wie ein Gerechtigkeitsempfinden gestärkt wird – und damit auch die Demokratie. Das Problem des Richtermangels und der langen Verfahrensdauer ist unter anderem, dass Tatverdächtige vorzeitig aus der Untersuchungshaft entlassen werden. Menschen, denen schwere Verbrechen vorgeworfen werden, müssen aus der U-Haft entlassen werden, weil sich das Verfahren in die Länge zieht. Wie gefährlich ist das? Wie gerecht ist das? Als wie gerecht empfinden das Vorgehen die Bürger, die sich Sorgen um ihre Sicherheit machen.

*Ich bin **überzeugt,** dass die KI den **Rechtsstaat** optimieren kann. Sie könnte das **vierte Werkzeug** der Justiz werden.*

Weil KI sowohl Effizienz und Zugänglichkeit als auch die Agilität steigert oder überhaupt erst ermöglicht. Heute schon kann sie bei Datenanalyse, bei Vorhersage von Gerichtsentscheidungen und Automatisierung von Routineaufgaben helfen. Mit der KI las-

* Deutscher Richter Bund (2018). Pensionierungswelle rollt auf Justiz zu – Tausende Stellen fehlen. drb.de. https://www.drb.de/positionen/themen-des-richterbundes/belastung

** *FAZ* (2023). Laut Richterbund: »In Deutschland fehlen mehr als 1000 Richter und Staatsanwälte«. FAZ.NET. https://www.faz.net/aktuell/politik/inland/richterbund-justiz-ist-seit-jahren-unterbesetzt-18705830.html

sen sich sekundenschnell Urteile scannen und Akten durcharbeiten. Das alles kann zu schnelleren und potenziell faireren Prozessen führen. Klar ist aber auch: Ihr Einsatz muss sorgfältig abgewogen werden, um ethische Standards und die Wahrung der Grundrechte sicherzustellen. Denn, die Erfahrung zeigt: Einer KI zu hundert Prozent vertrauen kann sich gerade in juristischen Fragen als heikel erweisen. Denn vieles kann auch auf fehlerhaften Daten basieren. Nicht zuletzt spricht man in Justizkreisen inzwischen vom Phänomen der »halluzinierenden KI«. Und diese entwickelt sich zu einem nicht geringen Problem.

DIE HALLUZINIERENDE KI

Ein New Yorker Anwalt vertrat einen Klienten in einem recht bizarren Fall. Der Mann war auf einem Flug von einem Servierwagen angefahren worden, hatte sich etwas verletzt und verklagte die Fluglinie auf Schmerzensgeld. Der geniale Einfall seines Anwalts, die KI nach Präzedenzfällen suchen zu lassen, erwies sich laut *New York Times* als fatale Fehlentscheidung. Anders als erhofft hat die KI die Präzedenzfälle zu Servierwagenunfällen nicht recherchiert, sondern allesamt erfunden. Da die KI auch auf Nachfrage sehr überzeugt von ihrem Rechercheergebnis war, verwendete es der Anwalt vor Gericht. Dass seine Beispiele nur Unsinn waren, stellte sich heraus, als die Anwälte der Fluglinie versuchten, die entsprechenden Fallakten zu finden. Was nicht möglich war, weil die KI einfach etwas zusammengedichtet oder eben »halluziniert« hatte – was sie offenbar recht häufig macht.[*]

[*] *Der Spiegel* (29. Mai 2023). »Anwalt blamiert sich mit Fake-Fällen aus ChatGPT«, Hamburg. https://www.spiegel.de/netzwelt/apps/new-york-anwalt-blamiert-sich-mit-fake-urteilen-aus-chatgpt-a-8935d1c8-b6c2-4079-8ecd-1cf4c2d33259

Eine Studie der Stanford University hat ergeben, dass das »Halluzinieren« der KI bei rechtlichen Anfragen inzwischen weit verbreitet ist. Die Forschenden werteten insgesamt 200 000 Abfragen bei Large Language Modelle (LLM) wie GPT 3.5, Llama 2 und PaLM 2 aus. Zuvor hatten sie die Sprachmodelle mit unterschiedlichen Anfragen gefüttert. Das reichte von einfachen Fragen, wie beispielsweise der Verfasser eines bestimmten Gutachtens heißt, bis hin zu komplexeren Anfragen. Das Ergebnis war ernüchternd: Je nach Modell lagen die Halluzinationsraten bei 69 bis 88 Prozent. In so vielen Fällen erfand die KI einfach irgendwelche Sachen.*

Wer dachte, die KI könne Prozesse im Alleingang gewinnen, muss sich noch etwas gedulden. Denn gerade, wenn es komplex wird, wenn ein differenziertes Verständnis von Rechtsfragen gefordert ist, macht die KI schlapp.

Und bei Einschätzungen von Urteilen oder zur Rechtsprechung eines Gerichts halluzinieren die Modelle in mindestens 75 Prozent der Fälle.

*Die **alte Weisheit,** vor **Gericht***
*und auf **hoher See***
*sei man in **Gottes Hand,***
müsste man noch um die KI erweitern.

* Stanford University (11. Januar 2024). Hallucinating Law: Legal Mistakes with Large Language Models are Pervasive. Stanford HAI. https://hai.stanford.edu/news/hallucinating-law-legal-mistakes-large-language-models-are-pervasive

ZEIT IST DAS STICHWORT

Zeit spart die KI schon heute. Beispielsweise bei der Polizeiarbeit im Streifendienst. Die Aufnahme von Verkehrsunfällen kann inzwischen deutlich beschleunigt werden. Die erste App zur Aufnahme von Verkehrsunfällen wurde 2021 eingeführt.* Polizisten brauchen mit ihrer Hilfe kein Notizbuch mehr. Alles wird in eine App auf dem Diensthandy eingetragen. Der Ort wird automatisch erstellt, Ausweisdaten werden eingescannt und Fotos direkt aufgenommen. Alle Informationen sind dann auch im Dienststellencomputer. Das mühsame Abtippen von Berichten, die Auswertung handschriftlicher Notizen braucht kein Polizist mehr.

Aber auch die Personenabfrage bei einer Verkehrskontrolle kann inzwischen über eine App gestartet werden. Und um Missverständnisse, gerade bei Kontrollen, zu vermeiden, helfen Apps auch bei der Übersetzung, wenn Verdächtige oder Opfer kein Deutsch sprechen. Anfang 2024 hatte die Polizei in NRW gemeinsam mit der hessischen Polizei eine App in Einsatz gebracht, mit der Strafanzeigen unkomplizierter aufgenommen werden können.** Alles spart Zeit und beschleunigt Prozesse.

Die KI hilft auch beim Training von Polizistinnen und Polizisten. Um mit täglichen Stresssituationen umzugehen, werden Polizisten in einigen europäischen Ländern im Virtual-Reality-Modus trainiert. Dabei werden sie mit VR-Brillen ausgestattet, mit denen sie unterschiedlichen Szenarien ausgesetzt werden. So werden ein Banküberfall mit Geiselnahme durchgespielt, eine

* move – moderne verwaltung (14. Januar 2021). App für die digitale Unfallaufnahme. move-online.de. https://www.move-online.de/k21-meldungen/app-fuer-die-digitale-unfallaufnahme/

** FAZ. (19. Februar 2024). »Neue Strafanzeigen-App: Hessische Polizei setzt auf Künstliche Intelligenz«. FAZ.NET: https://www.faz.net/aktuell/gesellschaft/hessische-polizei-entwickelt-eigene-apps-und-setzt-auf-ki-19527696.html

Fahrzeugentführung oder auch ein Einsatz wegen häuslicher Gewalt.* Es geht darum, in diesen Ausnahmesituationen Ruhe zu bewahren. Im VR-Spiel eskalieren die einzelnen Szenarien recht schnell und ohne, dass jemand verletzt wird, können die Probanden erlernen, wie mit Gewalttätern umgegangen wird und wie eine heikle Situation wirkungsvoll deeskaliert werden kann. Während des Trainings tragen die Schützlinge nicht nur eine VR-Brille, sondern sind auch mit Waffe, Taschenlampe und Handschellen ausgerüstet. Eben alles, was sie im normalen Einsatz auch dabeihaben. Hinzu kommt, dass sie Sensoren an Armen und Beinen tragen. So können ihre Bewegungen getrackt und im Nachgang analysiert werden. Wann gehen sie einen Schritt nach vorne? Wann haben sie zur Waffe gegriffen? Was hat wirkungsvoll geholfen?

WIE KI DER POLIZEI HILFT

Noch gibt es keinen einheitlich geregelten Einsatz von künstlicher Intelligenz in der Polizeiarbeit. Aber das Deutsche Forschungszentrum für Künstliche Intelligenz (DFKI) in Kaiserslautern, das Bundeskriminalamt (BKA) und das LKA Rheinland-Pfalz sind dabei, KI-Systeme für Polizeiermittlungen zu testen. Folgende Ideen gibt es:**

Gesprengte Geldautomaten

2023 sind in Deutschland mehr als 450 Geldautomaten gesprengt worden. An vielen Tatorten konnten Schuhabdrücke

* Bertlewski, M. (2024). Virtual-Reality-Projekt Shotpros: LAFP NRW entwickelt die Zukunft des Polizeitrainings mit. https://lafp.polizei.nrw/artikel/virtual-reality-projekt-shotpros-lafp-nrw-entwickelt-die-zukunft-des-polizeitrainings-mit

** Dpa (7. Januar 2024). »Technologie: So soll KI bei der Polizeiarbeit helfen«. ZEIT ONLINE. https://www.zeit.de/news/2024-01/07/so-soll-ki-bei-polizeiarbeit-helfen

festgestellt werden. Mit einer KI ließen sich die Muster rasch bestimmten Schuhtypen zuordnen. Bislang sind einige Tausend unterschiedliche Schuhabdrücke bundesweit gesammelt – mit dem Ziel, den Täter am Schuhprofil zu identifizieren.

Gefälschte Dokumente
Mit neuen Verfahren kann die Polizei auch gefälschten Dokumenten auf die Spur kommen. Ein KI-System kann minimale Unterschiede bei Druckern erkennen.

Bewegungsmuster
Getestet werden auch Videokameras, die mit Algorithmen und intelligenter Software verdächtige Bewegungsmuster finden sollen. Die KI muss mit Daten und Bildern trainiert werden. Biometrische Daten werden nicht erfasst, auch Alter, Geschlecht oder Ethnie von Personen werden damit nicht bestimmt.

Fußballstadion
Beim Berliner LKA zieht man in Betracht, mithilfe einer Gesichtserkennung in Fußballstadien potenzielle Randalierer zu entdecken. Bislang gibt es allerdings noch keine Datenmodelle dafür.

DER HASS IM NETZ

Um die KI wirkungsvoll einzusetzen, muss manchmal nachgeholfen werden. Zum Beispiel von Gerichten. Die Kommunikation auf Netzwerken wie X wird nach Ansicht von Experten zunehmend von Bots, von sogenannten Social Bots, geführt. Und die haben nichts Gutes im Sinn.

Social Bots *sind* ***autonome Programme,***
die textbasierte Kommunikation ***imitieren.***

Wenn sie entsprechend trainiert sind, können Social Bots alles, was die sozialen Netzwerke so abstoßend macht, verbreiten: Hassreden, Falschmeldungen und angebliche Mehrheitsmeinungen. Das ist eine üble Entwicklung. Strafrechtlich relevant werden die Beiträge allerdings erst, wenn sie dem Begriff »Hatespeech« zuzuordnen sind. Hatespeech sind Beleidigungsdelikte, Morddrohungen und auch Volksverhetzung. Ein inzwischen alltägliches Problem. Nach Angaben des Statistischen Bundesamts ist inzwischen jeder vierte Internet-User im Netz mit Hasskommentaren konfrontiert.

Besonders bei Beiträgen zu politischen und gesellschaftlichen Themen sind Herabsetzung und Hass an der Tagesordnung. Hoffnung für die Opfer von Hatespeech macht der Fall der Grünen-Politikerin Renate Künast. Sie hatte unter anderem die Plattform Meta (ehemals Facebook) wegen persönlichkeitsverletzender Postings verklagt. Es ging um ein Meme mit einem Falschzitat von ihr, das im Netz verbreitet wurde.* Meta hatte die Verbreitung des Memes nicht gestoppt, obwohl sie wussten, dass das Zitat falsch ist und die Politikerin den Satz so nie gesagt hatte.

In der ersten Instanz urteilte das Landgericht Frankfurt am Main, dass Meta die Inhalte aktiv auffinden und löschen muss. Dagegen legte Meta Berufung ein. In der zweiten Instanz wies das Oberlandesgericht Frankfurt am Main die Berufung zurück. Das Gericht sah die Verantwortlichkeit »für das Auffinden sinn- und kerngleicher illegaler Inhalte bei der Plattform selbst und nicht bei den Betroffenen« – und die Begründung des Oberlandesgerichts ist zukunftsweisend: Meta könne mithilfe von KI-Systemen Inhalte automatisch vorfiltern. Das Urteil ist aus zwei

* *Der Spiegel* (25. Januar 2024,). »Renate Künast siegt vor Gericht gegen Meta«, Hamburg. https://www.spiegel.de/netzwelt/fake-news-auf-facebook-renate-kuenast-siegt-vor-gericht-gegen-meta-a-501078f0-f312-457e-a4de-20c2feeeeed0

Gründen bemerkenswert: Erstens können sich Opfer von Hatespeech auf das Künast-Urteil berufen, wenn ihnen Ähnliches widerfährt. Und zweitens wurde den Plattformen vom Gericht glasklar vor Augen geführt, dass es KI-Technologien gibt, die dafür sorgen sollen, dass auf ihren Plattformen keine strafrechtlich relevanten Inhalte gepostet werden.

Das stärkt die KI.

Und das wiederum stärkt den Rechtsstaat. Dass die sozialen Netzwerke, auch aufgrund technologischer Möglichkeiten, zu mehr Behutsamkeit verdonnert werden können, ist ein wichtiger Schritt, um die Demokratie zu schützen. Denn ein Großteil der öffentlichen und politischen Debatten werden inzwischen im Netz geführt. Und wer mundtot gemacht werden soll, hat irgendwann keine Stimme mehr.

HASS IM NETZ

Nach Angaben von Omnicore werden pro Sekunde 1074 Bilder auf Instagram hochgeladen. Das bedeutet, dass schätzungsweise 64 440 Bilder pro Minute und vier Millionen pro Stunde geteilt werden. Die Anzahl der hochgeladenen Videos und Bilder wird auf 95 Millionen pro Tag geschätzt. Eine Kontrolle über hetzerische oder beleidigende Inhalte lässt sich ohne Automatisierung nicht schaffen.*

Nach Ansicht von HateAid gelten Menschenrechte auch digital, aber sie würden nicht durchgesetzt – weil die Technologien zu teuer seien, zu lange dauerten und weil das Risiko viel zu groß

* Wise, J. (25. April 2023). How many pictures are on Instagram in 2024? (Photo Statistics) – EarthWeb. https://earthweb.com/how-many-pictures-are-on-instagram/

sei. HateAid ist eine gemeinnützige Organisation, die sich für Menschenrechte im digitalen Raum einsetzt und damit die Demokratie im Internet stärken will. Vor allem politisch aktive Frauen sind häufig Ziel von Hass und Hetze – und sie gelte es, besonders zu schützen. Zumal nach einer Umfrage von YouGov herauskam, dass ein Drittel der Befragten Verständnis hat, wenn Menschen Politikerinnen aus Unzufriedenheit online anfeinden, auch wenn sie das selbst nicht tun würden. Die Umfrage lieferte erschreckende Ergebnisse. Zwar wünscht sich eine überwältigende Mehrheit (86 Prozent) einen respektvollen Umgang miteinander – auch im Internet. Wenn es aber um den Respekt explizit gegenüber Politikerinnen geht, zeigt sich ein anderes Bild: 43 Prozent finden, dass Politikerinnen Anfeindungen im Netz aushalten müssen, weil es zu ihrem Job gehört. 45 Prozent denken, dass Politikerinnen selbst zu Anfeindungen gegen sich in den sozialen Medien beitragen, wenn sie bestimmte Aussagen treffen. Nach Angaben von HateAid zählen zu diesen Anfeindungen: sexualisierende Beleidigungen, Vergewaltigungsdrohungen und Porno-Deepfakes.

Das Problem: ***Politikerinnen*** *berichten immer häufiger, dass sie überlegen, aus der* ***Politik auszusteigen.*** *Sie können es sich und ihren Familien* ***nicht mehr zumuten.***

Damit gehen nicht nur wichtige Stimmen in der Politik verloren, sondern auch das fundamentale Recht von allen Menschen, sich frei und ohne Furcht politisch engagieren zu können, heißt es bei HateAid.

KI ALS KÜNFTIGE RECHTSBERATUNG

Vor allem aber sehe ich ein Riesenpotenzial, wie KI das Vertrauen in den Rechtsstaat für Bürgerinnen und Bürger stärkt. Ein KI-gestützter, virtueller Rechtshilfeassistent könnte Bürgern helfen, ihre rechtlichen Probleme zu verstehen, und sie durch das Verfahren führen – von der ersten Beratung bis hin zur Prozessvorbereitung. Dies würde den Zugang zur Justiz erleichtern und die Effizienz der Gerichtsverfahren steigern. Ein erstes Beispiel ist das KI-Sprachmodell Noxutua.* KI kann helfen, komplexe juristische Texte in leicht verständliche Sprache zu übersetzen. Ebenso könnte sie genutzt werden, um relevante Gesetze und Regelungen, basierend auf den individuellen Anfragen der Bürger, zu identifizieren und zu erklären. Womit wir wieder beim Faktor Zeit wären.

*Denn die KI hat das Potenzial, **der »Rechtsberater« für Bürgerinnen und Bürger** zu werden. Und sie damit **selbstbewusster** gegenüber **Staat und Rechtssystem** zu machen.*

Eine entsprechende KI kann Bürger zu einem Rechtsstreit ermutigen, in jedem Fall kann sie zu einer Beraterin werden, die über Aussichten und Möglichkeiten juristischer Aufarbeitung aufklärt. Beispielsweise im Fall einer sexuellen Belästigung oder eines Diebstahldelikts kann die KI aufzeigen, wie oft in Deutschland ein vergleichbares Delikt geahndet wurde, welches Strafmaß bei den jeweiligen Fällen verhängt wurde und wie generell die Aussicht auf einen Erfolg vor Gericht gewertet wird. Grundsätzlich ließe sich aus diesen Informationen ableiten, ob sich eine

* *Tagesspiegel* Background (29. Februar 2024). »Noxtua: Rechts-KI mit eigenem Sprachmodell«. *Tagesspiegel Background.* https://background.tagesspiegel.de/digitalisierung/noxtua-rechts-ki-mit-eigenem-sprachmodell

Anzeige überhaupt lohne. Das wäre in der Tat eine Zeitenwende. Denn solche Informationen lassen sich Anwälte in der Regel teuer bezahlen – und häufig werden Klienten und Klientinnen auch nicht in jedes Detail eingeweiht.

Machtausgleich durch KI?

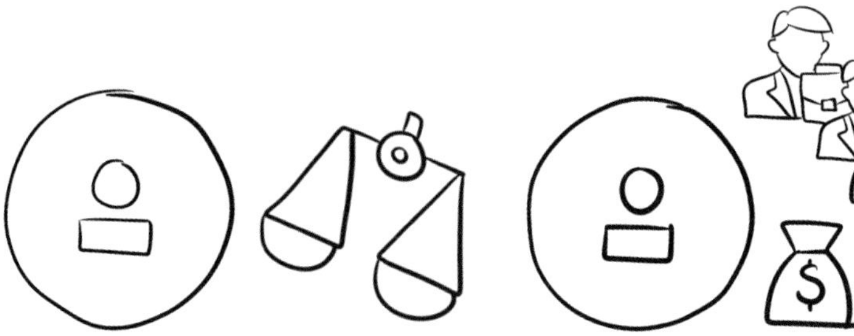

DER SOUVERÄNE BÜRGER IM RECHTSSTAAT

In Zeiten einer überlasteten Justiz und Hunderttausender offener Verfahren in Deutschland könnten anhand solcher Einschätzungen außerdem Strafverfolgungsbehörden und Gerichte entlastet werden. Denn vielleicht erspart sich der eine oder andere Bürger einen Nachbarschaftsstreit, wenn er abschätzen kann, wie lange sich ein Verfahren womöglich zieht. Andererseits kann ein Opfer aber auch ermutigt werden, den Gang vor den Richter anzutreten, weil statistisch gesehen Aussicht auf Erfolg besteht. So macht die KI den Bürger nicht nur unabhängiger von Anwälten, sondern auch souveräner im Umgang mit der Justiz.

Jeder von uns wird im Lauf seines Lebens mit Verträgen konfrontiert: Arbeitsverträge, Mietverträge, Kreditverträge usw. Verträge regeln das Leben, Verträge gehören dazu. Doch Verträge bewerten, Verträge tatsächlich lesen und verstehen, das können meist nur Menschen mit juristischer Ausbildung – und eben eine KI. Eine KI, die mit Tausenden von Vertragsdaten gespeist wurde, lernt zu bewerten, zu vergleichen und kann daraus entsprechende Schlüsse ziehen. Steht ein Wohnungswechsel oder ein Jobwechsel an, könnte die KI sich den Vertrag »ansehen« – und mir sagen, ob dieser Vertrag der Norm entspricht, welche Fallstricke mir drohen oder ob ich mir lieber Hilfe suchen sollte.

Die KI hätte Tausende Arbeitsverträge im Vergleich und könnte präzise Auskünfte geben, welcher Paragraf ungewöhnlich ist oder was sich für den Arbeitnehmer als unvorteilhaft erweisen könnte. Statt teure Anwälte zu beauftragen, würde die KI kostengünstig Rechtsberatung anbieten. Das wäre ein Instrument, das vielfältig eingesetzt werden könnte. Gewerkschaften könnten die KI-basierte Vertragsberatung für ihre Mitglieder anbieten. Mieterinnen und Mieter hätten vor Abschluss eines Mietvertrags einen validen Vergleich. Auch Kreditverträge von Banken oder Verträge für Geldanlagen könnten auf den Prüfstand gestellt werden. Somit würde es bedeutend schwerer, die Ahnungs- und Sorglosigkeit von Kundinnen und Kunden auszunutzen.

*So **hilft** die KI nicht nur dem **Rechtsstaat, Gesetze** durchzusetzen – sondern auch den Bürgern, **ihre Rechte** durchzusetzen.*

KÜNSTLICHE INTELLIGENZ: EIN NEUER BOOSTER FÜR CYBERCRIME?

von Carsten Meywirth, Leiter der Abteilung Cybercrime im BKA

Carsten Meywirth ist seit 2020 Leiter der Abteilung Cybercrime im Bundeskriminalamt. Nach seiner polizeilichen Ausbildung bei der Schutzpolizei des Landes Niedersachsen trat er 1987 ins BKA ein und hatte dort in den vergangenen beiden Dekaden in verschiedenen Bereichen Führungsaufgaben übernommen.

Unter Cybercrime verstehen wir Delikte, die sich gegen das Internet selbst oder gegen informationstechnische Systeme richten. Es ist eines der dynamischsten Kriminalitätsphänomene. Insbesondere die Schlagzeilen über Angriffe mit Ransomware mehren sich seit Jahren. Dabei dringen Täter in die Netzwerke von Unternehmen oder öffentlichen Einrichtungen ein, kopieren sich zunächst unbemerkt möglichst viele sensible Daten und verschlüsseln anschließend ganze Server. Das führt dazu, dass Betriebe und Verwaltungen stillstehen, weil sie die eigenen IT-Systeme nicht mehr nutzen können. Es folgt die Erpressung von Lösegeldern, die je nach ausgekundschafteter oder vermuteter Zahlungsfähigkeit des Opfers in den zweistelligen Millionenbereich gehen können. So wird Cybercrime schnell existenzbedrohend.

*Die **Lage** ist ernst: **Cybercrime** ist **chaotischen Hackerbuden** längst entwachsen.*

Einhergehend mit dem Megatrend der Digitalisierung, nochmals verstärkt durch den Homeoffice-Boom zu Beginn der Coronapandemie und zuletzt getriggert durch »Hacktivisten«, die seit Beginn des russischen Angriffskrieges gegen die Ukraine zu beobachten sind, hat sich die Szene hochgradig professionalisiert und spezialisiert. Wir haben es mit einer regelrechten »Underground Economy« zu tun, die im Darknet kriminelle Dienstleistungen in industriellen Maßstäben anbietet.

Nun droht künstliche Intelligenz der nächste Booster für Cybercrime zu werden. Denn leichter als je zuvor lassen sich mittels KI beispielsweise überzeugende Deepfakes oder glaubwürdige Texte für Phishing-Mails erstellen. Sie zählen zu den häufigsten Eintrittsvektoren für tiefergehende Angriffe. Gerade beim massenhaften Versand von Spam- oder Phishing-Mails geht kein Cyberkrimineller davon aus, die Mehrheit der Angeschriebenen ernsthaft täuschen zu können. Angesichts Hunderttausender Mails genügt es völlig, wenn ein kleiner Teil in einem Moment der Unaufmerksamkeit doch einmal auf einen maliziösen Link oder Anhang klickt. Wenn nun durch die Möglichkeiten der KI glaubwürdigere und zielgruppenspezifischere Texte verwendet werden, ist davon auszugehen, dass deutlich mehr Aufmerksamkeit erforderlich sein wird, Spam von relevanten Mails zu unterscheiden.

Mehr noch: Auch über das Coden von Schadsoftware durch KI-Tools wie ChatGPT gab es bereits Berichte. Und durch die rasante Entwicklung scheint auch der Weg zu adaptiver Malware nicht mehr weit. Das würde bedeuten, dass sich Schadsoftware künftig selbstständig an neue Sicherheitsmaßnahmen anpassen kann.

> ***Malware** könnte sich noch **besser** vor Antivirenprogrammen **verstecken.** Das könnte neue und größere cyberkriminelle **Botnetze begünstigen.***

Doch wir sollten neben den Risiken auch auf die Chancen blicken. Ebenso, wie die KI die Überzeugungskraft von Spam verbessern kann, wird sie etwa Erkennungs- und Filteralgorithmen verbessern können und Antivirenprogramme noch smarter machen. Laut einer aktuellen Cisco-Studie nutzen bereits mehr als 40 Prozent der User in Deutschland KI-basierte Cyberabwehrsysteme des höchsten oder zweithöchsten Reifegrades.*

Für die Strafverfolgungsbehörden ist es enorm wichtig, mit den dynamischen Entwicklungen Schritt halten zu können – und zu dürfen. Unsere Arbeit ist stets an Recht und Gesetz gebunden. Bereits heute stoßen wir bei unseren Ermittlungen in Deutschland sehr schnell an Grenzen, allein schon, wenn es um die Zuordnung von IP-Adressen zu Personen geht. Cyberkriminelle genießen damit in Deutschland eine Art Standortvorteil.

Für Cyberkriminelle sind deutsche Unternehmen ein äußerst attraktives Ziel – auch im internationalen Vergleich.

Der Datenschutz ist in Deutschland aus guten Gründen ein hohes Gut. Gleichwohl sollten wir uns als Gesellschaft stets die Kontrollfrage stellen dürfen, ob wir die Wehrhaftigkeit des Rechtsstaates an sich verändernde Paradigmen anpassen sollten. Die Balance zwischen berechtigten Datenschutzinteressen auf der einen und etwa dem Standortfaktor Sicherheit auf der anderen Seite sollte gewahrt bleiben. Die vermeintlichen Kollateral-

* Cisco (3. April 2024). Cisco-Studie: Nur 2 % der deutschen Firmen sind auf aktuelle Cyberbedrohungen bestmöglich vorbereitet [Press release]. Cisco News The EMEA Network. https://news-blogs.cisco.com/emea/de/2024/04/03/cisco-studie-nur-2-der-deutschen-firmen-sind-auf-aktuelle-cyberbedrohungen-bestmoeglich-vorbereitet/

schäden beziffern sich laut Bitkom allein in Reihen der deutschen Wirtschaft derzeit auf über 200 Milliarden Euro jährlich.*

MOONSHOT: »HARMONIA«**

von Stefan Weiss, Founder und CEO von WhatsLegal.ai

Stefan Weiss ist Founder und CEO von WhatsLegal.ai, Head of AI, Serial Entrepreneur und Buchautor. Er begeistert sich für das Spannungsfeld zwischen Technologie und Philosophie und ist der Überzeugung, dass sich beides zum Wohle der Menschen kombinieren beziehungsweise ergänzen lässt.

Das Land Harmonia ist das weltweite Vorbild für die KI-basierte **Demokratie** mit einer hocheffizienten **Rechtsstaatlichkeit**. Die ganze Welt staunt darüber, wie es Harmonia geschafft hat, für seine Bevölkerung innerhalb von nur wenigen Jahren Frieden, Wohlstand, Gesundheit und echtes Glück zu schaffen.

In Harmonia haben alle Bürgerinnen und Bürger kostenlosen **Zugang** zu allen Gesetzen und Urteilen des gesamten Landes. Niemand muss komplizierte Gesetze oder Rechtsprechung lesen. Der Staat stellt allen einen hoch entwickelten, persönlichen KI-basierten Rechtsberater mit dem Namen »WhatsLegal« zur Verfügung. Dieser digitale Assistent ist überall verfügbar. Auf privaten Handys oder Rechnern, auf den öffentlichen Plätzen des Landes und sogar im virtuellen Zwilling von Harmonia.

* Wintergerst, R. (2023). Wirtschaftsschutz 2023. Bitkom Research. https://www.bitkom.org/sites/main/files/2023-09/Bitkom-Charts-Wirtschafts schutz-Cybercrime.pdf

** Alle Ereignisse, Namen und Personen in diesem Text sind frei erfunden.

Alle Bürger können überall Fragen zu sämtlichen Rechtsthemen stellen und erhalten in Sekundenschnelle eine Antwort.

Bei Meinungsverschiedenheiten oder Streitigkeiten erhalten die Bürgerinnen und Bürger, in Bezug auf einen möglichen Rechtsstreit, eine sofortige Einschätzung ihrer Erfolgsaussichten, basierend auf aktuellen **Gesetzen, Urteilen und Empfehlungen der Ethik- und Mediationskommission.** Dadurch sind die zivilrechtlichen und strafrechtlichen **Klagen** um über 80 Prozent gesunken. Die **Gerichte** wurden stark entlastet und investierten die gewonnene Zeit in KI-gestütze Technologien für Prozessautomatisierungen, welche ihre Verfahrenszeiten von etlichen Monaten auf maximal zehn Tage reduzierten.

Für die Verbrechensaufklärung unterstützen KI-Systeme die Ermittlungsbehörden durch Bilderkennungsalgorithmen und Predictive Analytics. Diese Technologien analysieren riesige Mengen an Beweismaterial und durchforsten soziale Netze, um Verdächtige zu identifizieren und kriminelles Verhalten vorherzusagen. Zudem arbeitet die Polizei eng mit der Bevölkerung zusammen. Über den digitalen Rechtsassistenten können Bürgerinnen und Bürger anonym Hinweise geben oder verdächtige Aktivitäten melden, welche dann in das polizeiliche System eingespeist und datenschutzkonform ausgewertet werden. Diese transparente Zusammenarbeit zwischen Polizei und Bevölkerung hat das Vertrauen in die Sicherheitskräfte gestärkt und die Aufklärungsrate signifikant erhöht.

Harmonia setzt zudem auf KI-basierte psychologische Profilierung und soziologische Forschung, um die Ursachen von Verbrechen zu verstehen und präventive Maßnahmen zu ergreifen. Bei den wenigen übrig gebliebenen Verurteilungen in Harmonia legt die Justiz großen Wert auf Rehabilitation und Reintegration von Straftätern. Programme zur beruflichen Bildung, psychologische

Betreuung und soziale Unterstützung sind integraler Bestandteil des Strafvollzugs und haben die Reintegrationsrate von Straftätern auf fast hundert Prozent erhöht.

Doch der gesellschaftliche Zusammenhalt wird durch die Gesetzgebung selbst erzeugt. In Harmonia werden neue Gesetze durch die Bürgerinnen und Bürger direkt entschieden. Eine KI errechnet die Notwendigkeit eines neuen Gesetzes aus dem Verständnis der Vergangenheit und der Einflüsse der Gegenwart. Daraus wird ein Entwurf erstellt, der die Realität mit den gemeinschaftlichen Zielen in Einklang bringt. In Echtzeit werden zudem drei wahrscheinliche Zukunftsszenarien errechnet, wie sich das neue Gesetz auswirken könnte, und dem Gesetzesentwurf mitgegeben. Über den bundeseigenen KI-Assistenten kann jeder anonym und fälschungssicher abstimmen. Jedes neue Gesetz benötigt vom Entwurf bis zur Abstimmung nur noch eine Woche.

Die Selbstverständlichkeit, dass Gesetze vom Volke gemacht werden, wird in Harmonia schon in den Schulen unterrichtet. Kinder lernen von klein auf, welche Technologien in der Gesetzgebung genutzt und wie, in Kombination mit menschlichen Kontrollorganen, Gerechtigkeit, Datenschutz und Ethik gewährleistet werden können. Diese frühe Bildung über Recht und Technologie verankern ein lebenslanges Verständnis für die Wichtigkeit und Wirkung ihrer demokratischen Rechtsstaatlichkeit. Und so ist es die Summe aus mehreren politischen, technologischen und gesellschaftlichen Elementen, die in Harmonia Frieden, Wohlstand, Gesundheit und echtes Glück erschaffen.

- ☐ **Der vom Staat zur Verfügung gestellte KI-Rechtsassistent;**
- ☐ **die Mitwirkung an den Gesetzen;**
- ☐ **die schnelle Verbrechensaufklärung durch die Polizei;**
- ☐ **die hocheffizienten Gerichte.**

All das lässt immer weniger Platz für Verbrechen, Machtmissbrauch oder Rechtsverdrehung und verhindert die Verschwendung von Steuergeldern und unnötiger Bürokratie. Die Bürgerinnen und Bürger von Harmonia sehen, wie effizient ihre Steuergelder eingesetzt werden und wie gut ihre eigenen demokratischen Prozesse funktionieren und wie daraus echte gesellschaftliche Gerechtigkeit entsteht.

KAPITEL 7

STAAT: SMART, AGIL UND PREUSSISCH IM BESTEN SINNE – WIE EIN STAAT HEUTE SEIN MUSS

Wir brauchen eine radikale demokratische Staatsreform. Die Notwendigkeit einer tiefgreifenden Transformation unseres Staatswesens ist nicht länger eine nette Option, sondern eine zwingende Notwendigkeit. Wir stehen vor der Herausforderung, das Wesen unserer Ministerien und Behörden, die Struktur unseres Föderalismus und die Funktionsweise unserer kommunalen Prozesse durch den Einsatz von KI radikal zu überdenken.

Es genügt nicht, Digital Labs als bloße digitale Zierde in die bürokratische Landschaft einzufügen. Die Zeit drängt, den gesamten Mechanismus unseres Staates neu zu konzipieren, bevor Kräfte, die es mit den Werten der Demokratie nicht so genau nehmen, diesen kritischen Moment zu ihrem Vorteil nutzen. Die Chance? Mit KI das verloren gegangene Vertrauen der Bürgerinnen und Bürger zurückzugewinnen. Kurzum, das Ziel ist ein Staat, der intelligent genug ist, um seine Prozesse zu vereinfachen, die Effizienz exponentiell zu steigern und bürokratische Hürden abzubauen, während er gleichzeitig ein Höchstmaß an Sicherheit, Fairness und ethischen Standards gewährleistet.

Lassen Sie uns eine kurze Zeitreise in das Jahr 1807 unternehmen, in eine Ära des Umbruchs, in der Europa von den Napoleonischen Kriegen erschüttert wird. In diesen turbulenten Zeiten tritt eine Figur auf den Plan, deren Einfluss das Fundament eines Staates revolutionieren und das Fundament für den modernen deutschen Nationalstaat legen sollte: Heinrich Friedrich Karl vom und zum Stein, besser bekannt als Freiherr vom Stein. Stellen Sie sich vor, wie der Freiherr, inmitten des Chaos, einen entscheidenden Entschluss fasst. Er sieht, wie Preußen am Boden liegt, demoralisiert, zerrüttet von veralteten und maroden Strukturen, die es unfähig machen, den Herausforderungen der Zeit zu begegnen. Mit einem kühnen Plan, der sowohl Widerstand als auch Skepsis hervorruft, setzt er Reformen in Gang, die nicht weniger als eine Neuerfindung des preußischen Staates zum Ziel haben.

Sein Credo: Erneuerung von innen, mit dem Ziel, die Macht des Staates zu stärken, indem er die Bürger stärkt.

Die Parallelen zu unserer heutigen Zeit sind frappierend, auch wenn die Umstände und Anforderungen sich natürlich gewandelt haben. Wir leben in einer Ära der Freiheit und Demokratie, eines unbestreitbaren Fortschritts gegenüber der Zeit des Freiherrn. Doch wenn wir genauer hinsehen, stellen wir fest: Im Kern unserer staatlichen Arbeitsweisen hat sich erschreckend wenig verändert.
Akten beherrschen immer noch die Realität in den Amtsstuben, Gesundheitsämter faxen Infektionsdaten nach Berlin, für einfachste Vorgänge müssen weiterhin viele Formulare ausgedruckt und postalisch versendet werden. Das Onlinezugangsgesetz (OZG), das als revolutionäres Kapitel in der Digitalisierung der deutschen Verwaltung gedacht war, ist weit hinter den Erwartungen zurückgeblieben. Während andere Länder in der Verwaltung der Digitalisierung Lichtjahre voraus sind, hinkt Deutschland hinterher. Die Frage drängt sich auf: Wer bringt den Mut wieder auf, um den größten Wurf nach Stein zu wagen und an die Grundfesten unseres Staatswesens das Skalpell anzulegen?

Die aktuelle Realität? In der unendlich verzwickten Saga der deutschen Verwaltungsdigitalisierung gleicht das Onlinezugangsgesetz (OZG) einer modernen Episode aus den Abenteuern von Asterix und Obelix – nur, dass unsere Helden hier gegen das unbeugsame Bürokratiedorf Deutschland ankämpfen, bewaffnet mit nichts weiter als dem sagenumwobenen Passierschein A38. Die Fans werden sich erinnern, die beiden Helden müssen in »Asterix erobert Rom« eine »Formalität verwaltungstechnischer Art lösen«. Sie sollen in einer römischen Behörde den »Passierschein A38« ergattern, ein Irrsinn in Tüten. Wir verfolgen sie auf einer Odyssee durch Nichtzuständigkeiten, Aggression und Ahnungslosigkeit. Sie werden von einer Abteilung in die nächste

Passierschein A38 – Wo bist du?

System ohne KI

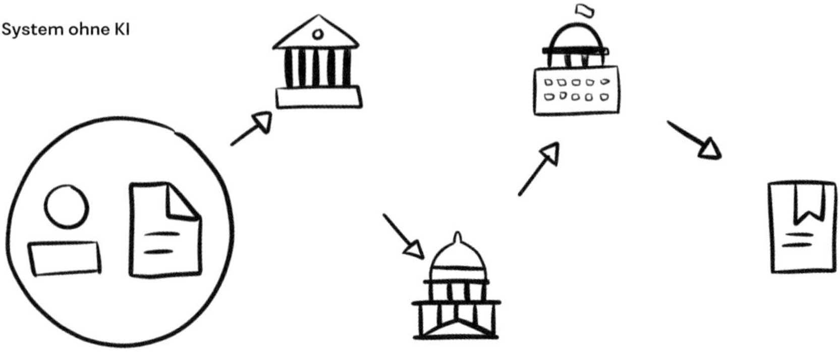

System mit KI

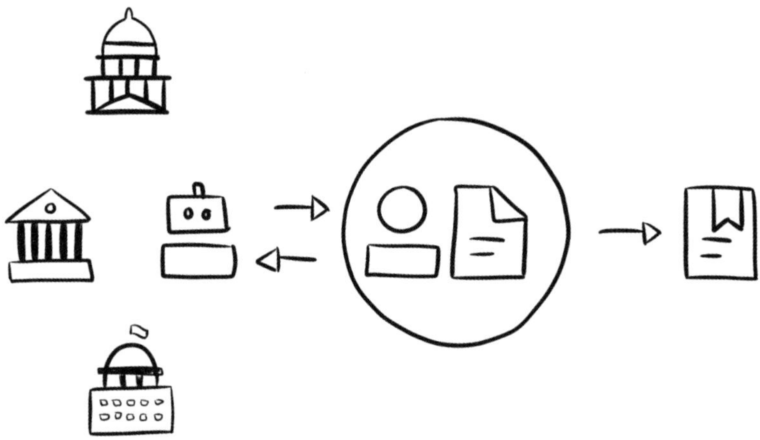

geschickt. Keiner ist zuständig, die meisten sind unfreundlich, es geht treppauf, treppab, kleine Zeichen der Hoffnung werden schnell wieder zunichtegemacht. Es ist ein kafkaesker Moment im Comic – und es steht für den Alltag, nicht nur in deutschen Behörden.

Wir scheinen verhaftet in einer veralteten preußischen Staatsform bismarckscher Prägung, mit Staatsdienern auf der einen

Seite und Bürgern auf der anderen Seite, die eher als Bittsteller an ihn herantreten, aber nur mit dem richtigen Formular, in der richtigen Abteilung, dem richtigen Dienstgrad, dem richtigen Stempel. Diese Mission, die öffentliche Verwaltung ins digitale Neuland zu führen, verwandelt sich schnell in eine Odyssee, die selbst den listigen Odysseus in die Flucht schlagen würde.

Die eigentliche Verheißung des OZG, Bürgern, Unternehmen und Organisationen den Zugang zu digitalen Verwaltungsleistungen zu erleichtern, klingt fast so verlockend wie ein Zaubertrank. Doch anstatt übermenschliche Kräfte zu verleihen, offenbart die Realität eine Komödie menschlicher Schwächen: verstrickte Deadlines, technologische Fehlschläge und ein Labyrinth aus Zuständigkeiten, das die Irrfahrt nach dem Passierschein A38 im »Haus, das Verrückte macht«, wie einen Spaziergang im Park erscheinen lässt. Ein weiteres konkretes Beispiel aus den politischen Prioritäten, »Projekt Energiewende«, lässt einen ebenfalls resigniert zurück.

PRAXIS SCHLAGLICHT ENERGIEWENDE – ENDGEGNER VATER STAAT

Windkraft ist das Gebot der Stunde – bis 2030 sollen etwa 80 Prozent des deutschen Stroms aus erneuerbaren Quellen stammen, hauptsächlich Sonne und Wind. Ein ehrgeiziges Ziel, das auf Widerstand stößt: Kritiker monieren die Unbeständigkeit des Windes, Gegner fürchten um die Landschaft und die Vogelwelt. Doch jenseits dieser Debatten lauert ein weit größerer Gegner auf dem Pfad zur klimafreundlichen Energieversorgung: die deutsche Bürokratie als wahrer Endgegner.

Für den Bau neuer Windanlagen – theoretisch Tausende in den nächsten Jahren – werden unzählige Genehmigungen von unterschiedlichsten Ämtern und Behörden benötigt. Schon die Logistik ist eine Herausforderung. Ein Windrad erfordert zehn bis 15 Schwertransporte sperriger und schwerer Bauteile. Transportiert werden in der Regel riesige Bauteile, manche sind bis zu 35 Meter lang. Andere haben zehn Meter Durchmesser, allein die Blätter der Windräder haben eine Breite in Einfamilienhausgröße. Das hat Auswirkungen auf die Infrastruktur und den Verkehr. Alle Straßen, alle Autobahnen, alle Kurven, vor allem auch alle Brücken, Tunnel und Engpässe auf dem Weg der LKW müssen geprüft werden.

Verschiedenste Ämter aus unterschiedlichen Bundesländern sind involviert. Und erst wenn es ein Okay von allen Seiten gibt, darf gefahren werden. Der Verwaltungsaufwand ist immens, und für jedes Bauteil ist eine eigene Genehmigung nötig – ein Papierberg. Der Transport für ein einziges Windrad kann nicht komplett genehmigt werden. Jeder Transport für jedes einzelne Bauteil benötigt eine neue Genehmigung. Das klingt nicht nur nach ordentlich Papier, das ist ein riesiger Haufen Papier.

Wenn es nun zehn bis 15 Transporte braucht, um die Bauteile eines Windrads an den Bestimmungsort zu bringen, sind das bei 2000 Windrädern schnell mal 20 000 bis 30 000 Genehmigungsverfahren. Und damit die erneuerbaren Energien mittelfristig die alten Energieträger ablösen, braucht es schätzungsweise 770 Terawattstunden sauberen Stroms. Experten gehen davon aus, dass dafür bis zu 30 000 bis 35 000 neue Windanlagen in Deutschland notwendig sind. Nach Lage der Dinge wird das ein bundesweiter Genehmigungsverfahrenskampf am Limit. Dann können wir bald anfangen, mit dem Verbrennen der anfallenden Formulare eigene Energie zu erzeugen.

Doch Spaß beiseite. Das eigentliche Problem ist die Zeit. Tausende von Genehmigungsverfahren sind allein bei der Windkraft zum Teil seit Jahren überfällig. Bis getestet wird, ob eine Brücke trägt, vergehen Wochen, Monate, teilweise Jahre. Die flehende Bitte der Hersteller, der Logistiker, der Kommunen und der Energieversorger: »Bitte vereinfacht endlich dieses Verfahren« werden bislang von der Politik und den Behörden nicht angegangen. Dass damit auch die Energiewende blockiert wird, scheint zweitrangig.

Sicher ist: Das wird Jahre, vielmehr Jahrzehnte dauern.

Und wohlgemerkt: Da geht es nur um den Transport. Denn auch die eigentliche Genehmigung eines Windrads gestaltet sich langwierig. Das Auerhuhn erweist sich in einer ZDF-Doku vom März 2024 mit dem Titel »Bürokratie-Irrsinn um Windräder« als ebenso ungewöhnlicher Endgegner aufgrund der Umweltschutzauflagen. Einer Umfrage der Nachrichtenagentur dpa zufolge waren mindestens 30 Untätigkeitsklagen von Firmen aus der Windkraftbranche gegen Behörden anhängig.

Untätigkeitsklagen – weil seit Jahren Genehmigungen verschleppt werden. Das Problem bei der Energiewende scheint weniger politische Mehrheiten zu bekommen. Das Problem ist vielmehr, dass jede noch so gut gemeinte Zukunftsidee im Behördendickicht langsam, aber sicher verendet.

EIN EINFALLSTOR FÜR POPULISTEN

Windkraft ist nur ein Beispiel von vielen. Tatsächlich gibt es zahllose Beispiele für die Ineffizienz von Behörden, für einen überbordenden Genehmigungswahn, für nicht enden wollende Papierkriege mit unterschiedlichsten Ämtern. Die deutsche Bürokratie – ein Paradoxon aus Ineffizienz und überbordendem Genehmigungsdrang, hat sich weit entfernt von dem von Kanzler Scholz propagierten »Deutschland-Tempo«. Es ist eine historisch gewachsene Problematik, die weit über das Fingerzeigen auf einzelne Regierungen hinausgeht und nun zu einem gefährlichen Nährboden für Populismus mutiert. Populisten von AfD und jüngst auch BSW kritisieren den Staat für seine ausufernde Bürokratie, Transparenzmängel, komplette Reformunwilligkeit, angebliche Fremdbestimmung durch übergeordnete Institutionen, Elitenmacht, Kontrollverlust bei zentralen Themen wie Migration, Korruption und Vetternwirtschaft. Sie behaupten, die Verwaltung sei fernab der Bürgerinteressen, und untergraben damit das Vertrauen in die Demokratie. In vielen Dingen steckt ein wahrer Kern, aber wie immer wird es bis zur Unkenntlichkeit ausgeschlachtet und für die eigene Agenda missbraucht.

*Der kluge **Einsatz** von künstlicher Intelligenz nimmt auch **Populisten** den Wind aus den Segeln, statt dass wir **mehr und mehr** in deren **Falle** tappen.*

Wenn es uns beispielsweise endlich gelänge, ausländische Zeugnisse und Arbeitsnachweise viel schneller anzuerkennen, um geflüchteten Menschen die Möglichkeit zu geben, schneller in Deutschland zu arbeiten – und nicht wie bisher, viele Monate zu warten –, wäre ein gängiges Populistenargument schnell hinfällig: *Die Asylanten leben hier nur auf unsere Kosten.*

Die Furcht vor der KI lässt sich nicht diagnostizieren, im Gegenteil:

- Rund zwei Drittel der Kommunen in Deutschland sehen Chancen durch den Einsatz von KI in ihrer täglichen Arbeit. Das ist ein Ergebnis des *Zukunftsradars Digitale Kommune 2023.*[*]

[*] Hornbostel, L., Tillack, D., Kraus, T., Nerger, M., Wittpahl, V., Institut für Innovation und Technik (iit), Handschuh, A., Salden, J., Bienek, C. & Deutscher Städte- und Gemeindebund (DStGB) (2023). Zukunftsradar Digitale Kommune. In: Institut für Innovation und Technik (Iit), Deutscher Städte- und Gemeindebund (DStGB).

- Die Hälfte der Menschen in Deutschland können sich nach einer Erhebung der Initiative D21 vorstellen, in Zukunft über Chatbots mit der öffentlichen Verwaltung zu kommunizieren.*
- Den Einsatz von Chatbots in einzelnen Bereichen von Kommunen halten 55 Prozent für sinnvoll (in Gemeinden mit unter 10 000 Einwohnerinnen) und 76 Prozent (in Gemeinden mit über 10 000 Einwohnern).**

Wenn also die Bereitschaft da ist, etwas Grundlegendes zu ändern, haben wir es beim Staat mit ganz alten systemischen Strukturen zu tun. Das Beamtentum stammt aus dem Kaiserreich. Akten, Mappen, Verweise sind Begriffe, die Jahrhunderte überdauern. Die Organisation der Abläufe, die Prozesse, die im Kern allesamt aus einer ganz anderen Zeit stammen. Eine Behörde wie das »Auswärtige Amt« hat es in Deutschland schon in vordemokratischen Zeiten gegeben. Dass die Demokratie »wir sind«, dass »wir der Staat« sind, dass »wir Deutschland sind«, macht sich gut in Kampagnen.

Wer jedoch versucht hat, eine Baugenehmigung für eine Gartenlaube zu beantragen oder gar für ein richtiges Haus, wird feststellen, dass das mit dem »Wir« auf vielen Ämtern unverbindlich gesehen wird.

* Initiative D21, Technische Universität München, KANTAR, Faeser, N., Reinhardt, M. & Krcmar, Prof. Dr. H. (2023). #EGOVMON. In eGovernment MONITOR [Report]. https://initiatived21.de/uploads/03_Studien-Publikationen/eGovernment-MONITOR/2023/egovernment_monitor_23.pdf

** Hornbostel, L., Tillack, D., Kraus, T., Nerger, M., Wittpahl, V., Institut für Innovation und Technik (iit), Handschuh, A., Salden, J., Bienek, C. & Deutscher Städte- und Gemeindebund (DStGB) (2023). Zukunftsradar Digitale Kommune. In: Institut für Innovation und Technik (Iit), Deutscher Städte- und Gemeindebund (DStGB).

STAAT SCHAFFT KAUM DIE GRUNDVERSORGUNG

Ein Beamtentum in der Tradition des preußischen Beamtenapparats steht kaum für agiles, kreatives, iteratives und lösungsorientiertes Arbeiten. Das oberste Primat lautet: Fehlervermeidung vor Problemlösung. Genau deshalb müssen wir überdenken, wie der Staat künftig seine Aufgaben erfüllen soll. Denn, was den Apparat früher ausgezeichnet hat– deutsche Tugenden, Ordnung, Präzision, Sorgfalt bis ins Detail – ist mit der Vielzahl an Formularen, beteiligten Organisationen, unterschiedlichsten eingebundenen Referaten, Verordnungen, Genehmigungen völlig aus dem Ruder gelaufen. Gerade deshalb hat die Selbstwahrnehmung der Deutschen spätestens seit der Coronakrise Risse bekommen. Statt verlässlich wie ein Schweizer Uhrwerk seine Aufgaben zu erfüllen, schafft der Staat kaum noch, die Grundversorgung aufrechtzuerhalten. Stichwort: marodes Schienennetz oder umfassende Modernisierung des Bildungssystems.

Wichtig: Es ist entscheidend zu verstehen, dass die Herausforderungen, mit denen die öffentliche Verwaltung konfrontiert ist, nicht auf individuelle Akteure oder das Personal selbst zurückzuführen sind. Es gibt viele innovative Köpfe, die mit Leidenschaft und Energie jeden Tag Transformation in konkreten Projekten vorantreiben.

Vielmehr liegen die Probleme in den ***tief verwurzelten komplexen Systemstrukturen,*** *die organisch lange gewachsen sind, aber* ***nie wirklich geändert*** *wurden.*

Was nun als »großer Wurf« benötigt wird, ist eine tiefgreifende Transformation des Systems selbst, um vorhandene Potenziale vollends zu entfalten. Diese Transformation muss sowohl die strukturellen als auch die kulturellen Aspekte der öffentlichen

Verwaltung umfassen, um eine Umgebung zu schaffen, die Innovation nicht nur begrüßt, sondern aktiv fördert.

Die Bundesregierung hat mit ihrer KI-Strategie auf dem Papier ein ambitioniertes Versprechen für die Zukunft abgegeben, doch zwischen den Zeilen der Strategie und der realen Umsetzung klafft eine deutliche Lücke. Während die Strategie von Innovation, Förderung und einem starken Standort Deutschland im globalen KI-Rennen spricht, zeigt die Praxis, dass es an konkreten Maßnahmen, ausreichender Finanzierung und einer schnellen Implementierung mangelt. Zudem fehlt es an einer effektiven Koordination zwischen den verschiedenen Akteuren im Bundesgebiet, was zu verzettelten Anstrengungen und duplizierten Projekten führt.

Die von der Großen Koalition im Jahr 2018 mit viel Elan auf den Weg gebrachten 3,5 Milliarden Euro für die nationale KI-Förderung verlieren angesichts der schleppenden Auszahlung von lediglich 1,97 Milliarden Euro an Schwung.*

Währenddessen positionieren sich Länder wie das autokratische Saudi-Arabien mit der Ankündigung eines 40 Milliarden Dollar schweren KI-Fonds entschlossen an der Spitze der globalen Investoren.

Diese Diskrepanz wirft ein grelles Licht auf die Passivität der aktuellen Bundesregierung unter der Ampelkoalition, die es bislang versäumt hat, die vorhandene KI-Strategie an die neuen technologischen Entwicklungen und geopolitischen Herausforderungen anzupassen.

* Álvarez, S. (24. März 2024). Investitionen in KI: »Bundesregierung ist bei KI orientierungslos«. WiWo.de. https://www.wiwo.de/politik/deutschland/kuenstliche-intelligenz-die-bundesregierung-ist-bei-ki-orientierungslos/29723370.html

Kurz und gut: Wir brauchen ein neues Betriebssystem für Deutschland. Ein KI-basiertes Betriebssystem, mit dem das Land wieder an die Tradition preußischer Verlässlichkeit anknüpfen kann. Stellen wir uns ein Deutschland vor, das durch die KI in öffentlicher Verwaltung, Wirtschaft und Gesellschaft Spitzenleistungen erzielt mit einem klaren Zielbild: eine Reduzierung der Bürokratie um die Hälfte, eine Verdoppelung der Geschwindigkeit bei Bürgerangelegenheiten und eine substanzielle Steigerung der Innovationsrate innerhalb der nächsten fünf Jahre.

Asterix und Obelix dienen uns als mahnendes Beispiel. Es ist wie im Comic beschrieben Zeit, dieses beklemmende Gefühl zu beenden, das wir aus dem Alltag kennen: Keiner kann mir helfen. Mein Anliegen ist nicht lösbar. Man interessiert sich nicht für meine Belange und Probleme!

Warum ist es nicht oberstes Ziel, diese Angst umzukehren – damit sie nicht in Wut auf den Staat umschlägt? Wie müsste ein Zielbild aussehen?

Ich brauche etwas vom Staat –
und der Staat kann mir
sofort und unkompliziert helfen.

Ich habe ein Problem –
der Staat steht mir
hilfsbereit dabei zur Seite.

Ich habe ein Problem entdeckt –
und kann es dem Staat mitteilen.
Es wird umgehend gelöst.

KI ALS GAMECHANGER FÜR DEN AGILEN STAAT

Hier kommt jetzt künstliche Intelligenz ins Spiel: Als Schlüsseltechnologie hat sie das Potenzial, die Lücke zwischen bürokratischer Realität und dem Ideal eines bürgerzentrierten, vollständig digitalen Staates zu schließen. Indem sie Prozesse radikal vereinfacht, Entscheidungswege verkürzt, Entscheidungsgrundlagen deutlich verbessert und den Zugang zu Informationen demokratisiert, kann KI ein neues Kapitel in der Geschichte des Verhältnisses von Bürgern und Staat aufschlagen.

Stellen wir uns ein System vor, auf dem KI-gestützte Plattformen intuitive, barrierefreie und personalisierte Verwaltungsdienstleistungen bieten – ein System, in dem der Staat als verlässlicher Partner an der Seite seiner Bürgerinnen und Bürger steht. Ein solches Zielbild verspricht nicht nur die Überwindung bürokratischer Hürden, sondern auch die Stärkung des Vertrauens in staatliche Institutionen, getragen durch die Kraft der KI.

Die Anerkennung der zahlreichen innovativen Bemühungen innerhalb des öffentlichen Sektors im Innovationsbereich ist ein wichtiger Schritt, um das Narrativ der deutschen Verwaltung zu ändern. Es zeigt, dass der Wille zur Veränderung und die Fähigkeit zur Anpassung vorhanden sind.

Es gibt inzwischen im ganzen Land viele Leuchtfeuer der Hoffnung. Das IT-Referat der Stadt München hat im Februar beispielsweise mit MUCGPT einen eigenen KI-Assistenten für städtische Beschäftigte gestartet.* Auf Bundesebene stechen so der DigitalService des Bundes und der Cyber Innovation Hub der

* muenchen.de (o. J.). MUCGPT: KI-Sprachassistenz für städtische Beschäftigte gelauncht. Landeshauptstadt München. https://ru.muenchen.de/2024/42/MUCGPT-KI-Sprachassistenz-fuer-staedtische-Beschaeftigte-gelauncht-111559

Bundeswehr als Pioniere einer umfassenden Transformation hervor. Sie verkörpern den Übergang zu einer modernen, agilen und nutzerorientierten Verwaltung.

Der DigitalService, gegründet als Teil einer Initiative, um den Bund digital zu transformieren, setzt auf interdisziplinäre Teams, die mit direkten agilen Methoden arbeiten. Diese Teams entwickeln Software, die sich an den tatsächlichen Bedürfnissen der Bürgerinnen und Bürger orientiert, und führen Projekte durch, die externe digitale Talente in die Ministerien bringen. Dadurch werden die Vorteile neuer Arbeitsweisen direkt erfahrbar gemacht und Digitalprojekte effektiver als bisher umgesetzt.

Parallel dazu bricht der Cyber Innovation Hub der Bundeswehr mit veralteten Denkmustern in den Streitkräften und bringt durch die Zusammenarbeit mit Start-ups und Innovatorinnen aus den eigenen Reihen frischen Wind in militärische Projekte. Diese Initiative beschleunigt den Wandel hin zu einer modernen Innovationskultur innerhalb der Bundeswehr.

Beide Initiativen zeigen, dass durch den Einsatz von Innovation und digitaler Agilität ein Wandel im öffentlichen Sektor möglich ist. Sie fungieren als Leuchttürme in einem ansonsten vom Status quo geprägten Umfeld, indem sie vorleben, wie der Staat durch gezielte Impulse und den Mut zur Erneuerung zu einem aktiven Gestalter im aufkommenden KI-Zeitalter werden kann.

Es geht nicht um eine komplette Systemveränderung. Und die KI wird beispielsweise auch die hochkomplexe und politisch polarisierende Migrationsproblematik nicht einfach lösen können. Aber hier kommt eine inkrementelle Implementierung zum Zuge. Ein entsprechendes Tool könnte dazu beitragen, ausländische Zeugnisse schneller zu erfassen und zu bewerten, und damit Flüchtenden einen deutlich schnelleren Einstieg ins Arbeitsleben ermöglichen. Das Statistische Bundesamt hat im vergangenen Jahr ermittelt, dass von den 25- bis 59-jährigen seit Kriegsbeginn nach Deutschland geflüchteten Ukrainern rund 45 Prozent einen akademischen Bildungsabschluss an einer Universität oder Fachhochschule haben. Zum Vergleich: In Deutschland sind es in dieser Altersgruppe nur 27 Prozent, die einen akademischen Abschluss haben.*

Jedoch gelingt es nicht, das hohe Potenzial an Wissen und Bildung zu nutzen – weil es in deutschen Behörden ein langwieriger Prozess ist, Abschlüsse anzuerkennen. Obwohl es längst KI-Tools gibt, die in der Lage sind, Dokumente deutlich schneller zu analysieren. Obwohl es längst KI-Tools gibt, die Dokumente in anderen Sprachen schneller erfassen und mit fast hundertprozentiger Genauigkeit übersetzen könnten. Wie gesagt: Die KI »rettet nicht die Welt«, aber sie beschleunigt Vorgänge und verbessert damit auch das Verhältnis Bürger zu Staat.

Der amerikanische Wirtschaftsjournalist Josh Tyrangiel plädierte jüngst in einem viel diskutierten Meinungsbeitrag für die *Washington Post*, mit KI »die gesamte Regierung neu zu gestalten«.** Tyrangiel schreibt: »Chatbots können bereits heute rund um die Uhr einen besseren Service bieten und das zu geringeren Kosten.« KI sei ein Werkzeug zur Verarbeitung großer Datenmengen, mit deren Hilfe die Regierungsarbeitet rationalisiert und verbessert werden könne. Aber, so Tyrangiel: »KI ist ein Werkzeug, das menschliches Fachwissen in einer Regierung entscheidend unterstützt, aber nicht ersetzt.«

* Statistisches Bundesamt (Destatis) (2023). Pressemitteilung Nr. 476 vom 13. Dezember 2023 [Press release]. Statistisches Bundesamt. https://www.destatis.de/DE/Presse/Pressemitteilungen/2023/12/PD23_476_12.html

** Tyrangiel, J. (6. März 2024). »Let AI remake the whole U.S. government (oh, and save the country)«. *Washington Post*. https://www.washingtonpost.com/opinions/2024/03/06/artificial-intelligence-state-of-the-union/

Die Ambition, Deutschlands Verwaltung durch KI revolutionär zu modernisieren, trifft auf ein fundamentales Dilemma, das Niklas Luhmanns Systemtheorie prägnant umreißt: Systeme, und somit auch staatliche Organisationen, sind primär auf Selbsterhalt ausgerichtet. Und viele, die den »Bürokratieabbau« mithilfe von KI wollen, sehen sich konfrontiert mit renitenten Behörden, die um Einfluss und auch ihre Mitarbeiter kämpfen. Legendär die Bundesmonopolverwaltung für Branntwein, im Volksmund auch »Bundesschnapsamt« genannt. Nach Ansicht von Experten war die Behörde komplett überflüssig, dennoch hat es Jahrzehnte (!) gedauert, diese Verwaltung abzuschaffen. Es ging um 200 Arbeitsplätze und obwohl der Einfluss des Amts eher marginal war, kämpften Politiker vor Ort jahrelang um den Verbleib. In diesem Klima Neuerungen zu schaffen, gar Menschen durch Technik ersetzen zu wollen, ist eine Herkulesaufgabe. Aber wenn in absehbarer Zeit viele Beamte in Pension gehen, besteht die Chance, ihre Tätigkeit durch smarte Technologie zu ersetzen. Wie beispielsweise ein toller Case aus Baden-Württemberg zeigt.

F13 IST ROUTINIERT WIE EIN BEAMTER

Nachhaltig, effizient, transparent und bürgernah – Adjektive, die man nicht unbedingt mit der deutschen Verwaltung in Verbindung bringt. Genau das soll F13 ändern: Simple Routineaufgaben werden mit der KI automatisiert, Mitarbeitende spürbar entlastet und die Servicequalität intern wie extern verbessert. F13 kann Texterstellung und -prüfung, überlässt aber die komplexen Aufgaben der menschlichen Expertise. Allerdings kann die KI große, unstrukturierte Text- und Datenbestände aus Verwaltung und Politik wesentlich schneller als der Mensch analysieren und gebündelt bereitstellen. Anfragen lassen sich präziser beantworten, Zusammenhänge klarer kommunizieren. Informationen werden nicht nur für Mitarbeitende deutlich zugänglicher, sondern auch für Wissenschaftler oder interes-

sierte Bürgerinnen und Bürger. Dadurch werden Entscheidungen nicht nur evidenzbasierter getroffen, sondern auch transparenter.

F13, ein KI-basiertes Sprachmodell, wurde vom Innovationslabor Baden-Württemberg (InnoLab_bw) gemeinsam mit dem Heidelberger Start-up Aleph Alpha entwickelt. Seit Mai 2023 steht der Prototyp allen Beschäftigten des Landes als Hilfsmittel für die tägliche Textarbeit zur Verfügung. Perspektivisch soll das System für die Bürgerinnen und Bürger zur Informationsrecherche nutzbar gemacht werden.

FEATURES: WAS KANN F13 HEUTE SCHON?

- **Zusammenfassungsfunktion:** Mitarbeitende bekommen für längere Texte innerhalb weniger Sekunden eine stark gekürzte Zusammenfassung. Dabei können verschiedene Komprimierungsstufen gewählt werden. Wichtig ist, dass die Zusammenfassungen immer von Menschen kontrolliert werden – eine voll automatisierte Verarbeitung ist nicht vorgesehen.
- **Vermerkfunktion für Kabinettsvorlagen:** Über eine Upload-Funktion können Kabinettsvorlagen im Word-Format zu F13 hochgeladen werden. Die Software analysiert die Dokumente und extrahiert die zentralen Inhalte, den Sachstand sowie Kernaussagen. Basierend darauf generiert F13 einen Entwurf für einen Vermerk, der zur Weiterverarbeitung heruntergeladen werden kann. Aktuell sind die Vorlagen von vier Ministerien integriert, diese können aber erweitert werden.
- **Recherche-Assistent:** Nutzende können konkrete Fragen an F13 richten oder ganze Dokumente uploaden. Als Informationsbasis dient eine interne Wissensdatenbank mit besonders relevanten Quellen wie Drucksachen oder Protokollen. Das Tool filtert die relevantesten Passagen heraus und erstellt

eine übersichtliche Aufbereitung der Antwort samt Quellen und Belegen.

- **Fließtextgenerator »Vermerkomat«:** Noch in der Entwicklung befindet sich der »Vermerkomat«. Hier sollen verschiedene Textdokumente, Notizen und andere Informationen zusammengeführt werden, um daraus einen zusammenhängenden Fließtext zu generieren. Dabei können Länge, Fragestellung und Fokus des Outputs individuell angepasst werden.

FAZIT

F13 steht exemplarisch für den Einsatz von KI in der öffentlichen Verwaltung – unaufgeregt, doch in seiner Anwendung revolutionär. Indem es Routinearbeiten automatisiert, schafft es Freiräume für kreative und politische Prozesse, was letztlich dem Gemeinwohl und der Demokratie dient. Als Leuchtturmprojekt für die Verwaltung der Zukunft zeigt F13, wie technologische Innovationen nicht nur Arbeitsweisen verändern, sondern auch die Beziehung zwischen Bürgern und Staat neu definieren können.

WO KONKRET ANSETZEN? DIE WICHTIGSTEN KI-HANDLUNGSFELDER FÜR DIE PROZESSE IM STAAT

Die Kernfrage lautet im Kontext Staat nicht, ob KI eingesetzt werden sollte, sondern wie wir sie am besten in den jeweiligen Prozessen nutzen können, um den öffentlichen Sektor in allen Facetten zu transformieren.

Diese Überlegung führt uns zu den von den Deloitte-Managern und gefragten Public-Sector-Experten William Eggers und David Schatsky 2017 entwickelten vier grundlegenden Automationsstrategien, die sie in diesem Zuge identifiziert haben: *Entlasten,*

Aufteilen, Ersetzen und Erweitern.[*] Diese Ansätze bieten einen pragmatischen Rahmen, um die Integration von KI in die öffentliche Verwaltung zu gestalten, indem sie zeigen, in welchen Dimensionen menschliche Arbeit ergänzt oder verbessert werden kann.

Die Konzepte sind nicht als starre Kategorien zu verstehen, sondern als Leitlinien, die je nach Kontext und Ziel flexibel angepasst werden können. Es geht darum, eine Balance zu finden, die technologische Effizienz mit menschlichen Bedürfnissen und Fähigkeiten vereint.

- **Entlastung** durch Technologie ist vielleicht der unmittelbarste Ansatz. Hier übernimmt die KI Routineaufgaben und befreit Mitarbeitende für komplexere und wertschöpfendere Tätigkeiten. Eine beispielhafte Anwendung im öffentlichen Sektor ist der Einsatz von KI-gestützten Chatbots in städtischen Verwaltungen, wie etwa dem Chatbot der Stadt Los Angeles, Chip.[**] Dieser Chatbot beantwortet Bürgeranfragen rund um die Uhr in mehreren Sprachen und befreit die Mitarbeiter von Routineanfragen. So können sich diese auf komplexere und direktere Interaktionen mit den Bürgern konzentrieren.
- **Aufteilung** bedeutet, komplexe Arbeitsprozesse in kleinere, teilweise automatisierbare Einheiten zu zerlegen. Hier arbeiten Mensch und Maschine Hand in Hand, wobei der Mensch die Qualitätskontrolle übernimmt oder Aufgaben erledigt, die über die Fähigkeiten der KI hinausgehen. Ein Beispiel ist die maschinelle Sprachübersetzung, die von professionellen Über-

[*] Eggers, W. D., Schatsky, D., & Viechnicki, P. (26. April 2017). AI-augmented government. Deloitte Insights. https://www2.deloitte.com/us/en/insights/focus/cognitive-technologies/artificial-intelligence-government.html

[**] Information Technology Agency. (2017). ITA launches City's first chatbot named Chip! https://ita.lacity.gov/news/ita-launches-citys-first-chatbot-named-chip

setzern nachbearbeitet wird, um die Feinheiten und Nuancen menschlicher Sprache einzufangen. Der Einsatz von KI in der Dokumentenanalyse und -bearbeitung bei der Europäischen Kommission, wo maschinelles Lernen insbesondere für Echtzeitübersetzungen eingesetzt wird, um relevante Dokumente schneller zu identifizieren und vorzubereiten, ist ein weiteres Beispiel.

- **Ersetzung** durch Technologie klingt zunächst bedrohlich, bietet jedoch bei richtiger Anwendung die Möglichkeit, Effizienz drastisch zu steigern. Ein konkretes Best-Practice-Beispiel ist das System GovTech Singapore's FormSG. Dieses digitale Formular-Service-Tool verwendet KI, um handschriftlich ausgefüllte Formulare automatisch in digitale Daten umzuwandeln. Es dient der öffentlichen Verwaltung Singapurs, um Bürgeranfragen und -einreichungen effizienter visuell zu verarbeiten.
- **Erweiterung** ist schließlich der Königsweg der KI-Integration. Die Technologie dient hier nicht nur als Werkzeug, sondern als Partner, der die Fähigkeiten des Menschen potenziert. Ein konkreter Case ist das AI4Cities-Projekt.* Dahinter steckt eine europäische Initiative, die KI-Lösungen nutzt, um die Klimaziele von Städten zu erreichen und die Lebensqualität ihrer Bürger zu verbessern. Das Projekt fokussiert sich auf die Bereiche Mobilität und Energie, mit dem Ziel, CO_2-Emissionen signifikant zu reduzieren.
  Ein spezifischer Anwendungsfall im Rahmen von AI4Cities ist der Einsatz von KI zur Optimierung des Energieverbrauchs öffentlicher Gebäude. Durch die Analyse großer Mengen an Energieverbrauchsdaten, Wettervorhersagen und anderen relevanten Informationen kann die KI präzise Vorhersagen treffen und automatisch die Energieverwaltungssysteme der Gebäude anpassen, um Energieeffizienz zu maximieren und den Kohlenstoff-Fußabdruck zu minimieren.

* Ai4cities. https://ai4cities.eu/

Jede dieser Strategien erfordert von den Verantwortlichen in der öffentlichen Verwaltung, Prioritäten zu setzen. Es gilt, eine Kosten-Nutzen-Rechnung aufzumachen: Wo kann die KI-Technologie Kosten senken, ohne die Qualität der eigentlichen Dienstleistung zu mindern? Wo kann sie den Wert öffentlicher Daseinsvorsorge und -services konkret erhöhen, indem sie menschliche Arbeit nicht ersetzt, sondern sinnvoll ergänzt oder aufwertet?

WARUM NICHT? EIN NEUES KI-BASIERTES DIALOG-INTERFACE FÜR ALLE ANLIEGEN

Ich lebe in Berlin. Und als Bürger Berlins hat man es mit den Ämtern bekanntlich nicht immer leicht. Es herrscht Agonie. Etwas so Fundamentales wie demokratische Wahlen bekommen wir kaum hin. Etwas Simples wie einen Termin für die Ausstellung eines Reisepasses ist fast schwieriger zu bekommen als Tickets für ein Taylor-Swift-Konzert. Und bevor man sich beim Onlinedating registriert, sollte man sich um einen Termin beim Berliner Standesamt bemühen. Sonst klappt es vielleicht mit der Liebe, aber eben nicht mit einer Hochzeit. Wir scheinen das alles hinzunehmen, haben uns daran gewöhnt. Aber es bleibt frustrierend, zumal keiner mehr Verantwortung übernehmen will. Egal ob Franziska Giffey oder der neu gewählte Kai Wegner haben den Berlinern und Berlinerinnen bei Amtsantritt zugesichert, dass Termine beim Bürgeramt »schon bald« innerhalb »von höchstens 14 Tagen« zu bekommen sind.

Ohne jetzt viel zu spoilern: Hat so nicht hingehauen.

Die Zielvorgabe »schon bald« ist Interpretationssache.

Überglücklich und doch irgendwie erschöpft kam ein guter Freund jüngst zu mir, hat mir von der Geburt seiner Tochter erzählt – ein

Moment, der alles im Leben verändert. Doch kaum hatte der Storch geliefert, startete der bürokratische Marathon: Anmeldung, Geburtsurkunden, Sozialversicherungsnummer – ein ganzer Papierkrieg, um die Existenz des neuen Erdenbürgers amtlich zu machen.

Dann der eigentliche Spaß: eine Odyssee durch Websites, um herauszufinden, welche Unterlagen wo genau benötigt werden, welche Nachweise in welcher Ausfertigung, woher man sie bekommt und welche Ämter man belagern muss.

Der ehemalige CDU/CSU-Fraktionsvorsitzende Ralph Brinkhaus schlägt eine intelligente praktische Lösung vor: ein KI-gestütztes Bürger-Dialog-Interface, das den bürokratischen Hürdenlauf in eine zielführende und unkompliziert schnelle Konversation verwandelt. Stellen Sie sich vor, frischgebackene Eltern werden von einem Chatbot empfangen, der nicht nur gratuliert, sondern gleich die nächsten Schritte erläutert: »Herzlichen Glückwunsch! Hier ist, was ihr für die Anmeldung eures Kindes braucht ...« Dieser Bot könnte Anleitungen in verschiedenen Sprachen geben, Termine direkt vereinbaren und Infos zu Elterngeld sowie Kitaplätzen bereitstellen – effizient und benutzerfreundlich. Der KI-Bot meldet sich mit Updates, Deadlines und wichtigen Informationen per Push-Meldung.

Ein simples Portal, das unabhängig vom Anliegen – ob Hausbau, Ummeldung, Elterngeld oder Passangelegenheiten – alle staatlichen Dienstleistungen radikal verständlich vereinfacht. Das Ziel: Einheitlichkeit in der Abwicklung, basierend auf dem Once-Only-Prinzip. Daten, die dem Staat schon bekannt sind, sollen nicht ständig neu erfragt werden.

BÜROKRATT IN ESTLAND

In Estland sind die Behörden schon einen Schritt weiter: Mit Bürokratt wird momentan ein einheitlicher KI-Chatbot entwickelt, der die vielen einzelnen Chatbots der Regierungsabteilungen zusammenführen soll. Das Ziel der estnischen Informationssystembehörde: Bürgern über eine einzige Kommunikationsschnittstelle Zugang zu allen öffentlichen Diensten (und potenziell interessanten privaten Diensten) zu ermöglichen. Dieser interoperable Chatbot soll Zugang zu Informationen über Sprach- und Sofortnachrichten vereinfachen und basiert auf natürlicher Sprachverarbeitung sowie maschinellem Lernen.[*]

Ein solches System würde nicht nur den nervenaufreibenden Papierkrieg für Bürger minimieren, sondern auch die Effizienz innerhalb der Verwaltung steigern. Automatische Antragsprüfungen und direkte Antworten im Chat könnten Prozesse beschleunigen. Die Technologie ist bereit, uns den Rücken zu stärken und das Verhältnis zwischen Bürgern und Staat zu verbessern: Aus dem undurchsichtigen Behördenapparat wird ein digitaler, personalisierter Assistent, der unterstützt, anleitet und entlastet.

FÖDERALISMUS, DONE RIGHT – DANK KI

Stellen wir uns einmal vor, jede Kommune in Deutschland besäße ihren eigenen, maßgeschneiderten KI-Assistenten, gespeist aus den Schätzen lokaler Datensätze, bereit, die lokale Politik nicht nur zu unterstützen, sondern maßgeblich mit einem breiten Instrumentenkoffer eine evidenzbasierte Politik in der Praxis zu ermöglichen. Ein solches Szenario mag vielleicht wie eine fu-

* Bürokratt – a single chatbot for Estonia (o. J.). Joinup.ec.europa.eu. https://joinup.ec.europa.eu/collection/public-sector-tech-watch/burokratt-single-chatbot-estonia

turistische Utopie klingen, doch was beispielsweise in Taiwan oder Singapur bereits Realität ist, könnte für Deutschland Vorbild sein.

*Die **lokale Politik** steht an der Schwelle zu einer Ära, in der **datengetriebene Entscheidungsfindung** nicht nur ein nettes Extra, sondern **das Rückgrat effektiver Policy-Making-Prozesse** für die Stärkung unserer **föderalen Strukturen** sein kann.*

Diese Assistenten könnten in vielen Bereichen den politischen Alltag der Kommunen revolutionieren. Statt langwieriger Debatten könnten Entscheidungen auf soliden Daten und präzisen Prognosen fußen.

Betrachten wir beispielsweise die Stadtplanung: Anstatt auf ressourcenintensiv gesammelte Meinungen und Erfahrungsberichte angewiesen zu sein, könnten KI-Assistenten Echtzeitdaten über Verkehrsaufkommen, Bevölkerungsbewegungen und Umweltbelastungen analysieren. Diese Technologie ermöglicht es, die Auswirkungen von neuen Bauvorhaben oder Verkehrsleitsystemen präzise zu modellieren und fundierte Entscheidungen zu treffen, die das Stadtbild langfristig verbessern und den Lebensraum der Bürger nachhaltig gestalten.

Im Bereich der lokalen Wirtschaftsförderung könnten KI-Assistenten durch die Analyse von Markttrends, Konsumentenverhalten und der lokalen Unternehmenslandschaft Unterstützung bieten. Sie identifizieren Wachstumspotenziale und helfen, gezielte Förderprogramme zu entwickeln, die genau auf die Bedürfnisse kleiner und mittelständischer Unternehmen zugeschnitten sind. So könnten Kommunen effektiver in ihre wirtschaftliche Standortpolitik investieren.

Die verheerende Flutkatastrophe im Ahrtal im Juli 2021 beispielsweise steht exemplarisch für die dringende Notwendigkeit, unsere Ansätze im kommunalen und überregionalen Katastrophenschutz zu überdenken und zu verbessern. Eine KI, die auf historische Daten, aktuelle Wettermodelle und Echtzeitinformationen aus einer Vielzahl von Quellen hätte zugreifen können, hätte das Potenzial gehabt, die Bedrohung durch die Flut im Ahrtal viel früher zu erkennen. Durch die Analyse von Mustern in Niederschlagsdaten und Flusspegelständen in Kombination mit geografischen Informationen über das Einzugsgebiet könnte eine solche KI präzise Vorhersagen über das Risiko und das potenzielle Ausmaß einer Überschwemmung machen. Warnungen an die Bevölkerung und Einsatzkräfte könnten früher und gezielter erfolgen, Evakuierungsmaßnahmen effektiver geplant und durchgeführt werden.

Durch die Einführung solcher Technologien in die deutsche Kommunalpolitik könnten wir einen Weg finden, das föderale Modell zu stärken und die Selbstverwaltungskompetenz der Kommunen zu erweitern. Indem wir lokalen Behörden Werkzeuge an die Hand geben, die es ihnen ermöglichen, komplexe Daten zu nutzen und tiefergehende Einsichten in die Bedürfnisse ihrer Bürger und Bürgerinnen zu gewinnen, stärken wir nicht nur die Effizienz und Effektivität lokaler Verwaltungen, sondern fördern ganz konkret das Vertrauen in einen wirksamen Staat vor Ort.

KEIN BÜROKRATISCHES MONSTRUM

Nehmen wir ein weiteres Beispiel aus dem urbanen Raum: Sie spazieren durch Ihren Stadtteil und stolpern beinahe über ein Schlagloch. Nicht irgendein Schlagloch, sondern eines, das tief genug ist, um zum Verkehrshindernis und zur echten Gefahr zu werden. Die klassische Vorgehensweise wäre ein Anruf beim zuständigen Amt – ein Prozess, der die Bilder des »Passierschein A38« aus dem bereits zitierten Film *Asterix in Rom* heraufbeschwört, bekannt für seine endlosen bürokratischen Irrwege. Die moderne Alternative? Eine speziell entwickelte App, quasi eine digitale Schnittstelle zwischen Bürger und Stadtverwaltung. Ein Foto des Schadens hochladen, ein paar Klicks, und die Information landet präzise dort, wo sie hin muss. Kurz darauf erhalten Sie eine Bestätigung: »Vielen Dank für Ihr Engagement! Wir kümmern uns umgehend darum.« Es mag sich um eine Kleinigkeit handeln, doch diese direkte Form des Feedbacks versinnbildlicht eine transparente, bürgernahe Verwaltung – weit entfernt von einem bürokratischen Monster.

KI-GESTÜTZTE SCHLAGLOCHERKENNUNG IN SOEST – EIN PARADIGMENWECHSEL

Bis vor Kurzem gestaltete sich die Erfassung von Straßenschäden in Soest als mühseliges Unterfangen. Der Prozess verschlang Ressourcen: viel Zeit, hohe Kosten und intensiven Personaleinsatz. Daten, die eine fundierte Planung und Priorisierung der Reparaturen ermöglichen würden, fehlten gänzlich. Unklarheit herrschte über die Anzahl der Schäden, deren Ausmaß sowie die Dringlichkeit der Instandsetzung. Eine innovative Wende kam erst mit der Kooperation zwischen der Stadt Soest und dem Start-up Vialytics zustande.

Die Idee: Fahrzeuge des städtischen Bauhofs mit Kameras ausstatten, die im Vorbeifahren Fotos von Straßen, Rad- und Gehwegen machen. Dank künstlicher Intelligenz werden die aufgenommenen Bilder nicht nur schneller analysiert, sondern die Technologie erkennt und klassifiziert die Schäden präzise. Dieser Ansatz revolutioniert nicht nur die Effizienz, mit der Schäden erfasst und bearbeitet werden, sondern liefert auch eine bisher unerreichte Datenqualität für die Verwaltungsplanung.

Durch diese Methode ist es möglich, eine Prioritätenliste zu erstellen, die auf der Schwere und der Position der Schäden basiert, sodass Reparaturteams gezielt und effektiv eingesetzt werden können.

Trotz der Verbesserungen, die Vialytics für die Erfassung und Priorisierung von Straßenschäden in Soest gebracht hat, gibt es Einschränkungen, die die Anwendbarkeit des Systems in bestimmten Bereichen begrenzen. Ein bedeutender Nachteil liegt in der Unfähigkeit des Systems, Pflasterflächen zu erfassen. In Soest machen diese Oberflächen einen erheblichen Anteil des Straßennetzes aus, wodurch die Stadt für einen großen Teil ihres Gebiets keine Zustandsdaten erhält. Diese Einschränkung hat zur Folge, dass die Stadt Soest das System derzeit primär zur Ansicht aktueller Bilder der Straßenverläufe nutzt, anstatt es vollumfänglich für die Straßenschadenserfassung einzusetzen. Dadurch ist das Projekt aber noch lange nicht gescheitert, denn andere Gemeinden, mit geringerem Pflastersteinanteil, setzen das Verfahren nun ein.

Es sind die kleinen, fixen Ideen, die zur Verbesserung beitragen. Wir müssen nicht immer darauf warten, bis der »ganz große Wurf« gelingt. Der gelingt ohnehin selten. Wenn ich mir vornehme, sportlicher zu werden, fange ich nicht mit einem Marathon an, sondern mit vielen kleinen Laufeinheiten. Und wenn sich das Land vornimmt, Staat und Behörden agiler zu machen, wird man auch erst mit vielen kleinen Veränderungen beginnen. Und KI-Tools sind prädestiniert dafür, im Kleinen zu wirken – hier einige Beispiele, aber auch dafür, wie KI im Großen wirken kann:

PREDICTIVE POLICY MAKING MIT KI – SIMULATION VON OUTCOMES

Stellen Sie sich vor, KI-Modelle könnten durch Simulationen vorhersagen, wie unterschiedliche gesellschaftliche Gruppen und Wirtschaftssektoren auf neue Gesetze reagieren. Ein solches Szenario erinnert unweigerlich an die kritischen Momente der Apollo-13-Mission, bei der Simulationen lebensrettend waren. Nur dass es hier nicht um das Überleben im Weltall, sondern um das Wohlergehen unserer Demokratie geht. In der Praxis können solche KI-Simulationen den Ministerien dienen, um Gesetzesvorhaben durchzuspielen und deren vielschichtige Konsequenzen zu verstehen, bevor sie in die Realität umgesetzt werden. Ein anspruchsvolles, aber unverzichtbares Unterfangen in Zeiten, in denen die Komplexität politischer Entscheidungen stetig zunimmt.

Agentenbasierte Modelle könnten beispielsweise illustrieren, wie individuelle Unternehmen auf steuerliche Anreize reagieren oder welche sozialen Gruppen von einer Gesundheitsreform am meisten betroffen wären. Solche Simulationen fangen die Eigenschaften komplexer Systeme ein und bieten einen Mikrokosmos, in dem Politikfolgen in einer virtuellen Deutschlandsimulation durchgespielt werden können. Dabei geht es nicht um den Ersatz menschlicher Entscheidungsträger, sondern um die Bereitstellung eines Werkzeugs, das fundierte, datenbasierte Entscheidungen ermöglicht.

Die Forschung in Europa, wie die Entwicklung agentenbasierter Modelle für die irische Wirtschaft, zeigt, dass die Anwendung solcher Simulationen in der Politikgestaltung kein Hirngespinst ist. Vielmehr sind sie ein praktikables Mittel, um zu verstehen, wie verschiedene Maßnahmen die Wirtschaftslandschaft formen könnten. Übertragen auf den deutschen Kontext, könnten diese Simulationen Licht in das Dunkel der gesetzgeberischen Auswirkungen bringen – und das nicht nur in ökonomischer Hinsicht. Von Bildung über Gesundheitswesen bis hin zur nationalen Sicherheit, die Einsatzmöglichkeiten sind so vielfältig wie die Politikfelder selbst.

Der amerikanische Ökonom George Stigler resümierte bereits 1964, dass wir oft die Relation zwischen politischen Maßnahmen und ihren intendierten Effekten nicht kennen. In Zeiten, in denen sich Herausforderungen wie Digitalisierung, Klimawandel und globale Gesundheitskrisen nicht mehr mit den Erfahrungen der Vergangenheit bewältigen lassen, werden KI-Simulationen zu unverzichtbaren Instrumenten.

***KI-Simulationen** erlauben es, **innovative Lösungswege** zu beschreiten und die **Auswirkungen** dieser Wege zu **verstehen,** bevor sie beschritten werden.*

Doch solche fortschrittlichen Simulationen stoßen auch an Grenzen: Sie können uns die optimalen Entscheidungen nur innerhalb der von uns definierten Werte und Annahmen aufzeigen. Die letzte Entscheidung, welcher Weg der beste ist, bleibt eine menschliche – und damit auch eine politische. Indem sie uns zwingen, unsere Prämissen klar zu definieren, können KI-gestützte Simulationen jedoch nicht nur die Legislative transformieren, sondern auch zu einer Versachlichung politischer Debatten beitragen. Sie fördern ein evidenzbasiertes Verständnis für politische Maßnahmen, das nicht nur für die Entscheidungsträger, sondern auch für die Öffentlichkeit von unschätzbarem Wert ist.

Die Modernisierung öffentlicher Verwaltungen und die Etablierung einer agilen Staatskultur gehen weit über die bloße Einführung neuer Technologien hinaus. Sie fordern eine radikale

Neugestaltung der Arbeitsweisen, strategischen Ausrichtungen und organisatorischen Strukturen. Im Kern dieser Transformation liegen drei wesentliche Säulen: ein kultureller Paradigmenwechsel, strategische Neuausrichtung und die Konzentration von Fachwissen durch eine zentrale KI-Strategie, direkt unter der Ägide des Kanzleramts, ergänzt durch praxisnahes Testing zur konkreten Umsetzung der festgelegten Prioritäten.

- ☐ **Kultureller Paradigmenwechsel:** Der Übergang zu einem agilen Staat setzt ein tiefgreifendes Umdenken in der Verwaltungskultur voraus. Agile Prinzipien, wie Anpassungsfähigkeit, kontinuierliche Weiterbildung und interdisziplinäre Kooperation, müssen fest in der Verwaltungs-DNA verankert sein. Ziel ist eine Fehlerkultur, die Irrtümer als Chance zum Lernen begreift und Innovation nicht durch Bürokratie, sondern durch Flexibilität und Kreativität fördert.
- ☐ **Strategische Neuausrichtung:** Agilität verlangt eine visionäre Führung und die gezielte Auswahl von Projekten, die über den Technologieeinsatz hinausgehen und maximalen Mehrwert für die Bürgerinnen und Bürger schaffen. Diese strategische Ausrichtung muss auf einer sorgfältigen Analyse gesellschaftlicher Bedürfnisse fußen und in enger Abstimmung mit der Bevölkerung erfolgen, um die digitale Transformation in den Dienst der Menschen zu stellen.
- ☐ **Konzentration von Fachwissen – KI-Strategie im Kanzleramt:** Die Zentralisierung von Expertise und die Etablierung einer KI-Strategie im Kanzleramt sind entscheidend, um Effizienz zu steigern und Doppelarbeit zu vermeiden. Keine 50 Referate mit Doppelstrukturen. Top-down-Steuerung mit Frankreich und dem Vereinigten Königreich als Vorbild. Eine solche zentrale Steuerungsinstanz ermöglicht es, gesamtstaatliche Ziele festzulegen, Ressourcen zielgerichtet mit der notwendigen Priorisierung einzusetzen und Fortschritte auf dem Weg zum agilen Staat kontinuierlich zu evaluieren.

- **Praxisnahes Testing – Prioritätensetzung:** Ein Agiler Staat muss eine Praxis des schnellen Prototypings und iterativen Weiterentwickelns leben und pflegen. Das schnelle Umsetzen und Testen von Ideen, basierend auf direktem Feedback, gewährleistet, dass staatliche Dienstleistungen und Projekte tatsächlich den Bedürfnissen der Bürger entsprechen und flexibel an Veränderungen angepasst werden können.

Um wieder an den Ausgangspunkt unseres Kapitels zu kommen, könnte man sagen: Anstatt sich auf die mühsame Reise durch das bürokratische Labyrinth zu begeben, wenden sich Asterix und Obelix in einer agilen Demokratie an A.I.-lix, der ihnen eine digitale Lösung anbietet: eine intelligente Plattform, die durch maschinelles Lernen und natürliche Sprachverarbeitung in der Lage ist, den Bedarf der Gallier sofort zu verstehen und ihnen den virtuellen Passierschein A38 in Echtzeit auszustellen.

A.I.-lix erklärt, dass die Plattform agil entwickelt wurde, mit Bürgerfeedback, um sicherzustellen, dass sie benutzerfreundlich ist und sich den sich ständig ändernden Bedürfnissen anpasst.

Diese KI-gestützte Lösung repräsentiert eine neue Ära der Staatsführung: effizient, transparent und bürgerzentriert. Die Gallier, anfänglich skeptisch, werden schnell zu Befürwortern, als sie sehen, wie nahtlos und stressfrei der Prozess verläuft. Es braucht nicht mal einen Zaubertrank. Sie erhalten ihren Passierschein A38 innerhalb von Minuten bequem aufs Handy, ohne ihr Dorf verlassen zu müssen. Diese Erfahrung öffnet ihre Augen für die Möglichkeiten, die eine Kombination aus Agilität, motivierten Staatsdienern und KI-Technologie für die Gesellschaft bereithält.

In der Zwischenzeit erlebt das »Haus, das Verrückte macht«, einen Wandel. Inspiriert durch den Erfolg von A.I.-lix beginnen die Beamten, ihre Arbeitsweise zu überdenken. Sie erkennen, dass

Agilität und der Einsatz von KI nicht nur die Effizienz steigern, sondern auch ihre Arbeit erfüllender machen können. Anstatt Bürger durch bürokratische Irrgärten zu schicken, werden sie zu Facilitatoren, die mithilfe von Technologie Lösungen anbieten, die wirklich einen Unterschied machen.

So endet unsere Geschichte nicht nur mit einem Sieg für Asterix und Obelix. Ein Staat, der nicht verrückt macht, sondern vielmehr begeistert, menschenzentriert handelt und empowernd wirkt.

MOONSHOT: »RESPONSIBLE AI IN DER POLITISCHEN GOVERNANCE«

von Paula Cipierre, Leiterin Data Ethics and Innovation, ada Learning

Paula Cipierre ist eine international anerkannte Expertin für verantwortungsbewusste digitale Transformation. Sie leitet seit Januar 2024 den Bereich Data Ethics and Innovation bei ada Learning. Zuvor hat sie bei Palantir Technologies den Bereich Datenschutz und Datenethik in Europa verantwortet. Paula ist Mitverfasserin des Buchs Von Artificial zu Augmented Intelligence: Was wir von der Kunst lernen können, um mit Software die Zukunft zu gestalten.

Wir haben einen Traum – einen Traum, in dem datenbasiertes Arbeiten in der deutschen Verwaltung zur Selbstverständlichkeit wird. Inspiriert vom Präsidialerlass des US-Präsidenten Joe Biden zur Regulierung künstlicher Intelligenz (KI), vereint nun auch die deutsche Exekutive ihre Kräfte. Die Moonshot-Initiative setzt den Maßstab: Die Regierung führt vor, wie verantwortungsvoller Umgang mit KI in die Praxis umgesetzt werden kann.

Zunächst werden Silos abgebaut. Verwaltungsverantwortliche müssen konkrete Bereiche identifizieren, in denen KI zu Arbeitserleichterungen und Effizienzsteigerungen führen kann. Dabei setzen sie sich ehrgeizige Zeitpläne, um ihre Strategien umzusetzen. Behörden müssen sich rechtfertigen, wenn sie KI nicht zum Einsatz bringen. Besonderes Ansehen genießen dabei Abteilungsleitende, die bereichsübergreifende Strategien entwickeln. Gleichzeitig wird eine harmonisierte Datenbasis geschaffen, auf deren Grundlage kontrolliert mit KI gearbeitet werden kann. Karrieresprünge in der Verwaltung können sich nur diejenigen erhoffen, die die Exekutive als Ganzes vorantreiben. Alleingänge werden verpönt.

Gleichzeitig wird Datenschutz nicht mehr als Hindernis, sondern als Wegbereiter für den verantwortungsvollen Einsatz von KI angesehen. Denn nur wer die Zwecke kennt, für die Daten verwendet werden sollen, hat auch eine durchdachte KI-Strategie. Effektives und verantwortungsbewusstes Arbeiten mit Daten gehen Hand in Hand. Es werden Wettbewerbe für technische Lösungen ausgeschrieben, die Privacy- und Sustainability-by-Design in der Arbeit mit KI vorantreiben. Die Regierung entwickelt Best-Practice-Richtlinien für Responsible AI, basierend auf den eigenen Erfahrungen und im aktiven Austausch mit der Zivilgesellschaft. Diese Richtlinien dienen auch als Orientierungshilfe für Unternehmen, rechtliche und ethische Anforderungen zu erfüllen. Mitarbeitende in der Verwaltung profitieren von umfassenden soziotechnischen Weiterbildungsmöglichkeiten, die insbesondere einen aktiven Austausch mit Wissenschaft und Wirtschaft ermöglichen. Unternehmen werden ermutigt, Sabbaticals für technische Talente in der Regierung zu finanzieren. Verwaltungsmitarbeitende können Trainings bei Technologieunternehmen absolvieren. Gleichzeitig unterstützt die Regierung mit Stipendien Forschungsvorhaben, die darauf abzielen, die Digitalisierung in der Verwaltung voranzutreiben.

Die deutsche Regierung lebt vor, was sie predigt:
***Responsible AI** ist eine*
gesamtgesellschaftliche Aufgabe.
*Die deutsche **Verwaltung** zeigt, wie es geht.*

MOONSHOT: »DIE 10X-VERWALTUNG DER ZUKUNFT«

von William D. Eggers, Leiter des Deloitte Center for Government Insights

William D. Eggers leitet das Deloitte Center for Government Insights und ist verantwortlich für die Strategie im öffentlichen Sektor des Unternehmens. Er hat zahlreiche Bücher geschrieben. Sein neuestes Werk Bridgebuilders: How Government Can Transcend Boundaries to Solve Big Problems *(Harvard Review Business Press, 2023) beschreibt, wie Regierungen auf allen Ebenen, durch die Zusammenarbeit mit sogenannten Brückenbauern, die unterschiedliche Regierungsbereiche und gesellschaftliche Sektoren verbinden, um effektiver auf gesellschaftliche Herausforderungen reagieren können. Eggers ist auch Fellow der National Academy of Public Administration, Mitglied des Governance Futures Council beim World Economic Forum, berät What Works Cities und steht dem Leadership Council von New America vor. Seine Kommentare erscheinen regelmäßig in führenden Medien wie der* New York Times, *dem* Wall Street Journal, *der* Washington Post *und* The Guardian.

Fortschritte in der KI, einschließlich generativer KI, eröffnen die Möglichkeit für ein Jahrzehnt oder länger anhaltender, tiefgreifender 10x-Verbesserungen im öffentlichen Sektor.

Mit der exponentiellen KI-Entwicklung stehen wir an der Schwelle zu einer Renaissance des öffentlichen Sektors. In einer Zeit, in der sich Veränderungen mit beispielloser Geschwindigkeit vollziehen, haben Regierungen weltweit die Möglichkeit, ihre Trägheit zu überwinden, Innovationen zu begrüßen und signifikante Verbesserungen zu erreichen, das ist das Ziel der 10x-Verwaltung.

Was genau bedeutet »10x-Verwaltung«? Es steht für eine Steigerung der Dienstleistungsbereitstellung, Betriebseffizienz und Zielerreichung. Diese Veränderungen sind nicht nur inkrementell; sie repräsentieren exponentiellen Fortschritt in diversen Bereichen. Manchmal zeigen sich diese Verbesserungen in greifbaren Formen, wie einer starken Kostenreduktion oder schnelleren Reaktionszeiten. In anderen Fällen sind sie subtiler, aber ebenso bedeutend, wie zum Beispiel deutlich verbesserte Kundenerfahrungen, die sich schwer genau messen lassen, aber eine tiefgreifende Veränderung zeigen.

Was treibt die 10x-Verwaltung voran? Die digitale Revolution hat bereits den Weg für erhebliche Veränderungen geebnet – denken Sie an die Telemedizin, die den Zugang zur Gesundheitsversorgung revolutioniert, und Cloud-Computing, das die Widerstandsfähigkeit der Verwaltung stärkt. Mit dem Aufkommen der KI nutzen Regierungen deren Potenzial, um Betrug aufzudecken, Kosten zu senken, die Kundenerfahrung zu verbessern und Abläufe zu optimieren.

Doch Technologie allein reicht nicht aus. Eine echte Transformation erfordert einen umfassenderen Ansatz, der technologische

Innovationen mit der Neugestaltung von Prozessen, benutzerzentriertem Design, verhaltenswissenschaftlichen Erkenntnissen und sektorübergreifenden Kooperationen verbindet.

Historisch gesehen brauchten transformative Innovationen Jahrzehnte, um sich zu entfalten. Der Verbrennungsmotor, Elektrizität und das Telefon veränderten die Welt, erforderten jedoch zusätzliche Innovationen und viel Zeit, um ihre Wirkung zu skalieren. Im Gegensatz dazu haben das Internet, Smartphones und erhöhte Rechenleistung innerhalb von weniger als 30 Jahren transformative Veränderungen bewirkt. Im Zeitalter der KI wird sich das Tempo des Wandels noch beschleunigen.

Das steht im direkten Zusammenhang mit der 10x-Verwaltung. Inmitten der vierten industriellen Revolution können Regierungen strategisch neue Werkzeuge und Strategien kombinieren, um eine transformative Wirkung zu erzielen. Die Kraft liegt in der synergetischen Konvergenz: das Verschmelzen verschiedener Werkzeuge, um etwas völlig Neues zu schaffen.

Access Canberra, ein Dienst der Regierung des Australian Capital Territory, hat das Genehmigungsverfahren für Straßensperrungen, die Nutzung öffentlicher Flächen und andere Dienstleistungen in Australien verschlankt. Statt mit 17 verschiedenen Organisationen zu interagieren, benötigen Unternehmen jetzt nur noch die Zusammenarbeit mit einem Koordinationsteam, was Unternehmen Zehntausende Stunden erspart, die zuvor für das Ausfüllen von Papierkram benötigt wurden.* Die Übernahme

* ACT Government (Mai 2022). »Better Regulation Taskforce: A report on how we are improving business regulation in the ACT«. https://nla.gov.au/nla.obj-3073881451/view

einer kundenorientierten Denkweise kann so die Interaktion von Unternehmen mit staatlichen Vorschriften nahtloser gestalten.

Durch den Einsatz digitaler Identitäten, Datenaustauschsysteme und digitaler Zahlungen können Regierungen bürokratische Verfahren vereinfachen und effizienter gestalten, um Bürgern Dienstleistungen anzubieten, die nicht nur reibungslos funktionieren, sondern auch persönlich zugeschnitten sind. Ein Beispiel hierfür ist Indiens Aadhaar, das weltweit größte Projekt für digitale Identität, im Rahmen dessen die indische Regierung mehr als 1,3 Milliarden digitale Ausweise ausgestellt hat. Über 1700 Programme der staatlichen und bundesstaatlichen Regierungen setzen auf Aadhaar, um staatliche Leistungen zu erbringen.* Durch die Aufforderung an die Bürger, ihre Bankkonten mit Aadhaar zu verknüpfen, konnte die indische Regierung während der COVID-19-Pandemie 3,9 Milliarden US-Dollar an 318 Millionen Empfänger überweisen.

Noch beeindruckender war die Rolle, die Aadhaar bei der Beschleunigung der finanziellen Inklusion in Indien gespielt hat. In nur sechs Jahren erreichte das Programm eine Inklusionsrate von 80 Prozent, was ohne Aadhaar voraussichtlich 47 Jahre gedauert hätte.** Banken und Finanztechnologieunternehmen unterstützten die Regierung, indem sie innovative Dienstleistungen auf der digitalen Infrastruktur von Aadhaar entwickelten, um die finanzielle Inklusion zu verbessern.***

* https://uidai.gov.in/images/Aadhaar_Brochure_Sep_23.pdf

** Vikas K. (8. September 2023). *Economic Times*. »47 years target met in 6 years: World Bank praises India's digital public infrastructure«.

*** Press Information Bureau (19. März 2023). Government of India. »From local to global: How India's digital payment revolution is inspiring the world«. https://pib.gov.in/FeaturesDeatils.aspx?NoteId=151350&ModuleId%20=%202

Diese Beispiele zeigen das Potenzial für eine 10x-Verbesserung der Regierungsarbeit in Bereichen von der Kundenerfahrung über Gerechtigkeit bis hin zu Produktivität und Widerstandsfähigkeit. In dieser Ära grenzenloser Möglichkeiten stehen Regierungen am Rand tiefgreifender Veränderungen.

Ausgestattet mit ***innovativen Werkzeugen, Strategien*** *und einem* ***kooperativen Mindset*** *ist eine 10x verbesserte Regierung nicht nur ein Ziel – sondern* ***greifbare Realität.***

KAPITEL 8

POLITIK: LAGERFEUER-MOMENTE STATT LETHARGIE

Die politischen Parteien in Deutschland befinden sich in einer strukturellen Vertrauenskrise. Immer weniger Menschen trauen den Parteien zu, Probleme lösen zu können. Das zeigt sich sowohl in sinkenden Wahlbeteiligungen als auch bei den Gründungen neuer Parteien in jüngster Zeit. Das Parteiensystem wirkt ein wenig aus der Zeit gefallen, die Parteien selbst wie ein Relikt aus vergangenen Tagen. Was tun? Nun, es besteht ein akuter Bedarf an Erneuerung, der über die bloße Digitalisierung von Prozessen oder Wahlslogans hinausgeht. Künstliche Intelligenz ist ein starkes Hilfsmittel für die Erneuerung, ein Katalysator für einen politischen Frühling. Die KI kann den Parteien neues Leben einhauchen, personell und organisatorisch. Vor allem kann sie die Teilhabe aller deutlich erweitern.

Der Herbst des Jahres 1891 war einer der großen Meilensteine politischer Geschichte in Deutschland. In Halle an der Saale versammelten sich vom 12. bis zum 18. Oktober Sozialdemokraten zu ihrem ersten Parteitag nach dem Fall des Sozialistengesetzes. Die SPD als bis heute älteste Partei in der deutschen Parteienlandschaft wurde geboren. Jahrzehnte der Unterdrückung und Verfolgung hatten ein Ende gefunden, und die Partei, die einst im Verborgenen agieren musste, trat nun selbstbewusst und gestärkt in die Öffentlichkeit. Ein Sieg der Demokratie und ein Meilenstein für Pluralismus.*

Die Mythen rund um diesen ersten offiziellen Parteitag sind zahlreich, aber eine sticht besonders heraus: die Überwindung von Angst und Misstrauen. Offen gelebte Demokratie. Zentrales Anliegen der frühen Sozialdemokraten: Wie kann das Leben von Arbeitern verbessert werden, die unter teils katastrophalen Be-

* 18. Oktober 1890. Die Rückkehr aus dem Untergrund. (o. J.). Sozialdemokratische Partei Deutschlands (SPD). https://www.spd.de/160-jahre/matrix/1890-sap-wird-zur-spd

dingungen zehn bis zwölf Stunden schuften und in menschenunwürdigen Mietskasernen hausen? Was in Anwesenheit von August Bebel und Wilhelm Liebknecht entstand, war eine klare Vision für eine gerechtere und sozialere Gesellschaft in Zeiten der industriellen Revolution.
Zu Recht sind heutige Sozialdemokraten stolz auf diese mehr als 130-jährige Geschichte.

Nun, über ein Jahrhundert später, stehen die politischen Parteien in Deutschland erneut vor einem entscheidenden Wendepunkt. Dieses Mal ist es die »technologische KI-Revolution«, die neue Fragen aufwirft und alte Denkmuster herausfordert. Die traditionellen Mechanismen der politischen Willensbildung und Partizipation, geprägt durch das Delegiertenprinzip und hierarchische Strukturen, erscheinen zunehmend antiquiert angesichts der schnelllebigen medialen »Instant«-Demokratie.
Blicken wir auf die nackten jüngsten Zahlen, wird deutlich, wieso es dringend Redebedarf gibt und sicherlich auch die Sozialdemokraten von 1890 mit ihren heutigen Parteigenossen ein ernstes Wörtchen unter vier Augen reden müssten:

- Laut Forsa-Umfrage von Februar 2024 trauen 60 Prozent der Menschen in Deutschland aktuell KEINER der Parteien zu, die größten Probleme des Landes zu lösen.*
- 71 Prozent der Befragten sind der Meinung, dass führende Leute in Politik und Medien in ihrer eigenen Welt leben, aus der sie auf den Rest der Bevölkerung herabschauen.**

* Statista (9. April 2024). Umfrage zur politischen Kompetenz zur Lösung der wichtigsten Probleme im April '24. https://de.statista.com/statistik/daten/studie/13080/umfrage/beurteilung-der-problemloesungskompetenz-der-parteien/

** Körber-Stiftung (17. August 2023). Deutsche verlieren Vertrauen in ihre Demokratie. https://koerber-stiftung.de/presse/mitteilungen/deutsche-verlieren-vertrauen-in-ihre-demokratie/

- **»Das Vertrauen der Deutschen in die Demokratie und ihre Institutionen ist auf einer abschüssigen Bahn.** Zusammen mit den wirtschaftlichen Sorgen der Menschen ist das eine beunruhigende Entwicklung«, kommentiert Sven Tetzlaff, Leiter des Bereichs Demokratie, Engagement, Zusammenhalt der Körber-Stiftung, die Ergebnisse der Umfrage.*

Der langsamen Erosion traditioneller Volksparteien steht das Aufbegehren neuer politischer Kräfte gegenüber – von den Piraten über die AfD und Fridays for Future bis hin zum Bündnis Sahra Wagenknecht. Dieses Phänomen zeichnet kein diffuses Bild, sondern vermittelt eine klare Botschaft: Eine wachsende Zahl von Bürgerinnen und Bürgern sieht sich von der etablierten politischen Klasse nicht mehr repräsentiert. Die Unzufriedenheit brodelt, der Ruf nach Wandel, nach mehr Dialog und einem grundlegend anderen Politikstil wird lauter.

In Artikel 21 des Grundgesetzes sind Parteien als zentrale Säulen der politischen Willensbildung verankert. Parteien sind die Architekten des politischen Diskurses, die Weichensteller der Macht. Sie strukturieren, debattieren, entscheiden. Doch offenbar haben die Parteien immer mehr den Kontakt zur Basis, zu den Wählern und Wählerinnen, verloren. Hier können wir direkt mit KI ansetzen.

PARTEIEN WERDEN KONKRETE LERNGEMEINSCHAFTEN

In Zeiten allgemeiner Verdrossenheit mit Politik und Parteien ist KI so etwas wie eine »rote Pille« für den Ausbruch aus der lähmenden »Wir haben das schon immer so gemacht«-Matrix. Eine

* Körber-Stiftung (17. August 2023). Deutsche verlieren Vertrauen in ihre Demokratie. https://koerber-stiftung.de/presse/mitteilungen/deutsche-verlieren-vertrauen-in-ihre-demokratie/

rote Pille für mehr Ungewissheit, aber auch für mehr Möglichkeiten zu dynamischeren, offeneren und damit letztlich agileren Organisationen.

KI hat das Potenzial, als ***Katalysator*** *für eine neue politische Dynamik zu wirken, wenn es robust genug ist, den Stürmen der aktuellen* ***politischen Klimaveränderung*** *standzuhalten.*

Stellen wir uns eine politische Landschaft vor, in der Parteien nicht nur Reaktionszentren auf bestehende Probleme sind, sondern auch Innovationslabore, die proaktiv Lösungen für die Herausforderungen der Zukunft entwickeln. In dieser neuen Ära wären Parteien nicht nur Machtzentren, sondern auch Lerngemeinschaften, die sich kontinuierlich weiterentwickeln, um den Bedürfnissen einer sich wandelnden Gesellschaft gerecht zu werden.

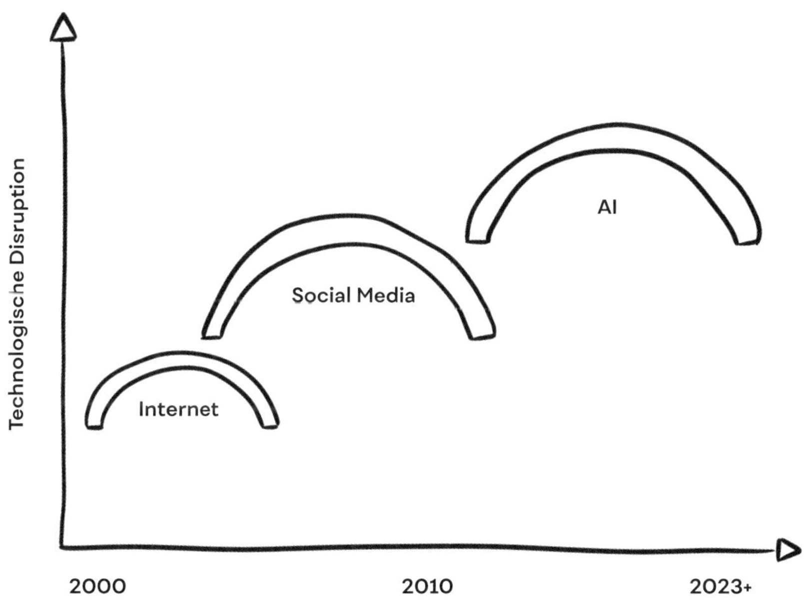

WIE WIRD KI DIE DEUTSCHE PARTEIENLANDSCHAFT VERBESSERN?

In diesem Kapitel wollen wir das Schlaglicht auf vier zentrale Faktoren im Kontext Politik werfen:

ORGANISATION:
DIE DNA DER POLITISCHEN ERNEUERUNG
Im Herzen jeder politischen Bewegung liegt ihre Organisationsstruktur. KI bietet hier einen Ansatzpunkt für eine grundlegende Transformation. Indem sie Datenströme analysiert, Muster erkennt und Prognosen erstellt, kann KI helfen, Handlungsfelder nicht nur zu identifizieren, sondern auch proaktiv zu gestalten. Von der Mitgliedergewinnung über die interne Kommunikation bis hin zur Strategieentwicklung – KI kann Parteien unterstützen, sich zu dynamischen, responsiven Organismen zu entwickeln, die in der Lage sind, auf die schnelllebigen Herausforderungen unserer Zeit zu reagieren.

PERSONAL:
DER SCHLÜSSEL ZU EINEM NEUEN POLITIKSTIL
Neue Zeiten erfordern neue Typen von Politikerinnen und Politikern – solche, die Daten verstehen, Algorithmen nicht fürchten und die Möglichkeiten von KI umarmen. Der Einsatz von KI in der Personalentwicklung und -auswahl kann dazu beitragen, Fähigkeiten und Potenziale zu identifizieren, die für eine agile Politikgestaltung notwendig sind. KI-gestützte Assessments und Trainingsprogramme können helfen, eine neue Generation von Politikerinnen zu schmieden, die technologisch versiert, datengesteuert und ethisch verantwortungsbewusst handeln.

KAMPAGNEN: REVOLUTIONIERUNG DER WÄHLERANSPRACHE

Wahlkämpfe sind das Schaufenster der Politik. Durch die Analyse großer Datenmengen kann KI helfen, Wählersegmente präzise zu identifizieren, Botschaften zu personalisieren und Kampagnenstrategien in Echtzeit anzupassen. Das Potenzial von KI, die Effektivität politischer Kampagnen zu steigern, liegt in ihrer Fähigkeit, das Verhalten und die Präferenzen der Wählerschaft zu verstehen und darauf einzugehen.

WERTE UND ETHIK IN DER POLITIK: DAS MORALISCHE FUNDAMENT DER KI-NUTZUNG

Der verantwortungsvolle Einsatz von KI in der Politik erfordert klare ethische Leitlinien. Eine Charta für den verantwortungsvollen Einsatz von KI könnte Standards setzen für Transparenz, Datenschutz, Nicht-Diskriminierung und die Sicherstellung, dass KI-Entscheidungen nachvollziehbar und kontrollierbar bleiben. Es geht darum, einen Rahmen zu schaffen, der sicherstellt, dass KI im Dienste der Gesellschaft steht und nicht umgekehrt.

ORGANISATION: AGILES SPEEDBOAT STATT ROSTIGEM TANKER

Zu wenigen Kapiteln im Buch kann ich aus so viel persönlicher Erfahrung speisen wie hier. Durch die Arbeit in einer Schülerzeitung politisiert und vom Politikstil von Angela Merkel begeistert, bin ich mit 16 in die Junge Union eingetreten. Früh erkannte ich, dass die klassische »Ochsentour« für die erste Reihe definitiv nichts für mich ist. Man muss bereit sein, das gesamte Sozialleben in die Partei zu transferieren, am Ende mit dem Strom zu schwimmen, wer eigene kritische Meinungen hat und nicht weiß, wie er durch Klüngelschaften andere aussticht, bringt es nicht weit. Wie sagt Frank Underwood in *House of Cards* so schön: »For those climbing to the top of the food chain – there can be no mercy: Hunt or be hunted.« Je höher man kommt, desto erschreckender, wie vermehrt es nur noch um Personalthemen und immer weniger um Inhalte geht. Zynismus statt Idealismus regiert. Entfremdungsprozesse, Ernüchterung, Freunde fürs Leben und Freude liegen eng beieinander. Eine emotionale Rallye, die zwischen Motivation und Resignation ein komplexes emotionales Unterfangen ist.

Parteien sollen Ideenkatalysatoren werden. Das sagen Hanno Burmester und Clemens Holtmann in ihrem Buch (Leseempfehlung an dieser Stelle) *Liebeserklärung an eine Partei, die es nicht gibt.* Sie erklären darin, warum es positive Radikalität in Bezug auf Parteien braucht, um das Potenzial transformativer Politik zu heben. Inkrementelle Veränderungsschritte reichen nicht. Nur mit starken innovativen Parteien, die eben nicht nur Meinungs-, sondern auch *Ideenkatalysatoren* werden, kann wieder Vertrauen aufgebaut werden.
Parteien sind in ihrer Grundstruktur im Grunde ebenso pyramidal organisiert wie zu Beginn des letzten Jahrhunderts. Es geht um Interessenausgleich, persönliche Macht, Ambitionen, Repräsentanz, Politik. Die Notwendigkeit, die veralteten, schwerfälligen und hierarchischen Organisationsformen neu zu denken, ist dennoch akuter denn je. Natürlich unterscheiden sich traditionsreiche Parteien wie die SPD oder CDU sowohl in Größe, soziodemografischer Zusammensetzung und kultureller Ausprägung von neuen politischen Projekten wie VOLT oder den Freien Wählern.

Dennoch muss im Zuge der ***KI-Revolution*** *genauso wie bei Unternehmen oder staatlichen Strukturen hier vieles* ***auf den Prüfstand.***

Den Interessen einer Parteispitze, die sich Effizienz, »Ruhe und Geschlossenheit« wünscht, steht eine idealistische »Basis« mit Rufen nach Mitbestimmung und Teilhabe diametral gegenüber. Im Herzen von Reformbestrebungen steht die drängende Frage: Können wir die KI nutzen, um die Lücke zwischen Parteiführungen und Parteibasis zu überbrücken, um eine demokratische und mitgliederzentrierte Politikgestaltung zu fördern?

PLATTFORM: PARTEIEN ALS TREIBSTOFF FÜR ECHTE TEILHABE

Die Basis vieler Parteien besteht aus Filmstatisten, die zwar mitspielen dürfen, aber kein Mitspracherecht beim Drehbuch haben. Ihre Beiträge sind oft auf das Ankreuzen von Namen bei Wahlen oder sporadische Treffen in stickigen Hinterzimmern beschränkt. Gleichzeitig leiden die Entscheidungsprozesse unter einer mangelnden Transparenz und sind häufig in den Händen einer kleinen Führungsriege und informellen politischen Netzwerken konzentriert.

Hier setzt die Vision einer KI-gestützten Transformation an: Stellen wir uns deliberative Plattformen vor, die von KI-Technologien angetrieben werden und jedem Parteimitglied eine Stimme verleihen. Diese Plattformen könnten die Beiträge der Mitglieder in Echtzeit analysieren, strukturieren und zu konkreten Politikvorschlägen verdichten. Bisherige interne Parteiplattformen wie CDU+ werden nur von einem kleinen Bruchteil der Mitglieder genutzt, geschweige denn für echten basisdemokratischen Dialog oder Innovationsinput effizient orchestriert.

Generell gilt: Parteien sind überwiegend durch männliche, überdurchschnittlich gebildete und ältere Mitglieder geprägt. Der Mitgliederschwund, insbesondere bei den traditionellen Volksparteien, ist laut der Bundeszentrale für politische Bildung ein klares Zeichen dafür, dass sie ihre Bindungskraft verloren haben.* Die Unterrepräsentation von Menschen mit niedriger Bildung und die Dominanz von Beamten und Angestellten im öffentlichen Dienst zeigen, dass Teile der Parteien oft in einem Elfenbeinturm sitzen, isoliert von den realen Lebenserfahrungen eines erheblichen Teils der Bevölkerung. Dieses Ungleichgewicht führt zu einer Politikgestaltung, die die Vielfalt der Gesellschaft ignoriert und sich stattdessen in einer Blase von Akademikern und Staatsdienern dreht.

*Die Parteien müssen sich **öffnen, diverser** und **inklusiver** werden. Sie müssen Mechanismen entwickeln, um gezielt **unterrepräsentierte Gruppen einzubinden** und deren Stimmen nicht nur zu hören, sondern auch ernst zu nehmen.*

Es geht darum, Strukturen zu schaffen, die flexibel, dezentralisiert und anpassungsfähig sind, die schnell auf Veränderungen reagieren und die Eigeninitiative und Kreativität der Mitglieder fördern. Für politische Parteien bedeutet dies, Abschied zu nehmen von der Vorstellung, dass Effizienz allein durch Zentralisierung und strikte Hierarchien von Parteizentralen oder den Vorsitzenden erreicht wird.

OCHSENTOUR FOR EVERYONE: FÜR NEUE IDEEN BRAUCHT ES AUCH NEUES PERSONAL

Egal ob Staatssekretäre, Rundfunkräte, Verfassungsrichter, Bundesbank-Vorstände, Vorstände in regionalen Unternehmen oder Geschäftsführer von Bundesagenturen – ohne Parteibuch be-

* Bundeszentrale für politische Bildung (3. November 2022). Die soziale Zusammensetzung der Parteimitgliederschaften. bpb.de. https://www.bpb.de/themen/parteien/parteien-in-deutschland/zahlen-und-fakten/140358/die-soziale-zusammensetzung-der-parteimitgliederschaften/

ziehungsweise -nähe macht man in diesen Bereichen in Deutschland kaum Karriere. Die herkömmliche Methode der Kandidatenauswahl gleicht einem alten Tanz, der nach einem überholten Drehbuch aufgeführt wird: Parteigremien, beeinflusst von internen Bündnissen und traditionellen Loyalitäten, wählen Kandidaten oft mehr aufgrund von Zugehörigkeit, jahrelanger Loyalität und Gefälligkeit als nach Kompetenz und Eignung.

So hat sich vor der Wahl 2021 der damalige NRW-Ministerpräsident Armin Laschet (CDU) bei der Entscheidung für den Unions-Kanzlerkandidaten stets auf das Votum der CDU-Gremien verlassen können – während sein Widersacher Markus Söder (CSU) sowohl bei der Basis als auch in weiten Teilen der Bevölkerung viel besser angekommen war. Kandidat wird aber, wer die Gremien überzeugt – und Seiteneinsteiger haben auf Nominierungsparteitagen ohnehin keine Chance. Offene Wettstreite um Mandate sind seltene Juwelen in einem Meer von Vorabsprachen, Deals und geheimen Absprachen. Diese Praxis schürt Zweifel an der Attraktivität des Berufsbilds Politikers. Kaum jemand möchte sich diese »Ochsentour« noch wirklich antun. Gerade auf kommunaler Ebene mangelt es überhaupt noch an Personen, die »sich aufstellen lassen«. Auslandsaufenthalte oder längere Auszeiten (Familie) sind schwer vereinbar. Was also tun? Klar ist auch hier – KI kann nur technische Mittel beisteuern, das Thema Personal effizienter und auch integrativer zu denken. Der kulturelle Wandel und die Bereitschaft zur Veränderung müssen aus der Partei selbst und von den Menschen kommen. Ein »Weiter so« treibt den Populisten nur mehr Stimmen in die Arme.

KI MACHT QUOTE?

KI bietet die Möglichkeit, Empfehlungen für die Kandidatenauswahl einzubringen, die auf einer tiefgehenden Analyse verschiedener Faktoren und Prioritäten für die jeweilige Partei basieren. Indem sie komplexe Datenmuster der jeweiligen Wahl analysiert, kann KI helfen, eine Kandidatenliste zu erstellen, die personelle Diversität, Erfahrung, soziodemografische Kongruenz und Eignung in den Vordergrund stellt und somit eine breitere Palette von Perspektiven und Erfahrungen in die jeweilige politische Arena bringt. »ACHTUNG, QUOTE!« – höre ich jetzt schon den einen oder anderen schreien.

Die Fähigkeit der KI, verschiedene Dimensionen der Diversität – seien es Geschlecht, ethnische Zugehörigkeit, sozioökonomischer Hintergrund oder fachliche Expertise mit Hinblick auf den jeweiligen Wahlkreis oder die Gegebenheiten vor Ort – zu berücksichtigen, ermöglicht es Parteien, eine ausgeglichene und repräsentative Kandidatenliste zusammenzustellen.

Ein weiterer revolutionärer Aspekt der KI im politischen Kontext ist die Fähigkeit, Seiteneinsteiger gezielt und effektiv in internen Enablement-Programmen für kommunale oder landespolitische Aufgaben vorzubereiten. KI-gestützte Analysetools können helfen, die individuellen Stärken und Entwicklungsbedürfnisse von Kandidaten zu identifizieren und maßgeschneiderte Trainingspläne zu erstellen. Dies ist besonders relevant in der Kommunalpolitik, wo Lokalmatadoren mit umfangreichen Ressourcen oft einen unmittelbaren Vorteil haben. Durch den gezielten Einsatz von KI können Parteien sicherstellen, dass auch politische Neueinsteiger die notwendigen Kompetenzen und das Selbstvertrauen erlangen, um auf Augenhöhe konkurrieren zu können.

PARTEIEN, HÖRT DIE SIGNALE. ES BRAUCHT NEUE HANDLUNGSMUSTER

Genau wie Deutschland selbst haben die meisten Parteien die letzte Welle der Digitalisierung und die Verschiebung zu einer digitalen Informationsgesellschaft und Fragmentierung hin zu Social Media verschlafen. Wie mutiert eine Partei zu einem Speedboat der KI-Innovation?

*Das **erste Gebot** einer wirklichen **Innovationskultur** lautet: **echte Risikobereitschaft.***

Das bedeutet, Misserfolge sind nicht das Ende der Welt, sondern vielmehr der Dünger für den Boden, aus dem die nächste große Idee erwachsen kann. Diese Haltung verlangt besonders bei der KI einen Paradigmenwechsel in den obersten Etagen: weg von der pathologischen Risikoscheu hin zu einem Klima, das Mut zur Veränderung nicht nur toleriert, sondern feiert und belohnt.

Um in der beginnenden KI-Ära erfolgreich zu sein, reicht es nicht, sich alle vier Jahre von einer hippen Agentur im Kreuzberger Hinterhof nette Slogans für Wahlplakate entwickeln zu lassen und diese stolz in einer Pressekonferenz als Meilenstein zu enthüllen, sondern transformativ in die eigene Technologie- und Innovationskompetenz zu investieren.

Um dem agilen Ideal näher zu kommen, müssen Parteien Orte schaffen, an denen Kreativität und unorthodoxe Ideen nicht nur geduldet, sondern proaktiv gefördert werden. Sie könnten etwa eigene Inkubatoren gründen oder mit bestehenden Innovationslaboren kooperieren, um KI-Tools und Strategien zu entwickeln, die ihre innerparteilichen Prozesse deutlich optimieren. Die Zukunft liegt nicht in Hierarchien, sondern agilen Arbeitsteams, die sich mit Start-ups und motivierten Parteimitgliedern verbinden und temporär in Produktsprints neue KI-Technologie vertesten, iterieren und gegebenenfalls in der gesamten Partei skalieren können. Oder wie es Managementexperte Peter Drucker auf den Punkt gebracht hat: *Innovate or die.* Die Populisten schlafen nicht. Wie es gehen kann, zeigt ein spannendes politisches Projekt aus den USA.

HIGHER GROUND LABS AI LAB

Ein inspirierendes Best-Practice rund um KI und Politik bietet der **»Higher Ground Labs Accelerator«*** aus den USA, eine von ehemaligen Obama-Campaignern angestoßene Initiative, die gezielt in technologische Innovationen für den politischen Sektor der Demokraten investiert.

Higher Ground Labs schuf daher das **»Progressive AI Lab«** – eine zentrale Anlaufstelle mit der Mission, die Kräfte zu bündeln, Toptalente anzuziehen, Finanzierung zu sichern und essenzielle Unterstützung zu gewähren. Dieses Labor soll als Nukleus für KI-Innovationen im demokratischen und progressiven Spektrum während des entscheidenden Wahlzyklus 2024 fungieren.

Was können wir in Deutschland lernen? Auch wenn wir anders als in den USA deutlich weniger Budgets zur Verfügung haben, können diese zielführender, präziser und agiler eingesetzt werden, als die nächste Großstadt mit inhaltsarmen Plakaten zuzupflastern:

INKUBATIONSZUSCHÜSSE – KATALYSATOR FÜR INNOVATION

Die Vergabe von sogenannten Inkubationszuschüssen durch das Progressive AI Lab zielt darauf ab, Projekte und Teams, die KI in ihre Arbeitsprozesse integrieren möchten, mit Startkapital zu

* Higher Ground Labs. https://highergroundlabs.com/

versorgen. Die Zuschüsse sollen Teams unterstützen, Prototypen zu entwickeln, Pilotprojekte durchzuführen und KI-Lösungen zu skalieren, die direkte Auswirkungen auf die Effizienz und Wirksamkeit ihrer politischen Arbeit haben. Die Bewertungskriterien für die Vergabe dieser Mittel basieren auf Innovationsgrad, Machbarkeit, Skalierbarkeit und dem potenziellen Impact auf den Wahlzyklus.

GEMEINSCHAFTSBILDUNG – VERNETZUNG UND SYNERGIEEFFEKTE

Die zweite Säule konzentriert sich auf die Schaffung und Pflege einer lebendigen Gemeinschaft von Praktikern, Forscherinnen und Technologieexperten, die an der Schnittstelle von KI und Politik arbeiten. Ziel ist es, eine *Ökosystemdynamik* zu erzeugen, in der die Mitglieder voneinander lernen, miteinander kooperieren und gemeinsam Innovationen vorantreiben.

FORSCHUNG UND ERKENNTNISSE – WISSENSBASIS UND STRATEGISCHE EINBLICKE

Die dritte Säule widmet sich der Forschung und Analyse der Rolle von KI in politischen Kampagnen und Prozessen. Das Lab finanziert Studien und Projekte, die ein tieferes Verständnis der Möglichkeiten, Herausforderungen und Auswirkungen von KI im politischen Raum entwickeln. Dies umfasst die Erkundung neuer KI-Technologien, die Analyse von Datenstrategien und das Verständnis des Einflusses von KI auf Wählermobilisierung und -engagement. Die gewonnenen Erkenntnisse sollen nicht nur publiziert, sondern auch in praktische Empfehlungen übersetzt werden, um strategische Entscheidungsfindungen innerhalb politischer Organisationen und Kampagnen zu informieren und zu leiten.

VON PAID ZU OWNED DATA: SCHLÜSSEL DES ERFOLGS IM KI-ZEITALTER

Der Besitz eigener Daten für Parteien ist nicht Luxus, sondern eine Überlebensfrage. Wir erleben eine Verschiebung des Machtgleichgewichts zugunsten derer, die auf »Owned Data« setzen, weg von den traditionellen »Paid Data«-Modellen. Mit eigenen Daten agieren Parteien wie Architekten intelligenter, selbstlernender Systeme, die maßgeschneiderte Botschaften mit chirurgischer Präzision an Wählerinnen und Mitglieder liefern. Die Entwicklung einer smarten, agilen Infrastruktur für das Testen und Verfeinern dieser Modelle ist der Schlüssel, um die Dynamik des politischen Diskurses nicht nur zu begleiten, sondern aktiv immer besser in den kommenden Jahren zu gestalten. So wird der direkte Draht zum Wähler nicht nur gehalten, sondern verstärkt – ein unschätzbarer Vorteil in einer Zeit, in der Authentizität und persönliche Ansprache über Wahlerfolge entscheiden.

Eigene Daten sammeln heißt, den ***Schlüssel zu maßgeschneiderten KI-Modellen*** *in der Hand zu halten – Modelle, die* ***sprechen, analysieren*** *und* ***überzeugen*** *können, wie es kein* ***externes Datenset*** *vermag.*

Jeder investierte Euro in fremde Werbeplattformen ist ein verlorener Euro in der Schlacht um datengetriebene Souveränität und maßgeschneiderte Wähleransprache. Parteien ohne eigenen Datenpool navigieren blind im digitalen Meer, stets abhängig von den Netzen, die andere für sie auswerfen. Der Aufbau eigener Dateninfrastrukturen ist daher kein technischer Selbstzweck, sondern strategische Weitsicht, die darüber entscheidet, ob politische Botschaften ihr Ziel erreichen oder im digitalen Rauschen untergehen.

Es geht um die Macht, politische Narrative nicht nur zu gestalten, sondern sie mit chirurgischer Präzision in die Herzen und Köpfe der Wählerschaft zu implantieren. In einer Welt, in der Daten das neue Öl sind, dürfen Parteien nicht zur Tankstelle anderer werden. Die Investition in eigene Daten und KI ist ein klares Bekenntnis zur digitalen Unabhängigkeit. Diese gesteigerte Produktivität und Effektivität in der politischen Arbeit durch eigene Daten und KI ist keine ferne Zukunftsmusik. Ein prägnantes Beispiel hierfür liefert die Bharatiya Janata Party (BJP) in Indien mit ihrer eigenen App, die ich einmal kurz vorstellen möchte:

BJP APP – WIE MAN MIT JEDEM DATENPUNKT DIE EIGENEN KI-MODELLE BESSER MACHT

Ein spannendes, aber nicht unkontroverses Beispiel aus Indien: die Bharatiya Janata Party (BJP), die nationalistische Partei von Premierminister Modi, welche die Potenziale von KI erkannt und mit ihrer App laut Experten einen neuen Standard gesetzt hat. Diese App ist kein oberflächliches Gadget, sondern ein mächtiges Werkzeug der politischen Mobilisierung und Partizipation. Sie ermöglicht Sympathisanten und Mitgliedern der Partei, sich direkt an politischen Diskussionen zu beteiligen und Feedback zu geben.

Durch den Einsatz von KI könnten solche Apps zu echten Dialogplattformen werden, die nicht nur die Stimme des Volkes hörbar machen, sondern auch in konkrete politische Aktionen übersetzen. KI könnte helfen, die Flut an Informationen und Meinungen zu filtern, zu strukturieren und in nützliche Erkenntnisse umzuwandeln. Dies würde nicht nur die Effektivität politischer Entscheidungen erhöhen, sondern auch das Gefühl politischer Selbstwirksamkeit unter den Bürgern stärken.

Warum sind diese Datenpunkte so entscheidend? Weil sie es sind, die der KI ermöglichen, zu lernen, sich anzupassen und schließlich präzise Vorhersagen zu treffen oder personalisierte Inhalte zu generieren.

Die sorgfältige Sammlung und Analyse von Datenpunkten durch die App ermöglicht es der BJP, auf der Basis von soliden Informationen zu handeln. Jede Interaktion innerhalb der App – sei es ein Klick, eine Nutzereingabe oder eine Teilnahme an Diskussionen – wird in wertvolle Informationen umgewandelt, die es der KI ermöglichen, die Sprache, die Präferenzen und sogar die Sorgen der Bürgerinnen und Bürger präziser zu verstehen. Diese datengesteuerten Einblicke ermöglichen es der BJP, politische Inhalte und Kampagnen zu entwickeln, die mit den Bedürfnissen und Wünschen der Bevölkerung resonieren. Darüber hinaus können die durch KI generierten Erkenntnisse Prognosen liefern, welche politischen Themen in der nahen Zukunft an Bedeutung gewinnen könnten.

Die Sammlung und Analyse von Datenpunkten ermöglicht es den Parteien, nicht im Dunkeln zu tappen, sondern auf der Grundlage von soliden Informationen zu agieren. In einer Welt, die von Informationsüberflutung geprägt ist, können datengestützte Entscheidungen den Unterschied zwischen Relevanz und Vergessenheit bedeuten. Aber noch wichtiger ist, dass diese datengesteuerten KI-Systeme lernen und sich mit jeder Interaktion verbessern können, was zu immer präziseren und effektiveren politischen Strategien führt.

WAHLKAMPF – WIE WIRD KI GENAU EINGESETZT?

Durch KI können nun mit beschränkten Ressourcen personalisierte Botschaften an Wählersegmente gerichtet, analytische Wahlkampfstrategien entwickelt und insbesondere das gesamte Content-Kampagnenmarketing exponentiell skaliert werden. Diese »Demokratisierung« der Technologie ermöglicht es auch Underdogs, ihre Botschaft weit und effizient zu verbreiten, und kann als Katalysator für eine breitere politische Teilhabe dienen. Gleichzeitig birgt die KI auch das Potenzial, als gefährliches Werkzeug in den Händen von Populisten zu dienen.

Die effektive Integration der KI in Wahlkämpfe erfordert nicht nur technologisches Know-how, sondern auch eine ethische Grundhaltung. Wahlkampfteams müssen den Reifegrad ihrer KI-Strategien drastisch erhöhen, was bedeutet, dass sie nicht nur die neuesten Tools beherrschen, sondern auch ein agiles Umfeld schaffen, in dem diese Werkzeuge ständig getestet und verbessert werden können.

Das klassische »*Dreieck der Knappheit*« in politischen Wahlkampagnen – bestehend aus Zeitdruck, begrenzten finanziellen Mitteln und einem Mangel an digitalem Fachwissen – stellt eine zentrale Herausforderung dar, die direkt die Wirksamkeit und Reichweite von Kampagnen beeinträchtigt. Zeitdruck verhindert oft die Entwicklung und Umsetzung gründlicher Strategien, während begrenzte Budgets es schwierig machen, fortschrittliche KI-Tech und -plattformen voll auszuschöpfen. Insbesondere, wenn man die Bundesebene verlässt und an Landes- oder Kommunalwahlkämpfe denkt, die effektive Nutzung von modernen Datenanalysemethoden und Content Tools. Es sind schlicht nicht die Fähigkeiten da. Die Bewältigung dieser Knappheiten ist entscheidend, um engagierte und überzeugende Wahlkampagnen für die kommenden Jahre zu führen, die nicht nur informieren, sondern auch aktivieren und mobilisieren. Gerade in einer hochpolarisierten politischen Großwetterlage. Genau da kommt KI als Retter.

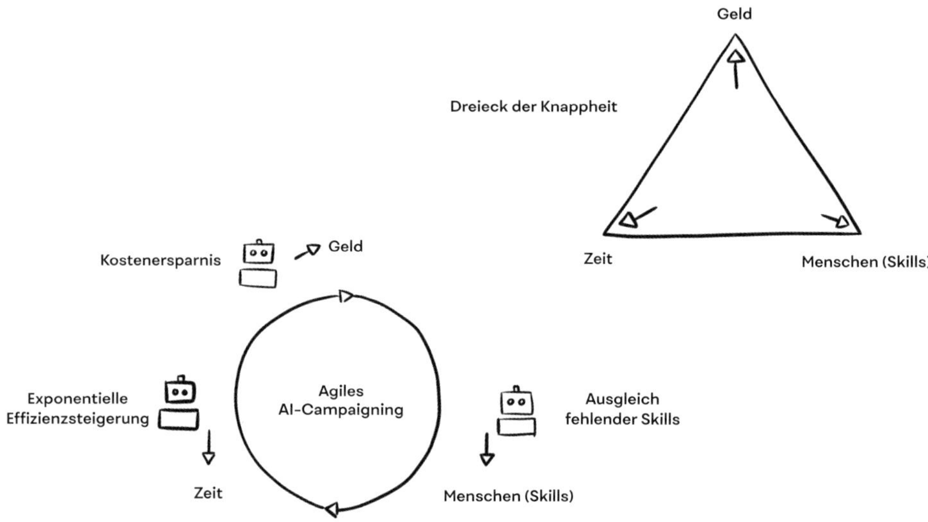

Der »agile KI-Campaigning-Ansatz« transformiert, wie politische Parteien das Dreieck der Knappheit zu ihren Gunsten auflösen können. KI ist für alle drei Dimensionen ein echter Gamechanger.

Stellen Sie sich vor, Sie könnten Content-Templates mit zwei Klicks in 30 verschiedene Versionen umwandeln und Ihren Kommunikationsversand komplett automatisieren – ein wahrer Segen für jeden Campaigner, oder? Diese KI-gestützte Agilität ermöglicht es Kampagnenteams, blitzschnell auf politische Veränderungen zu reagieren.

KI spielt eine entscheidende Rolle im Budgetmanagement. Indem sie gezielt die effektivsten Kommunikationskanäle und Zielgruppen identifiziert, minimiert sie nicht nur unnötige Ausgaben, sondern maximiert auch den Return on Investment. Kosteneffiziente KI-Tools wie Chatbots und automatisierte Anrufsysteme, ermöglichen eine umfassende Wähleransprache, ohne die üblicherweise hohen Kosten für Werbung und Personal. Ist das nicht der Weg, den jede moderne Kampagne einschlagen sollte?

Auch der Mangel an Skills wird durch diesen agilen Ansatz adressiert. KI-Tools, entwickelt für intuitive Bedienung, eröffnen auch Nichtexperten die Möglichkeit, kommunikativ effektiv zu arbeiten. Mit spezifisch abgestimmten KI-Parteiassistenten und eigenen Prompt Libraries wird die Abhängigkeit von externen Spezialisten drastisch reduziert. Eine gute Nachricht insbesondere für lokale Kandidierende, die mit mehr KI endlich ihre Kommunikation stärken.

DER UNETHISCHE EINSATZ VON KI IM WAHLKAMPF

Im Vergleich zu allen anderen Parteien hat die AfD in Deutschland die stärkste Präsenz in den sozialen Medien.* Sie sind dort, wo junge Wählerinnen und Wähler zu finden sind. KI gehört zum Repertoire der Partei. Unlängst warb die AfD in Göttingen mit dem Gesicht einer Frau, die es tatsächlich nicht gibt. Das vermeintliche Foto der in die AfD eingetretenen »Dr. Stefanie Müller« wurde durch KI generiert und ihr Statement zu ihrem AfD-Eintritt war schlicht erfunden.** Ein weiteres Beispiel für den problematischen Einsatz von KI liefert der stellvertretende AfD-Fraktions-

* Janson, M. (27. Februar 2024). AfD auf Social Media am breitesten aufgestellt. Statista Daily Data. https://de.statista.com/infografik/7616/fans-der-parteien-in-den-sozialen-netzwerken/

** Aktuell, S. (22. März 2024). KI: AfD Göppingen wirbt mit einem Fake-Gesicht. swr.online. https://www.swr.de/swraktuell/baden-wuerttemberg/stuttgart/afd-deepfakes-wahlkampf-100.html

vorsitzende Norbert Kleinwächter. Dieser nutzt KI, um Bilder zu generieren, die seine politischen Botschaften visuell untermauern.* Seine Forderungen nach einer Begrenzung von Migration versah er mit Bildern, die Flüchtlinge ausschließlich als junge, aggressiv wirkende Männer darstellten. Dadurch reproduziert und verstärkt er rassistische und ausländerfeindliche Stereotype.

KEIN ZWEITER CAMBRIDGE-ANALYTICA-MOMENT AUF STEROIDEN: WIE KÖNNTE EINE ETHISCHE CHARTA FÜR DIE POSITIVE NUTZUNG VON KI IN DER POLITIK AUSSEHEN?

Wie verheerend der Einsatz von digitalen Tools in der Politik ist, hat 2016 der Skandal um Cambridge Analytica gezeigt. Die Firma hatte illegal Millionen Daten von Facebook-Nutzern organisiert, daraus Persönlichkeitsprofile erstellt und gezielt Menschen angesprochen, um diese von der Wahl Donald Trumps zu überzeugen. Es zeigte sich, wie wirkmächtig die Ansprache im Netz ist und wie wahlentscheidend das Kommunizieren in den sozialen Medien ist. Doch inzwischen haben wir aus dem Cambridge-Analytica-Skandal eine unmissverständliche Lektion gelernt: Die unkontrollierte Verwendung von KI in der Politik birgt das Potenzial, den demokratischen Diskurs nicht nur zu beeinflussen, sondern regelrecht zu kapern. Statt Resignation ist es Zeit für eine visionäre Antwort.

Wie könnte eine solche Regulierung aussehen, um den positiven Einsatz von KI zu fördern und gleichzeitig die Gefahren zu bannen? Die KI-Revolution entlädt, wie wir im Wahlenkapitel bereits gesehen haben, ihre Wucht in der politischen Arena, und mit ihr

* Reveland, C. & Siggelkow, P. (31. März 2023). KI-generierte Desinformation auf dem Vormarsch. tagesschau.de. https://www.tagesschau.de/faktenfinder/kontext/ki-desinformation-fakes-101.html

erwächst die dringende Notwendigkeit einer umfassenden Ethik-Charta, die über die bloße Einhaltung der DSGVO hinausgeht.

Wir stehen am ***Scheideweg****: Entweder wir navigieren durch* ***das digitale Minenfeld*** *mit einem* ***festen ethischen*** *Kompass oder wir überlassen unsere politische Zukunft* ***Algorithmen ohne Gewissen.***

Die Vision: eine deutsche Ethik-Charta, ein dauerhaftes Commitment der politisch Verantwortlichen, geschmiedet in konstruktiver Zusammenarbeit demokratischer Parteien. Ein Pakt, der weit über das bürokratische Bekenntnis zur Datenschutz-Grundverordnung oder allgemeinen Phrasen hinausgeht und sich der Herausforderung stellt, Transparenz und Rechtmäßigkeit in die politische Arbeit und den Wahlkampf zu bringen – ohne Wenn und Aber. Dies impliziert nicht nur den Schutz der Privatsphäre der Bürgerinnen und Bürger vor Datenlecks, sondern auch eine glasklare Offenlegung der verwendeten KI-Tools und Algorithmen.

Stellen Sie sich vor, es gäbe eine ***gemeinsame Liste,*** *die wie ein* ***öffentliches KI-Gewissen*** *fungiert, kontinuierlich aktualisiert und so transparent wie die* ***Glaskuppel des Bundestags.***

Die Charta würde eine gemeinsame Definition von Fehl- und Desinformation zementieren und den Einsatz von Deepfakes oder strategischer Desinformation verdammen. Sie wäre ein Bollwerk gegen die Flut an Falschnachrichten, ausgestattet mit dem Schild der Faktenchecks, bereit, Irrtümer zu korrigieren und Wahrheit von Fiktion zu trennen. Darüber hinaus würde diese Charta klare

Regeln für das Labeling von KI-generierten Inhalten auf Social Media und anderen Plattformen etablieren. Ein Schritt, der die Bürgerinnen und Bürger befähigt, zwischen menschlicher Kreativität und maschineller Produktion zu unterscheiden, und so die Grundlage für eine informierte Öffentlichkeit legt.

Die Einbeziehung der Öffentlichkeit und von Experten in den Prozess der Entwicklung und Aktualisierung der KI-Normen ist übrigens kein bloßer Akt der Höflichkeit, sondern ein fundamentales Bedürfnis. Durch die Partizipation wird nicht nur die demokratische Legitimität der Normen gestärkt, sondern auch sichergestellt, dass die Charta ein lebendiges Dokument bleibt, das die Dynamik und die Veränderungen im Technologiebereich reflektiert.

Schließlich ist der kontinuierliche Dialog zwischen den politischen Parteien essenziell – ein Forum, in dem Herausforderungen und Entwicklungen im Bereich KI diskutiert und die Normen entsprechend angepasst werden können. Ein Gremium, das ähnlich wie der Deutsche Medienrat auch sanktionierende Wirkung entfalten kann.

In diesem Sinne plädiere ich leidenschaftlich für eine mutige konkrete Annäherung an den Einsatz von KI in der Politik. Eine Ethik-Charta und ein gemeinsamer runder Tisch aller Parteien könnten der Schlüssel sein, um nicht nur die Integrität unserer politischen Prozesse zu wahren, sondern auch eine neue Ära der Transparenz, Verantwortung und des Bürgervertrauens einzuleiten.

WAS TUN?
AGILE PARTEIEN FÜR MEHR VERTRAUEN

Für Parteimanager würde ich definitiv ins Buch schreiben: KI ist nicht die Zukunft, KI ist die Gegenwart – und wer das nicht erkennt, plant bereits seine eigene politische Irrelevanz. Denn: Andere werden mit fragwürdigen politischen Intentionen kommen und es schneller, besser und effizienter zu ihrem Vorteil nutzen. Politik kennt kein Machtvakuum.

Es gilt, KI als zentralen Pfeiler in der strategischen Planung zu verankern, um die politische Analyse zu schärfen, die Kommunikationswege zu präzisieren und die Entscheidungsfindung revolutionär zu verbessern. Hierfür müssen Parteien in das Wissen und die Fähigkeiten ihrer Mitglieder investieren, interne Lernplattformen schaffen und ein operatives KI-Verständnis tief in ihren Strukturen verankern. Zudem ist der Aufbau von diversifizierten, qualitativ hochwertigen Datensätzen essenziell, um KI-Modelle zu trainieren, die den Puls der Wählerschaft exakt erfassen.

Stellen wir uns vor, Parteien transformieren sich mithilfe der KI zu dynamischen und agilen Partizipations- und Beteiligungsplattformen. Die den Spaß an Einmischung wieder fördern. Die zeigen, dass Politik etwas Magisches sein kann. Diese neuen politischen Entitäten würden nicht nur sprechen, sondern vor allem zuhören, analysieren und auf die vielfältigen Stimmen ihrer Mitglieder und der Gesellschaft reagieren. KI-basierte Systeme könnten Debatten besser strukturieren, Vorschläge sammeln und politische Programme in Echtzeit anpassen, sodass auch die leisesten Stimmen Gehör finden.

MOONSHOT: »KOMMUNALPOLITIK RAUS AUS DEM DORNRÖSCHENSCHLAF – WIE EIN ORTSVERBAND MIT KI RICHTIG DURCHSTARTET«

von ChatGPT 4.0

Angenommen, die SPD erkennt den Ernst der Lage als siechende Volkspartei und beschließt nach einjähriger Entwicklung 2025 in der malerischen Landschaft der Schwäbischen Alb in Blaubeuren, den ersten Ortsverband als Prototyp mit der neuen KI-Toolbox auszustatten. Wie könnte das aussehen? Durch den gezielten Einsatz der neuen »Willy-KI« strebt der Ortsverband danach, die Kommunikation zwischen den Bürgern und der Politik deutlich zu vereinfachen und direkter zu gestalten.

»Wir wollen, dass Politik wieder erlebbar wird«, erklärt der Vorsitzende des SPD-Ortsverbands Blaubeuren. »Als erster Ortsverband öffnen wir neue Wege für unsere Bürger, sich einzubringen und aktiv mitzugestalten.« Ein zentraler Bestandteil dieser Initiative ist die App »Blaubeuren.mitbestimmen«, die als partizipative Bürger-App dient – ein Ort, an dem die Anliegen der Bürger nicht nur Gehör finden, sondern auch in konkrete politische Aktionen umgesetzt werden können.

Der Ortsverband nutzte die KI nicht nur, um lokale Bedürfnisse zu identifizieren, sondern auch, um Best-Practices von anderen SPD-Gemeinderatsfraktionen aus ganz Deutschland zu screenen. Durch die Analyse erfolgreicher Projekte in ähnlichen Städten konnte die KI maßgeschneiderte Vorschläge generieren, die speziell auf die Situation in Blaubeuren zugeschnitten waren. So wurde aus der Idee eines neuen Radweges ein umfassendes Konzept, das Sicherheit, Nachhaltigkeit und Bürgerbeteiligung in den Mittelpunkt stellte.

»Es ist faszinierend zu sehen, wie unsere Diskussionen im Forum zu echten Veränderungen führen«, sagt eine engagierte Bürgerin, die aktiv an der Planung des neuen Radweges beteiligt war. Die KI half, den Dialog zwischen den Bürgern und dem Ortsverband zu strukturieren, Prioritäten zu setzen und die Umsetzung zu beschleunigen. Dank der automatisierten Analyse und der Fähigkeit, relevante Daten in Echtzeit zu sammeln, konnte der Ortsverband schneller und effektiver auf die Bedürfnisse der Bürger reagieren. Durch die Kombination aus technologischer Innovation und dem Engagement der Bürgerinnen und Bürger ist es ihnen gelungen, einen partizipativen Raum zu schaffen, in dem jede Stimme zählt und jeder Vorschlag die Chance hat, Realität zu werden. Es gab bereits 35 neue Eintritte in den Ortsverband – ein Rekord im Vergleich zu den letzten zehn Jahren.

»Dass wir in Echtzeit sehen können, wie unsere Ideen Form annehmen, stärkt unser Vertrauen in die lokale Politik«, so ein junger Teilnehmer der Plattform. Die Erfolgsgeschichte aus Blaubeuren könnte schon bald in der ganzen SPD Schule machen. Die Initiative zeigt eindrucksvoll, wie der Einsatz von KI-Technologien die Kommunalpolitik in kleinen Schritten revolutionieren kann – indem sie sie nicht nur zugänglicher und transparenter macht, sondern auch dynamischer und interaktiver.

MOONSHOT: »DIE ERSTE KI-PARTEI DEUTSCHLANDS«

von Juri Schnöller

Rezo war gestern. Die KI-Partei »Allianz der Mitte« als Zerstörer des Parteien-Establishment in der Bundestagswahl 2029

Am Morgen des 18. September 2029 erwacht das politische Berlin in einer Atmosphäre elektrisierender Spannung. Die Nachrichtenticker überbieten sich mit Schlagzeilen: Die erst vor wenigen Monaten gegründete *Allianz der Mitte* hat bei den Bundestagswahlen laut ersten Hochrechnungen zum ersten Mal seit Konrad Adenauer 1957 eine absolute Mehrheit errungen. Eine Zäsur der deutschen Politik, die vor Kurzem noch undenkbar schien.

Währenddessen veröffentlichen die Medien erste Analysen, die aufzeigen, wie die selbst ernannte »erste echte KI-Partei« den Wahlkampf revolutioniert hat. Die traditionellen Parteien, CDU, SPD, Grüne, FDP und AfD, wirkten im Vergleich zu den innovativen Strategien der KI-Partei antiquiert. Diese nutzte mit ihrer Beteiligungsplattform »Traumfänger« ein neuartiges Interface, in dem Bürger in partizipativen Sprints die Kernprogrammatik und Kandidaten der Partei mitbestimmen konnten. Mit über 730 000 Mitgliedern hat die App bereits mehr registrierte User als die beiden ehemaligen Volksparteien CDU und SPD zusammen.

Allianz-Vorsitzende Anne Hambach in ihrer ersten Erklärung nach den Ergebnissen: »Meine lieben Mitbürgerinnen und Mitbürger, heute stehen wir gemeinsam am Beginn einer neuen Epoche. Eine Epoche, in der Ihre Stimme, Ihre Ideen und Ihr Engagement unmittelbar in den politischen Entscheidungsprozess einfließen. Die Technologie hat uns ein mächtiges Werkzeug gegeben, aber es liegt an uns, es zum Wohle aller zu nutzen. Das werden wir jeden Tag ab jetzt tun. Wir haben gesehen, wie sich unsere Bürgerplattform, unser gemeinsames Projekt, die Art und Weise, wie wir Politik machen, komplett verändern wird. Wir bauen den Staat jetzt um – ganz in Ihrem Interesse!«

Die drei Kernversprechen der AdM sind bereits mit einzelnen Experten der Taskforce versehen worden, die anhand der KI-Empfehlungen unmittelbar mit Übernahme der Regierungsgeschäfte diese umsetzen, implementieren und nach Feedback-Loops mit den Bürgern adjustieren werden:

1. **Echtzeit-Stimmungsbilder vor wichtigen Bundestagsabstimmungen:** Die AdM hat ein neues innovatives System entwickelt, das es ermöglicht, unmittelbar vor wichtigen Abstimmungen im Bundestag Meinungsbilder aus der Bevölkerung mit repräsentativen Panels zu erfassen. Diese Technologie analysiert in Echtzeit Daten aus sozialen Medien, eigenen In-App-Umfragen und der partizipativen Plattform »Traumfänger«, um ein umfassendes und aktuelles Bild der öffentlichen Meinung zu dem entsprechenden Thema zu präsentieren. Abgeordnete der Partei sollen laut Parteibeschluss diese Informationen benutzen, um ihre Entscheidungen laufend besser auf den Willen der Bevölkerung abzustimmen.
2. **Regierungs-Interface für direkte Verwaltungsvorgänge:** Mit dem neuen Interface »Bundesadler« wird ein konversationsfähiger Avatar befähigt, alle Verwaltungsvorgänge und Anfragen der Bürger in Echtzeit via Spracherkennung zu erledigen. Dieses System verwendet eine neue KI, um Anfragen von Bürgern schnell zu bearbeiten, Ressourcen effizient zuzuweisen und Probleme in Abfrage an andere autarke Auto-Agents der Ministerien oder kommunalen Behörden zu lösen. Es ermöglicht eine bessere Koordination zwischen verschiedenen Regierungsebenen und -abteilungen, wodurch die Effizienz der Verwaltung drastisch gesteigert wird.
3. **Individuelle Steuersätze, angepasst an Lebensverhältnisse:** Ein weiteres revolutionäres Instrument der AdM ist die Einführung individueller Steuersätze, die mithilfe von KI an die spezifischen Lebensverhältnisse der Bürger angepasst werden. Diese Technologie analysiert eine Vielzahl von Faktoren, wie Einkommen, Familienstand, Lebenshaltungskosten und persönliche Umstände, um einen fairen und individuellen Steuersatz zu ermitteln. Der Algorithmus wird transparent auf der Seite publiziert. Dieser Ansatz soll die Steuergerechtigkeit erhöhen und sicherstellen, dass jeder Bürger entsprechend seiner finanziellen Leistungsfähigkeit beiträgt.

MOONSHOT: »KI IN DER POLITISCHEN LANDSCHAFT: EINE GUTE AUSSICHT FÜR DAS DEMOKRATISCHE ZUSAMMENLEBEN«

von Ronja Kemmer

Ronja Kemmer hat in Deutschland, Schweden und Italien Volkswirtschaftslehre studiert und ist seit 2014 Mitglied des Deutschen Bundestags. Sie ist Obfrau der CDU/CSU-Bundestagsfraktion im Ausschuss für Digitales. Von 2018 bis 2020 war sie Obfrau der Unionsfraktion in der Enquetekommission »Künstliche Intelligenz« im Deutschen Bundestag. 2021 wurde Frau Kemmer zur Vorsitzenden der Jungen Gruppe der CDU/CSU-Bundestagsfraktion gewählt. Sie gehört dem Präsidium der CDU Deutschland an und leitet dort die Fachkommission »Humane Digitalisierung«.

Wie kann KI helfen, unser Leben besser zu machen, unser Zusammenleben in einer sich wandelnden Welt zu unterstützen? Diese Fragen treiben mich seit Jahren um und haben während meiner Arbeit in der Enquetekommission Künstliche Intelligenz deutlich an Fahrt aufgenommen. Unser Zusammenleben in einem demokratischen System hängt ganz entscheidend davon ab, wie wir als politische Entscheidungsträger gute Entscheidungen für die Menschen in unserem Land treffen. Wie wir diese in gute Rahmenbedingungen gießen und sie letztlich mit den Menschen zusammen umsetzen. KI kann bei allen drei Dimensionen helfen.

KI IN DER POLITISCHEN ENTSCHEIDUNGSFINDUNG

Politische Entscheidungsträger treffen am Tag Hunderte von Entscheidungen. Von den großen Dimensionen: Stimme ich einem Gesetzesvorhaben zu, das die Rahmenbedingungen für unser Land verändert? Bis hin zu den alltäglichen Fragen: Wie komme ich heute am schnellsten von A nach B? Im politischen Diskurs sind seit jeher Überzeugungen, Erfahrungswerte und zum Teil leider auch Ideologien ausschlaggebend, wie Entscheidungen getroffen werden. KI ist ein Gamechanger, um datenbasiert Entscheidungsgrundlagen besser aufzubereiten. Im Großen wie im Kleinen bedeutet dies bessere Entscheidungen und damit auch mehr Zeit, zum Beispiel für den Austausch mit den Bürgerinnen und Bürgern. Evidenzbasierte Analysen und innovative Technologien eröffnen beispielsweise im Bereich von Nachhaltigkeit und Klimaschutz ganz neue Perspektiven. Eine effiziente Ressourcennutzung, zum Beispiel von Dünger und Wasser in der Landwirtschaft, intelligente Energiesysteme und vernetzte Mobilitätssysteme, sind Bausteine auf dem Weg zur Klimaneutralität.

KI UND GESETZGEBUNG – MEHR ALS NUR EIN BISSCHEN EFFIZIENZSTEIGERUNG

KI lernt. Das ist das Besondere an dieser Technologie. Warum sollte uns KI nicht auch helfen, einen lernenden Staat zu bauen, der über das hinausgeht, was wir aktuell leisten können? Viele Grundsätze unserer Gesetzgebungsarbeit gehen auf die Mitte des letzten Jahrhunderts zurück. Wenn die zukünftigen Anforderungen komplexer werden, sollte dies auch bei den Instrumenten der Fall sein, um diese Anforderungen zu lösen. Meine Idee vom Staat der Zukunft ist ein System, bei dem wir KI nutzen, um Erfahrungen und Daten noch besser auszuwerten und in die Zukunft zu projizieren. Wir bauen den digitalen Zwilling Deutschlands mit einem Echtzeitmonitoring: Welche Maßnahme hat welche Auswirkungen? Das bedeutet konkret eine stärkere Ausrichtung von Gesetzen an klar messbaren Zielen und Kriterienkatalogen, die laufende Überprüfung von Zwischenzielen mithilfe von KI-Checks und die entsprechende Neujustierung der Maßnahmen.

SO MACHEN WIR DIE VERWALTUNG UND DAS GESUNDHEITSSYSTEM ZUKUNFTSFEST

Die dritte Dimension des Einsatzes von KI für ein besseres Zusammenleben ist für mich der Aufbau einer zukunftsfähigen Verwaltung. Bis 2029 sind über eine Million Beschäftigte im öffentlichen Dienst in den Ruhestand gegangen, es wird notwendig sein, Prozesse effizienter zu gestalten. Nutzerfreundlichkeit werden wir bis dahin noch viel stärker in den Mittelpunkt stellen: Mit einer abgeschlossenen Registermodernisierung und einer zentralen digitalen Identität gehört das Ausfüllen von Formularen mittlerweile der Vergangenheit an. Bereits bei der Geburt sind Prozesse wie das Kindergeld automatisiert, bei wichtigen Meilensteinen wie der Volljährigkeit oder der Aufnahme eines Studiums laufen automatische Abfragen. Die Gesundheitsversorgung wird durch KI-Tools revolutioniert – viele Tests kann man inzwischen zu Hause oder zumindest in nahe gelegenen medizinischen Versorgungszentren durchführen, die Werte werden automatisch an einen Arzt übermittelt, mit dem ich bei kleineren Beschwerden digital über Diagnose und Behandlung sprechen kann. Die ständig steigende Überlastung der Verwaltungsmitarbeiter und Beschäftigten im Gesundheitssystem wird ein Ende gefunden haben: Es bleibt mehr Zeit für den direkten Kontakt. KI wird uns helfen, unser Zusammenleben besser zu machen.

KAPITEL 9

OUTPUT: LERNEN, SKALIEREN, ITERIEREN. FÜR EINE AGILE DEMOKRATIE MIT WIRKUNG

Der Autobahnabschnitt der A24 zwischen den Dreiecken Wittstock/Dosse und Havelland galt als extrem unfallträchtig. Er war in den späten 1990er-Jahren der Abschnitt mit den meisten Verkehrstoten im Land Brandenburg, ein absoluter Unfall-Hotspot. Nach einem verheerenden Unfall mit mehreren Toten im Jahr 2002 entschloss sich das Land Brandenburg, auf der Strecke ein Tempolimit einzuführen. Auf den 62 Kilometern durfte danach nur noch Tempo 130 gefahren werden. Mit positiven Folgen: Innerhalb von drei Jahren halbierte sich die Zahl der Unfälle, von 654 Unfällen ohne Tempolimit auf 337 Unfälle. Die Entscheidung zeigte Wirkung. Wenn alle langsamer fahren, reduziert sich die Gefahr von Unfällen.

Der Clou: Weil der Autobahnabschnitt in den vergangenen Jahren so sicher geworden war, weil die Geschwindigkeitsbegrenzung »gewirkt« hatte, entschied man sich im Jahr 2023, das Tempolimit wieder aufzuheben. Seitdem darf auf dem Abschnitt wieder gerast werden. Mit entsprechenden Folgen: Die Zahl der Verkehrsunfälle häufte sich wieder, signifikant. Innerhalb weniger Monate stieg auch die Zahl der Unfallopfer. Wegen der Häufung von Verkehrsunfällen auf der A24 dringt das Brandenburger Innenministerium nun seit Längerem darauf, das Tempolimit zwischen Havelland und Wittstock/Dosse wieder einzuführen. Das ist ein sehr plakatives Beispiel für die Wirkung und Wirkungsmessung einer Entscheidung. Aber darum sollte es bei Entscheidungen, zumal politischen Entscheidungen, immer gehen: die Wirkung sowie die Wirkungsmessung. Das Wichtigste, beispielsweise an einem Gesetz, ist nicht unbedingt, wie es entsteht (Input und Umsetzung), auch nicht, was herauskommt, also der Output.

Das Wichtigste ist sowohl die ***kurzfristige*** *Wirkung, der* ***Outcome,*** *als auch die* ***langfristige*** *Wirkung eines Gesetzes, der sogenannte* ***Impact.***

SCHLECHTES ESSEN NICHT NOCH MAL ZUBEREITET

Das ist im Grunde wie beim Kochen. Für eine Mahlzeit kann ich verschiedene Zutaten einkaufen (Input), diese auf verschiedene Arten zubereiten (Verarbeitung) und erhalte je nach Verarbeitung ein entsprechendes Essen (Output). Bei der Zubereitung werde ich das Gericht so lange anpassen, um mich nach dem Essen satt zu fühlen (Outcome) – und mehr noch: Das Essen sollte so zubereitet sein, dass es mir gut geht und ich gesund bleibe (Impact).

Das ist ein klassischer Fall von Wirkungsmessung. Im Alltag machen wir ständig Wirkungsmessung. Wenn mir das Essen nicht schmeckt, passe ich eine Variable an. Wenn ich die Treppe nur schwer hochkomme, mache ich mehr Sport. Wenn ich ständig die S-Bahn verpasse, gehe ich künftig früher los. Wenn wir etwas erkannt haben, passen wir die Variablen an. Das ist klassischerweise eine Anpassung auf Basis von Wirkungsmessung!

Wirkungsmessung mag trocken klingen, es ist sicher kein Aufregerthema. Aber blickt man auf das Potenzial einer Wirkungsmessung, könnten gerade in der Politik weitaus bessere Entscheidungen getroffen werden – wenn man, das wird jetzt nicht überraschen, auch hier das Potenzial der künstlichen Intelligenz nutzt.

Der Straßenverkehr bietet gute Beispiele im Sinne der Wirkungsmessung. Wenn eine Region in Deutschland unter zu hohem Verkehrsaufkommen leidet, wenn der Verkehr ständig zusammenbricht, ist oft die Lösung: Straßen bauen. Würde nun konsequent eine Wirkungsmessung stattfinden, würde schnell klar werden: Der Ausbau des Straßennetzes um ein Prozent führt dazu, dass der Autoverkehr dort um ein Prozent zunimmt. Statt weniger Verkehr wird es mehr Verkehr geben. Auch, weil eine Wirkungsmessung nicht stattgefunden hat.

Die Wirkungsmessung zeigt, dass die vermeintliche Lösung zwar den Output »mehr Straßen« enthält, aber das eigentliche Problem nicht löst. Sie zeigt, dass es nicht weniger Verkehrsprobleme geben wird, sondern mehr und damit der Impact keine Verbesserung der Verkehrslage bringt.

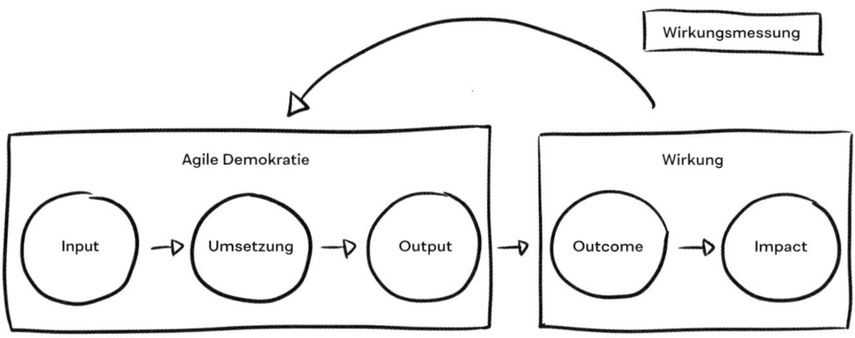

DIE KI – DIE GROSSE WIRKUNGSMESSERIN

Welchen Impact wird eine Entscheidung haben? Tatsächlich kann das niemand exakt vorhersagen. Aber die KI ist näher dran als alle anderen.

> ***Wirkungsmessung*** *ist eine* ***Paradedisziplin*** *der KI.*

Mithilfe entsprechender Tools kann eine Stadt, eine Region digital »nachgebaut« werden, um dann den Impact einer Entscheidung zu testen. Also: Wie wird sich der Verkehr in der Region entwickeln? Welchen Einfluss wird ein neuer Streckenabschnitt auf den Verkehr haben?

Das klingt nicht nur sinnvoll, das ist sinnvoll. Zumal man nicht erst eine Autobahn ausbauen, eine Straße bauen muss, um festzustellen, dass sie kein einziges Verkehrsproblem löst.

KI ist diejenige, die nach vorne schaut oder besser: die das Vorne sichtbar macht. Wo wollen wir hin und wie machen wir das messbar? Genau diese Frage kann KI beantworten. Das kann sie bei Planungsvorhaben, bei der Gesetzgebung, aber auch bei der Produktentwicklung in Unternehmen – oder bei der Beschaffung von Finanzmitteln. Wenn man beispielsweise als gemeinnütziger Verein oder als gGmbh um Spendengelder wirbt, muss nachgewiesen werden, dass die Vorhaben auch Wirkung entfalten. Das geschieht meist mithilfe von Zahlen und Prognosen. Wie das in der Politik eingesetzt werden könnte, erforscht momentan die Agora Digitale Transformation, ein Think-Tank der Stiftung Mercator – dabei liegt der Fokus darauf, eine fundierte Datengrundlage für die Wirkungsmessung zu schaffen.

Output und Outcome – oder anders gefragt: Was bringt die ganze Sache? Wie lassen sich die realen Auswirkungen agiler Prozesse messen und verstehen? Die Essenz einer agilen Demokratie zeigt sich nicht allein in der Einführung neuer KI-Technologien, sondern in der nachhaltigen Wirkung dieser Maßnahmen auf die Gesellschaft.

*Neben **Skalierungsfähigkeit** und **Lernfähigkeit** bildet die **Wirkungsmessung** die dritte Säule der agilen Demokratie.*

DIE DREI SÄULEN DER AGILEN DEMOKRATIE

- **Lernfähigkeit:** Die Lernfähigkeit einer agilen Demokratie bildet das Rückgrat ihrer Anpassungsfähigkeit und ihres langfristigen Erfolgs. Durch die kontinuierliche Analyse und Bewertung politischer Entscheidungen und ihrer Auswirkungen, gestützt durch künstliche Intelligenz und Data Analytics, entsteht ein iterativer Lernprozess. Die Demokratie lernt aus Erfahrungen, verbessert sich kontinuierlich und passt sich proaktiv an neue Herausforderungen an.
- **Skalierungsfähigkeit:** Ein weiterer entscheidender Faktor der agilen Demokratie ist ihre Fähigkeit zur Skalierung erfolgreicher Innovationen. Die Implementierung von KI-Systemen ermöglicht es, Daten aus lokalen Pilotprojekten zu analysieren und die Übertragbarkeit dieser Lösungen auf andere Kontexte oder Regionen zu bewerten. Durch diesen Ansatz können gute Projekte schnell skaliert und landesweit ausgerollt werden, was Effizienz und Effektivität der öffentlichen Verwaltung steigert.
- **Wirkungsmessung:** Am Ende steht die oben erwähnte Wirkungsmessung als Voraussetzung für die agile Demokratie. Es reicht nicht aus, Prozesse zu optimieren und Innovationen zu skalieren, ohne die tatsächliche Wirkung auf die Gesellschaft zu verstehen. Die Wirkungsmessung liefert die notwendigen Daten und Einsichten, um die Effektivität politischer Maßnahmen zu beurteilen und den Mehrwert der agilen Demokratie für die Bürgerinnen und Bürger zu quantifizieren.

VORTEILE DER KI-GESTÜTZTEN WIRKUNGSMESSUNG

Die Kunst der Wirkungsmessung ist ein unerlässliches Instrument staatlichen Handelns. Doch wie kann die Effizienz und Effektivität dieser Evaluationsprozesse gesteigert werden? Mit KI. Sie vereinfacht und verbessert die Wirkungsmessung.

Traditionelle Evaluationen werden entweder zu Beginn eines Projekts oder erst am Ende, wenn die Ergebnisse feststehen, durchgeführt. Beide Ansätze haben ihre Schwächen: Ersterer kann die potenziellen Wirkungen nicht erfassen, letzterer lässt keine Anpassungen mehr zu, die das Projekt verbessern können. Durch den Einsatz von KI-basierten Tools und Algorithmen können Daten in Echtzeit analysiert und interpretiert werden. Dies ermöglicht es, Wirkungen nicht nur ex post zu evaluieren, sondern sie kontinuierlich während des gesamten Projektlebenszyklus zu überwachen und zu messen. KI kann Muster und Zusammenhänge in großen Datenmengen erkennen, die für menschliche Analysten nicht offensichtlich sind. Sie bietet damit tiefere Einblicke in die Effektivität von Projekten. Zudem können KI-Tools leicht skaliert und auf eine Vielzahl von Projekten angewendet werden, was eine umfassende und konsistente Evaluierung über verschiedene Bereiche und Sektoren hinweg ermöglicht. Nicht zuletzt steigert sich durch die automatisierte Datensammlung und Datenanalyse die Effizienz des gesamten Evaluationsprozesses.

Die Zukunft der Wirkungsmessung liegt in der intelligenten Nutzung von Technologie – ein Paradigmenwechsel, der es uns ermöglicht, den gesellschaftlichen Nutzen von Projekten zu maximieren und gleichzeitig eine neue Ära der Transparenz und Rechenschaftspflicht einzuläuten. Es wäre allen klarer und nachvollziehbarer, was geschieht.

ROADMAP AGILE DEMOKRATIE 2025+

Fakt ist: Die Jahre 2025 bis 2029 könnten unsere letzte Chance sein, das Ruder herumzureißen, bevor das Vertrauen in die Demokratie endgültig zugunsten der Populisten erodiert.

Was also tun? Brauchen wir ein Digital- oder gar ein KI-Ministerium? Vielleicht.

Viel wichtiger ist es aber, eine politische und gesellschaftliche Landschaft zu schaffen, die robust genug ist, um den Stürmen des 21. Jahrhunderts standzuhalten. Eine **Roadmap Agile Demokratie 2025+** muss daher weit über die politische Kosmetik hinausgehen. Sie erfordert eine grundlegende Neugestaltung unserer demokratischen Institutionen und Prozesse, eine, die agil, anpassungsfähig und vor allem inklusiv ist.

Doch wie sieht eine solche Transformation aus? Was sind die Kernpunkte einer **Roadmap Agile Demokratie 2025+**? Für die Entwicklung eines Agile-Demokratie-Operating-Playbooks, das den öffentlichen Sektor zukunftsfähig gestaltet, orientieren wir uns an den vom Observatory of Public Sector Innovation (OPSI) der OECD veröffentlichten sinnvollen Kriterien.*

- ☐ **Innovationsförderung:** Es ist essenziell, strukturierte Mechanismen zu implementieren, die nicht nur die Entstehung von Innovationen begünstigen, sondern diese gezielt im Sinne der demokratischen Werte und Ziele vorantreiben. Hierbei geht es darum, einen Zweck zu definieren, der als Kompass für alle innovativen Bestrebungen dient.

* OPSI (2024). OPSI – Observatory of Public Sector Innovation. https://oecd-opsi.org/work-areas/mission-oriented-innovation/

- **Raum für Innovation:** Wir müssen ein Umfeld schaffen, das Innovation nicht nur zulässt, sondern aktiv fördert und unterstützt. Dies bedeutet, einen physischen und ideellen Raum für Experimente und kreative Ansätze bereitzustellen, um das Potenzial voll auszuschöpfen.
- **Kompetenzaufbau:** Die Ausstattung von Einzelpersonen, Teams und Organisationen mit den notwendigen Kompetenzen und Ressourcen ist grundlegend, um eine nachhaltige Innovationskultur zu etablieren. Dabei ist es wichtig, Innovation als integralen Bestandteil der alltäglichen Arbeitspraxis zu verankern, was ständige Lernbereitschaft und Anpassungsfähigkeit erfordert. Beim Kompetenzaufbau geht es aber auch darum, bereits vorhandene Fähigkeiten zu entdecken und zu stärken.
- **Messung des Impacts:** Um die Effektivität innovativer Aktivitäten zu gewährleisten, müssen wir deren Auswirkungen verstehen und bewerten können. Dies beinhaltet eine kritische Auseinandersetzung mit den Auswirkungen auf die Demokratie und die Gesellschaft, insbesondere in Situationen, in denen systembedingte Widerstände auftreten.

WENN DEUTSCHLAND EIN KI-LAND WIRD

Die **Roadmap Agile Demokratie 2025+** wird das Land umkrempeln. In einem sehr positiven Sinn.

*Im Jahr **2025** geht es los: Zunächst wird im **Kanzleramt** eine **KI-Taskforce** errichtet.*

Diese Taskforce setzt die KI-Strategie um und steuert die Implementierung von KI-Initiativen über alle Ministerien und Behörden hinweg. Um Fragmentierungen und Kleinteiligkeit zu vermeiden, wird die Verantwortung für alle KI-bezogenen Projekte und Initiativen auf Bundesebene geregelt – dazu gehört auch, dass Projekte regelmäßig auf ihre Effizienz und Wirkung abgeklopft werden.

Um die KI-Strategie bis 2030 umzusetzen, wird ein Sondervermögen in zweistelliger Milliardenhöhe bereitgestellt. Dieses Budget soll nicht nur die Entwicklung und Implementierung von KI-Technologien fördern, sondern auch in die dafür notwendige Infrastruktur und Qualifikation der Mitarbeiter investieren. Das Budget wird eingesetzt, um die Verwaltung auf allen Ebenen zu restrukturieren, mit dem Ziel, die vollständige Integration von KI voranzutreiben.

Dafür werden Standards für Datenformate und Schnittstellen entwickelt, um die Kompatibilität und Interoperabilität von KI-Systemen über verschiedene Behörden und Ebenen hinweg zu gewährleisten. Des Weiteren werden KI-basierte Anwendungen für Bürgerdienste eingeführt, damit Anfragen und Behördengänge schneller und effizienter erledigt werden. Vor allem werden routinemäßige und zeitaufwendige Verwaltungsprozesse automatisiert, damit Ressourcen für komplexere und bürgerorientierte Aufgaben freigesetzt werden.

Wenn wir 2025 beginnen, wird bis 2030 künstliche Intelligenz weite Teile des Landes transformieren. In den Transformationsprozess werden Bund, Länder und auch Kommunen einbezogen. Was eine enge Zusammenarbeit und Koordination sowie die Bereitstellung spezifischer Ressourcen für lokale KI-Projekte erfordert. Ein zentraler Bestandteil wird die Qualifizierung der Bevölkerung und insbesondere der Mitarbeitenden im öffentlichen Dienst sein, um die notwendigen Kompetenzen für die Arbeit mit und an KI-Systemen zu entwickeln.

Zu guter Letzt wird eine KI-Aufsichtsbehörde errichtet, um eine verantwortungsvolle Entwicklung und Nutzung von KI-Technologien zu gewährleisten. Diese Behörde agiert als zentrale und unabhängige Anlaufstelle für alle Fragen der Regulierung, Ethik und Compliance im Bereich KI. Sie berichtet direkt an den Deutschen Bundestag und wird von einem Gremium ausgewiesener Experten aus Wissenschaft, Industrie und Zivilgesellschaft geleitet. Um den Aufbau einer einheitlichen Dateninfrastruktur zu leiten und zu überwachen, wird ein nationales Zentrum für Datenmanagement etabliert. Mit einer Definition und Durchsetzung von einheitlichen Datenstandards und -formaten, um die Interoperabilität und den nahtlosen Austausch von Daten zwischen verschiedenen Behörden und staatlichen Ebenen sicherzustellen.

Mit dem Jahr 2025 beginnt auch die Reorganisation des Personal- und Rekrutierungswesens im öffentlichen Dienst. Es gibt flexible Arbeitsmodelle und Vertragsformen, um schnell und effizient externe Fachkräfte für KI-Projekte integrieren zu können. Um schnell an Topleute zu kommen, wird eine zentralen Expertendatenbank aufgebaut, die sowohl interne als auch externe KI-Talente umfasst.

Ab 2025 wird die Zusammenarbeit des öffentlichen Sektors mit KI-Start-ups und Innovationsinkubatoren vertieft. Dafür wird ein Rahmenvertrag aufgesetzt, der auf die Bedürfnisse und Besonderheiten von KI-Start-ups zugeschnitten ist. Eine Koordinierungsstelle agiert zudem als Bindeglied zwischen staatlichen Institutionen und der KI-Start-up-Szene, die zudem mit Förderprogrammen bei Innovationen im Bereich KI unterstützt wird.

»AI MADE IN GERMANY«

*Ja, im Jahr **2025** beginnt die Ära der **agilen, KI-gestützten Demokratie** – wenn wir diese **Vision** in die **Realität** umsetzen.*

Was dafür spricht: Die Innovationskraft Deutschlands, unsere exzellente Forschungslandschaft, die vielen intelligenten und engagierten Menschen, egal ob im Bildungsbereich oder im Staat selbst und eine pulsierende Start-up-Szene – all das sind unbestreitbare Stärken.

Sicher ist: Künstliche Intelligenz muss zur Toppriorität der nächsten Regierung avancieren. Es bedarf eines Aufbruchs, eines Rucks durch die Gesellschaft, der »AI made in Germany« nicht nur zu einem Synonym für technologische Spitzenleistung, sondern zum globalen Qualitätsmerkmal demokratischer Innovation macht.

DER AGILE MASCHINENRAUM DER DEMOKRATIE – WIE ORGANISATIONEN KI-READY WERDEN

Organisationen, sei es ein Ministerium, eine NGO oder ein Landesverband einer Partei, spielen eine zentrale Rolle in meinem Output. In einer agilen Demokratie sind sie neben uns Bürgerinnen Bürgern die zentralen »Change Agents« für einen positiven Wandel. Aber wird es Organisationen gelingen, Strukturen zu schaffen, die nicht nur effizient, sondern auch demokratisch sind?

AM ANFANG STEHEN DIE STRATEGIE UND EIN LEITBILD

Das KI-Reifegradmodell zeigt klar, wo eine Organisation in Sachen KI steht, und steckt präzise die Ziele für den Ausbau ihrer eigenen KI-Kompetenzen ab. Eine klare Vision für die KI-Entwicklung ist entscheidend, um passgenaue Lösungen zu realisieren.

Indem es die drängendsten Herausforderungen identifiziert, ermöglicht das Modell die Entwicklung zielgerichteter KI-Anwendungen, die Effizienz verbessern und innovative Antworten auf aktuelle Probleme liefern.

3-Phasen-KI-Reifegrad für Organisationen

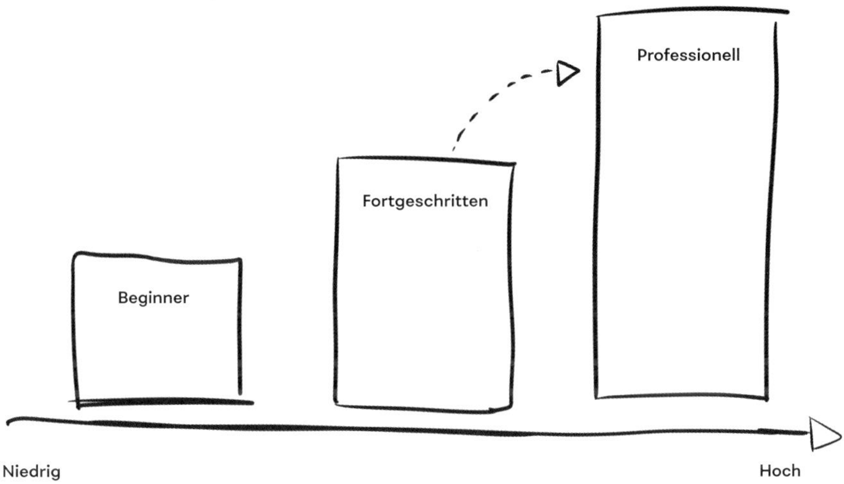

Strategische und strukturelle Integration von KI in der Organisation

Beginner: Einstieg und Experimentieren
Auf dieser Stufe stehen Organisationen am Anfang ihrer KI-Reise. Das ist aktuell bei den meisten der Fall. Es wird herumgespielt, getestet und situativ mit GPT oder anderen Tools erste Workflows definiert. Es gilt in dieser Phase ein grundlegendes Verständnis und erste praktische Erfahrungen mit KI-Tools zu sammeln.
Organisationen auf diesem Level nutzen oft verfügbare Standardlösungen, um einfache Aufgaben zu automatisieren oder Prozesse zu unterstützen.

Fortgeschritten: Spezialisierung und Anpassung
Mit wachsender Erfahrung beginnen Organisationen, sich weiter in die KI-Welt vorzuwagen. Sie entwickeln ein tieferes Verständnis für die Technologie und beginnen, spezialisiertere Anwendungen zu erkunden. Auf dieser Ebene geht es um Prompt Engineering und den Aufbau eines eigenen KI-Tool-Stacks.
Organisationen experimentieren mit der Anpassung von KI-Modellen an ihre spezifischen Bedürfnisse und integrieren diese tiefer in ihre Prozesse. Dies erfordert bereits ein gewisses Maß an technischem Verständnis und Bereitschaft, in die Entwicklung eigener Lösungen zu investieren.

Professionell: Integration und Innovation
Auf dem professionellen Level sind Organisationen in der Lage, hochgradig spezialisierte KI-Lösungen zu entwickeln und einzusetzen. Hier steht die Nutzung von Tool Chaining und proprietären Large Language Models (LLM) mit eigenen Daten im Vordergrund. Organisationen auf diesem Niveau verfügen über die Fähigkeiten, komplexe KI-Systeme zu entwerfen, die auf die Erzeugung signifikanter Wettbewerbsvorteile abzielen. Sie nutzen fortgeschrittene Techniken wie die Verknüpfung mehrerer Tools und die Einbindung eigener, spezifischer Daten in LLM, um maßgeschneiderte, effiziente und innovative Lösungen zu schaffen.

Aufbau von organisationsspezifischen KI-Kompetenzen
Die meisten Organisationen im gesellschaftlichen oder politischen Kontext haben nicht die Ressourcen, um eigene, umfassende KI-Teams aufzubauen. Also müssen Prioritäten gesetzt werden, um den Fokus auf den Auf- und Ausbau von KI-Kompetenzen zu legen. Nehmen wir an, Ihre Organisation nutzt häufig die Content-Software Canva, um ansprechende Inhalte für soziale Medien zu gestalten. In Ihrem Miro-Board erstellen Sie einen eigenen Abschnitt für ein Brainstorming rund um weitere

KI-Content-Erstellungstools, von denen sie sich weitere Produktivitätsbooster erhoffen (beispielsweise KI-generierte Untertitel, die vorher mühsam händisch gebaut werden mussten). Als Nächstes weisen Sie diesen Tools basierend auf der Bedeutung für die Effizienz Ihrer Organisation eine Prioritätsstufe zu, indem Sie ein einfaches Sterne-Bewertungssystem verwenden (1 Stern = niedrige Priorität; 3 Sterne = sehr hohe Priorität). Nach der Festlegung der Prioritätsstufe bewerten Sie die digitalen Fähigkeiten Ihrer Teammitglieder im Umgang mit den jeweiligen Tools. Dies hilft Ihnen, eventuelle Kompetenzlücken zu identifizieren, die weiteres Training oder zusätzliche Ressourcen erfordern könnten, um effektiv adressiert zu werden.

Kurz und gut: Organisationsspezifische KI-Kompetenzen werden durch individuelles Lernen und Shiften von Ressourcen gestärkt. Hierbei spielen nicht nur interne interaktive Weiterbildungsangebote eine Rolle, sondern auch die Ermutigung zur Teilnahme an externen Kursen und Konferenzen.

*Es geht darum, ein **Umfeld** zu schaffen, in dem das **Lernen** und die **Weiterentwicklung** im Bereich KI nicht nur gefördert, sondern als **integraler Bestandteil** der Organisationskultur für **dauerhaften Missionserfolg** angesehen werden.*

KI-TOOL-MASTER INSTALLIEREN FÜR MEHR OUTPUT

Für jedes KI-Werkzeug, das innerhalb Ihrer Organisation als hoch prioritär eingestuft wird, ist es von großer Bedeutung, dass Ihr Team stets mit den neuesten Entwicklungen vertraut bleibt. Die Geschwindigkeit, in der neue Features, Best Practices sich auftun, sind alleine kaum zu bewerkstelligen und systematisch zu erfassen. Ein effektiver Ansatz, um dieses Ziel zu erreichen, ist die Ernennung eines engagierten »*Tool-Masters*« für die wichtigsten eingesetzten KI-Werkzeuge. Diese Person übernimmt die Verantwortung, sich tiefgehend mit den Funktionen des Tools auseinanderzusetzen und das Wissen kontinuierlich an das restliche Team weiterzugeben. Um immer auf dem neuesten Stand zu bleiben, sollte die Kollegin oder der Kollege aktive Recherche betreiben, indem sie oder er sich für entsprechende Newsletter anmeldet, LinkedIn-Gruppen beitritt und an Diskussionen in Onlineforen oder Communitys teilnimmt, die sich auf das spezifische Tool fokussieren.

Beispiel Midjourney:
Angenommen, Ihre Organisation setzt stark auf das KI-gestützte Design-Tool »Midjourney«, um visuelle Inhalte zu erstellen. Folgende Schritte sind dann konkret anzugehen:

1. Regelmäßige Recherche in Blogs und Entwicklerforen, um Informationen zu den neuesten Funktionen, Updates und geplanten Entwicklungen der Software zu erhalten.
2. Viele Software-Tools, einschließlich Midjourney, nutzen spezielle Foren, um Updates anzukündigen, nützliche Tipps zu teilen und die Community einzubinden. Der Tool-Master sollte diesen Kanälen folgen, um keine wichtigen Informationen zu verpassen. Dazu gehören LinkedIn-Gruppen und andere Online-Communitys, die sich auf Midjourney oder allgemeiner auf KI-gestütztes Design konzentrieren.
3. Basierend auf den recherchierten Informationen und persönlichen Lernerfahrungen, sollte der Tool-Master regelmäßige Schulungssessions für das Team organisieren.

W-FRAGEN FÜR STRATEGISCHEN EINSATZ VON KI

- ☐ **Was:** Was ist das Hauptziel des KI-Tools? Welches Problem soll gelöst werden?
- ☐ **Warum:** Warum ist dieses Tool für meine spezifischen Bedürfnisse oder Projekte geeignet? Welchen Mehrwert bietet es konkret?
- ☐ **Wer:** Wer sind die Entwickler und Anbieter des Tools? Gibt es eine aktive Community oder Experten, die das Tool unterstützen?
- ☐ **Wo:** Wo finde ich verlässliche Ressourcen für das Lernen und die Anwendung des Tools (zum Beispiel Dokumentation, Tutorials)?
- ☐ **Wann:** Wann sollte dieses Tool im Rahmen eines Projektes oder einer Aufgabe eingesetzt werden? Gibt es zeitliche Einschränkungen?
- ☐ **Wie:** Wie integriere ich das Tool in meine bestehenden Prozesse oder Systeme? Welche technischen Voraussetzungen müssen erfüllt sein?

KI-TOOL-CHAINING FÜR MAXIMALEN OUTPUT

Agiles Tool-Chaining ist eine wichtige Fähigkeit, um den KI-Reifegrad in Organisationen zu steigern. Es geht darum, unterschiedliche KI-Technologien so miteinander zu verbinden, dass sie nahtlos zusammenarbeiten und spezialisierte Aufgaben effektiv in einem noch manuell designten Workflow zu lösen. Diese Vernetzung führt zu messbaren Effizienzgewinnen, indem man manuelle Prozesse erst in ihre Einzelteile zerlegt, dann den Aufwand mit KI drastisch reduziert, Fehler minimiert und schnell zu konkreten Ergebnissen kommt. Gleichzeitig öffnet Tool-Chaining die Tür für Innovationen, indem es neue Kombinationen von Technologien ermöglicht, die neue und bisher kaum gedachte Lösungen hervorbringen.

Die Fähigkeit, schnell und flexibel auf Veränderungen reagieren zu können, ohne dabei die gesamte Prozesslandschaft umkrempeln zu müssen, verschafft agilen Organisationen also einen erheblichen Vorteil. Für eine erfolgreiche Umsetzung müssen die ausgewählten Tools jedoch präzise aufeinander abgestimmt und die Datenströme zwischen ihnen optimiert werden. Auch die Kompetenz der Mitarbeitenden spielt eine große Rolle; sie müssen nicht nur mit den einzelnen Technologien vertraut sein, sondern auch verstehen, wie diese im Zusammenspiel den größten Nutzen entfalten. Hier heißt es: Testen, testen, testen!

Die strategische Verbindung von KI-Tools ist kein bloßes Effizienzprojekt, sondern ein fundamentaler Baustein für die langfristige Wettbewerbsfähigkeit und Innovationskraft.

*Kurz gesagt, **Tool-Chaining** transformiert nicht nur die Art und Weise, wie Arbeit erledigt wird, sondern ebnet auch den **Weg für zukünftige Entwicklungen und Erfolge** in einer **technologiezentrierten Geschäftswelt.***

KI-Tool-Chaining in der Praxis:

PRAXISBEISPIEL: DER VOLL AUTOMATISIERTE KI-PODCAST

Am Anfang war eine Idee mit einem Kollegen im Slack Chat: Warum nicht einen Podcast komplett automatisch mit KI-Tools erstellen und schauen, wie schnell das geht? Der AI4Democracy-Podcast, den wir nach kurzer Testphase auf Spotify vor wenigen Monaten als Beispiel starteten, illustriert eindrucksvoll das Potenzial intelligenter Tool-Chaining-Strategien. Durch die geschickte Kombination von ChatGPT für die Skripterstellung mittels Prompt Engineering, Eleven Labs zur Generierung der Sprecherstimmen und Podcastle zum Finetuning und Publizieren, haben wir einen hochwertigen Produktionsprozess etabliert, der pro Folge lediglich etwa 45 Minuten (!) in Anspruch nimmt. Dieser effiziente Workflow demonstriert, wie durch das nahtlose Ineinandergreifen verschiedener KI-Tools sowohl die Produktionszeit als auch die damit verbundenen Kosten drastisch reduziert werden können, ohne dabei Abstriche bei der Qualität zu machen.

MIT PROMPT ENGINEERING KI-OUTPUT PERMANENT VERFEINERN

Prompt Engineering ist für Organisationen, die ihren KI-Reifegrad erhöhen wollen, unerlässlich. Diese Fertigkeit, Anfragen an KI-Systeme präzise zu formulieren, ermöglicht es, maßgeschneiderte und relevante Ergebnisse zu erhalten. Es beginnt mit dem Festlegen klarer Ziele: Was genau soll die KI liefern? Diese Ziele bilden das Fundament für das Design des ersten Prompts. Ein sorgfältig formuliertes Prompt ist entscheidend, um die richtigen Informationen von der KI zu erhalten.

Nach dem Setzen des ersten Prompts wird die KI-Antwort genau geprüft. Weicht sie von den Erwartungen ab, startet ein Zyklus aus Anpassung und Verfeinerung. Dieses iterative Tuning optimiert das Prompt schrittweise für zuverlässige Ergebnisse, steigert die Präzision und Effektivität der KI-Interaktionen. Sind die Prompts feinjustiert und liefern konsistente Ergebnisse, fließen sie in den Alltag ein. Wichtig ist, die KI-Leistung und Antwortrelevanz regelmäßig zu prüfen und nötige Anpassungen vorzunehmen. Der Nutzen für Organisationen ist klar:
Gezieltes Prompt Engineering beschleunigt Aufgabenbearbeitung und verbessert die Qualität der Ergebnisse, was Effizienz steigert und Ressourcen spart. Zudem öffnet es Türen für Innovationen und hebt das Niveau der Dienstleistungen. Es motiviert Mitarbeitende, indem es ihnen ermöglicht, effektiv mit modernen KI-Systemen zu arbeiten, und stärkt so ihre Kompetenz und Zufriedenheit.

DAS ALLERWICHTIGSTE TOOL: DER MENSCH

In der raschen Entwicklung und Implementierung von KI-Technologien dürfen wir eines nicht vergessen: den Menschen. Die kulturelle Komponente, agile Arbeitsmuster und eine auf Offenheit ausgerichtete Organisationskultur sind das Fundament jeder Veränderung. Ohne den Menschen gibt es keinen Aufbruch, keine Vision und keine Strategie für den Einsatz von KI. Die Technologie allein wird die tief verwurzelten Herausforderungen in Organisationen nicht bewältigen. Die wirkliche Kraft der KI liegt darin, uns die Freiheit zu geben, uns auf jene Aufgaben zu konzentrieren, die menschliche Kreativität, Empathie und strategisches Denken erfordern. KI kann Routinetätigkeiten automatisieren und uns wertvolle Daten liefern, doch die Interpretation dieser Daten, die Entscheidung, wie sie genutzt werden, und die kreative Lösung komplexer Probleme liegen in menschlicher Hand.

*Unsere **Demokratie** müssen wir selbst retten. Werden Sie zum **Wegbereiter** eines **Wandels,** der weit über die **Grenzen** Ihrer eigenen Organisation **hinausgeht.***

- ☐ **Beginnen** Sie damit, in Ihrem Team oder Ihrer Abteilung eine Kultur der Offenheit und Agilität zu etablieren.
- ☐ **Organisieren** Sie Workshops, in denen die Möglichkeiten von KI und deren sinnvoller Einsatz diskutiert werden. Fördern Sie eine Atmosphäre, in der Fehler als wertvolle Lernchancen betrachtet werden und jeder ermutigt wird, innovative Ideen vorzuschlagen.
- ☐ **Bilden** Sie interdisziplinäre Teams, die gemeinsam an Projekten arbeiten, welche die Einsatzmöglichkeiten von KI in Ihrem Bereich erkunden. Diese Teams sollten nicht nur aus Technikern bestehen, sondern auch aus Vertretern der Bereiche, die von der KI-Einführung betroffen sind, um sicherzustellen, dass die Lösungen menschenzentriert bleiben.
- ☐ **Vernetzen** Sie sich mit anderen Changemakern innerhalb und außerhalb Ihrer Branche. Der Austausch von Erfahrungen und Best Practices kann neue Perspektiven eröffnen und die Umsetzung innovativer Ansätze beschleunigen. Zudem stärkt es das Bewusstsein für die gesellschaftliche Bedeutung von Technologie und deren Einfluss auf die Arbeitswelt.

Wenn Sie aktiv an der Schaffung einer agilen Organisation arbeiten, die auf den Prinzipien von Offenheit, Innovation und KI-Nutzung basiert, tragen Sie zu etwas Größerem bei als nur zur Effizienzsteigerung Ihres Teams oder Ihrer Abteilung. Sie legen den Grundstein für eine agile Demokratie – eine Gesellschaft, in der die Technologie nicht nur existiert, um Geschäftsprozesse zu optimieren, sondern um das Leben von uns als Bürgerinnen und Bürgern zu verbessern. Wir als Bürger stehen im Mittelpunkt – mit ihnen, mit uns allen wollen wir enden.

DIE AGILE DEMOKRATIE – WAS KANN ICH JETZT TUN?

Warum ist es gerade jetzt entscheidend? Yuval Noah Harari warnt uns in *Homo Deus* eindringlich vor einer Zukunft, in der Algorithmen und nichttransparente KI-Systeme Entscheidungen treffen, die tief in unsere persönlichen Freiheiten eingreifen.

Die Verantwortung liegt bei uns. Jetzt in den Spiegel zu blicken und zu erkennen: Wir sind die Akteure, die Veränderer, die Wächterinnen unserer Demokratie. Nicht morgen, nicht irgendwann – sondern jetzt. Nach über zehn Jahren in der Herzkammer unseres politischen Betriebes kann ich versichern: Es gibt niemanden mit einem Masterplan, wir sitzen alle in der gleichen Weise überfordert im gemeinsamen Boot. Niemand wird kommen und die Probleme vor Ort einfach so lösen. Als Bürgerinnen und Bürger ist es unsere Pflicht, uns einzubringen, zu gestalten und zu schützen, was uns lieb und teuer ist. Die Zeit des Abwartens ist vorbei.

Das Machen ist jetzt gefragt.
Und ja: Jeder und jede steht in der Pflicht.

- ☐ **Beginnen** Sie mit den Basics. Informieren Sie sich: Was ist KI? Wie funktionieren maschinelles Lernen und neuronale Netze? Es gibt zahlreiche Onlineressourcen, von Artikeln und Blogs bis hin zu Kursen auf Plattformen wie Coursera oder edX, die den Einsteigern die Welt der KI näherbringen. Informieren Sie sich über Datenschutz, Bias (Voreingenommenheit) in Algorithmen und die Auswirkungen der Automatisierung auf die Arbeitswelt.
- ☐ **Engagieren** Sie sich in Arbeitsgruppen oder Fachausschüssen, die sich mit KI-Themen befassen. Bringen Sie Ihr Wissen und Ihre Vision ein, um die Parteiprogramme nicht nur mitzugestalten, sondern sie auch mit dem notwendigen technologischen

Auswahl kostenloser KI-Kurse

Von	Für	Dauer	Titel und Link
KI-Campus	Einsteigerinnen und Einsteiger	8 Wochen à 5 Stunden	Einführung in die KI[*]
Udacity	Einsteigerinnen und Einsteiger (auf Englisch)	Selbstbestimmt	Intro to Artificial Intelligence[**]
Coursera	Einsteigerinnen und Einsteiger	3 Wochen à 2 Stunden	KI für alle[***]
Harvard University	Voraussetzung: Python Basiswissen (Englisch)	7 Wochen à 10–30 Stunden	HarvardX: CS50's Introduction to Artificial Intelligence with Python[****]
Nvidia	Keine Voraussetzung – Fokus auf generativer KI (Englisch)	2 Stunden	Generative AI Explained[*****]

* https://ki-campus.org/courses/einfuehrungki2020?gad_source=1&gclid=Cj0KCQjwlN6wBhCcARIsAKZvD5ihSLgYKPNNshWyNJcYklYTOY0IpGrdi7z7DennlCz4WplUXMrma65EaAlW8EALw_wcB

** https://www.udacity.com/course/intro-to-artificial-intelligence--cs271

*** https://www.coursera.org/learn/ai-for-everyone-de

**** https://www.edx.org/learn/artificial-intelligence/harvard-university-cs50-s-introduction-to-artificial-intelligence-with-python?irclickid=2nEShHSsdxyPTIsWYMXB-SUzUkHR86whEwwxSQ0&utm_source=affiliate&utm_medium=Ed ukatico&utm_campaign=Online%20Tracking%20Link_&utm_content=ONLINE_TRACKING_LINK&irgwc=1

***** https://learn.nvidia.com/courses/course-detail?course_id=course-v1:DLI+S-FX-07+V1

Verständnis anzureichern. Warum sollten Sie warten, bis andere die Agenda bestimmen?

- ☐ **Werden** Sie Teil von Organisationen, die sich für digitale Rechte oder zentrale gesellschaftliche Fragen rund um KI einsetzen, Bildungsprogramme zur KI anbieten oder die politischen Entscheidungsträger direkt beeinflussen. Ihre aktive Teilnahme kann hier ein Katalysator für Veränderung sein!
- ☐ **Bringen** Sie das Thema KI auf die Tagesordnung Ihres Vereins! Initiieren Sie Projekte, die zeigen, wie Technologie konkret zum Nutzen der Gemeinschaft eingesetzt werden kann. Wie wäre es, wenn Ihr lokaler Sportverein einen Custom GPT Bot nutzt, zur Verbesserung der Kommunikation mit den Mitgliedern? Oder kann Ihr Kulturverein digitale Archive mit KI durchforsten, um verloren geglaubtes kulturelles Erbe vor Ort zugänglich für interessierte Bürger zu machen?

WAS KANN ICH TUN? DAS PROJEKT ALGORITHMWATCH

Hier geht es darum, Licht in die dunklen Ecken algorithmischer Entscheidungsfindung zu bringen und eine fairere Zukunft für alle zu schaffen. Das Projekt basiert auf einer einfachen, aber kraftvollen Idee: Was wäre, wenn jeder und jede von uns dazu beitragen könnte, die Diskriminierung bei der Jobsuche zu verringern? In einer Zeit, in der Unternehmen zunehmend auf automatisierte Systeme zur Bearbeitung von Bewerbungen setzen, hat sich gezeigt, dass diese Technologien Frauen, Migrantinnen und Migranten und andere marginalisierte Gruppen oft benachteiligen. Die Folge ist eine ungerechte Behandlung, die den Betroffenen geringere Chancen auf einen Arbeitsplatz bietet. Um diesem Trend entgegenzuwirken, entwickelt das Team hinter dem Projekt innovative Werkzeuge, die Ungerechtigkeiten in Bewerbungsverfahren aufspüren und eliminieren sollen. Der Schlüssel zu dieser Mission sind echte Lebensläufe – die Daten, die zeigen, wie Diskriminierung in den Empfehlungsalgorithmen Fuß fassen kann. Aus diesen realen Lebensläufen generiert das Projekt mithilfe spezieller Software künstliche Lebensläufe, um Methoden gegen die Diskriminierung zu entwickeln. Es ruft jede und jeden dazu auf, Teil der Lösung zu werden. Indem Menschen ihren (anonymisierten) Lebenslauf spenden, tragen sie dazu bei, ein umfassendes Verständnis dafür zu entwickeln, wie algorithmische Systeme zu Ungerechtigkeiten führen können. Diese anonymisierten Daten werden zu einem mächtigen Werkzeug im Kampf gegen die Diskriminierung.

IDEENGENERATOR: KI UND DEMOKRATIE

Es gibt mehr Initiativen und Projekte zum Thema KI, als Sie denken. Wenn Sie sich in diesem Feld politisch engagieren, weiterbilden oder vernetzen wollen, stehen Ihnen eine Reihe von Initiativen bereit.

AI4Democracy*

Der AI4Democracy Accelerator bietet eine einzigartige Gelegenheit für Innovatoren, die an der Schnittstelle von KI und Demokratie arbeiten möchten. Um sich zu bewerben, reichen Sie Ihre innovativen Ideen ein, die darauf abzielen, demokratische Prozesse durch den Einsatz von KI zu stärken oder zu verbessern. Ausgewählte Bewerberinnen und Bewerber erhalten ein Fellowship, das ermöglicht, in wenigen Wochen mit einem Team von Expertinnen und Experten an der Umsetzung der Projekte zu arbeiten. Dies bietet eine seltene Chance, von führenden KI- und

* https://www.ai4democracy.com/

Demokratie-Fachleuten zu lernen, Netzwerke zu bilden und konkrete Lösungen zu entwickeln.

Re:Form von Project Together*

Re:Form ist ein ambitioniertes Projekt, das darauf abzielt, die demokratische Praxis durch Zusammenarbeit mit visionären und erfahrenen Menschen sowohl national als auch international neu zu gestalten. Es lädt ein, gemeinsam den Staat von morgen zu denken und praktische Lösungen zu entwickeln, die auf der Höhe der technologischen Möglichkeiten sind. Um aktiv teilzunehmen oder auf dem Laufenden zu bleiben, können Sie sich für den Re:form-Newsletter anmelden und so zukünftige Beiträge und Möglichkeiten zur Mitwirkung direkt in Ihr Postfach erhalten.

Civic Coding Community vernetzt Gleichgesinnte**

Civic Coding verbindet diverse gesellschaftliche Gruppen, um gemeinsam die Entwicklung und Anwendung von KI sozial, nachhaltig und partizipativ zu gestalten, indem es die Bedürfnisse aller Betroffenen berücksichtigt. Diese Initiative, unterstützt von mehreren Bundesministerien, zielt darauf ab, die digitalen Kompetenzen der Gesellschaft zu stärken, sodass KI-Technologien selbstbestimmt und sicher genutzt werden können. Über den Profilmarkt der Initiative können Interessierte Gleichgesinnte finden und sich vernetzen, um ihre Ideen für gemeinwohlorientierte KI-Anwendungen gemeinsam weiterzuentwickeln. Der Ideenmarkt bietet eine Plattform, auf der registrierte Nutzerinnen und Nutzer ihre KI-Projekte einstellen und mithilfe einer Matching-Funktion Partner für die Umsetzung ihrer Visionen finden können.

* https://reform-staat.org/

** https://www.civic-coding.de/

Politisches Talent bei BNB oder JoinPolitics einbringen*

BrandNew Bundestag und JoinPolitics sind zwei wegweisende Initiativen in Deutschland, die sich zum Ziel gesetzt haben, frischen Wind in die politische Landschaft zu bringen, indem sie innovative Kandidierende unterstützen.
BrandNew Bundestag konzentriert sich darauf, progressiven und reformorientierten Talenten den Weg in den Bundestag zu ebnen, während JoinPolitics als Inkubator für politische Innovation agiert, indem es ambitionierte Persönlichkeiten mit mutigen Ideen für die Gesellschaft fördert. Beide Initiativen bieten sogenannte Fellowships an, durch die zukünftige politische Führungskräfte nicht nur finanzielle Unterstützung, sondern auch Zugang zu einem breiten Netzwerk aus Mentoren, Expertinnen und Gleichgesinnten erhalten.

KI BRAUCHT AUFMERKSAMKEIT!

Es ist essenziell, dass Menschen mit einem intrinsischen Anliegen für Gemeinwohl und demokratische Prinzipien den Diskurs bereichern und lautstark teilnehmen. Überlassen Sie das Spielfeld nicht selbst ernannten LinkedIn-KI-Coaches. Diese Debatten benötigen dringend vielfältige Perspektiven, um KI-Entwicklungen zu leiten, die transparent, gerecht und demokratisch sind – nicht nur zur Füllung der Taschen einiger weniger.

*Jede der vorgestellten **Maßnahmen** ist ein **Funke,** der Ihre Leidenschaft für die **Mitgestaltung der Zukunft** von künstlicher Intelligenz entzünden soll.*

* https://brandnewbundestag.de/, https://www.joinpolitics.org/

Es sind Wegweiser, die zeigen, wie vielfältig die Möglichkeiten sind, sich einzubringen und Veränderung zu bewirken. Doch am Ende zählt nur eins: dass Sie ins Handeln kommen. Lassen Sie sich inspirieren, ergreifen Sie die Initiative, werden Sie Teil der Bewegung! Ihre Aktionen, egal in welchem Umfang, können die Richtung beeinflussen, in die sich unsere Gesellschaft und die Rolle der KI in ihr entwickeln.

Packen wir es an!

SCHLUSSWORT

Brechen wir auf. Die Demokratie braucht uns.

Ein herzliches Dankeschön dafür, dass Sie diese Expedition mit mir unternommen haben! Es ging durch eine Landschaft, die uns durch die tiefsten Täler der Bedrohungen unserer Demokratie und über die höchsten Gipfel technologischer Innovationen geführt hat. Am Ende unserer Reise durch das faszinierende Terrain einer agilen Demokratie stehen wir nicht nur vor dem Abschluss eines Kapitels. Achtung, kleine Prise Pathos: Wir stehen vielmehr an der Schwelle zur größten Transformation der Menschheitsgeschichte – und wir können uns konkret über Lösungen, Gefahren und Chancen die Köpfe zerbrechen.

Wir waren dabei! Das können wir unseren Enkeln zurufen. Ist das nicht großartig?

Lassen Sie, so gut es geht, den ausufernden Zynismus gegenüber »der Politik«, »denen da oben« und die Resignation der systematischen Lähmung hinter sich.

*German **Mut** beats German **Angst.***

Es wäre nicht nur arrogant, sondern geradezu ein Versäumnis gegenüber der Geschichte, zu glauben, dass unser gegenwärtiger Zustand der Demokratie der Weisheit letzter Schluss sei. Deutschland, mit seiner reichen historischen Palette, hat immer bewiesen, dass positiver Wandel trotz vieler dunkler Momente und Zäsuren möglich ist, dass Demokratie lebt, atmet und sich auch immer weiter entwickelt.

Die Rolle jeder und jedes Einzelnen in diesem Prozess ist entscheidend. Jeder von uns – ob in Politik, Wirtschaft, Zivilgesellschaft oder als Einzelperson – ist aufgerufen, seinen bescheidenen Teil beizutragen. Ob Sie als Bürgerin und Bürger dieses Landes, als laute Stimme in der Öffentlichkeit, als engagiertes Mitglied einer Partei oder als Teil eines Vereins agieren – Ihre Teilnahme ist nicht nur wertvoll, sondern unverzichtbar. Es ist die Summe unserer individuellen Beiträge, die das Mosaik einer lebendigen, dynamischen und resilienten Demokratie formt.

Ihre Stimme, Ihr Engagement und Ihre Vision sind die Bausteine, auf denen das Fundament einer von KI bereicherten Gesellschaft errichtet wird. In jedem Winkel des Landes, in jeder Organisation, in jeder Rolle liegt die Chance, ein Teil der Veränderung zu sein, die wir in der Welt sehen möchten.

Unser Ziel? Eine Zukunft zu gestalten, in der technologischer Fortschritt und demokratische Werte einander verstärken. Eine Zukunft, in der jede Stimme gehört wird. Eine Zukunft, in der KI genutzt wird, um unsere Lebensqualität zu verbessern und die Säulen unserer Gesellschaft zu stärken.

Lassen wir uns von etwas Zuversicht leiten und gemeinsam fokussiert daran arbeiten, ein Update unserer Demokratie zu schaffen, die unseren Ansprüchen und Potenzialen würdig ist. Ein Deutschland, in dem die KI als Verbündete unserer demokratischen

Werte funktioniert. Ein Land, in dem es mehr Menschen mit guten Ideen als Kritiker gibt. Zu gut, um wahr zu sein?

Deutschland, *das Land der* ***Dichter*** *und* ***Denker,***
der ***Revolutionäre*** *und* ***Reformer,***
der ***Gartenzwerge*** *und* ***Garagentüftler*** *–*
this is our shot.

In den Worten des großen Erich Kästner, die nichts an Aktualität eingebüßt haben und uns als Leitmotiv dienen sollten: **»Es gibt nichts Gutes, außer man tut es.«** Lassen Sie uns genau das tun – für eine gerechte, transparente und florierende Demokratie im Zeitalter der künstlichen Intelligenz. Brechen wir auf.

PROJEKTTEAM

Alicia Väth hat Philosophie an der TU Berlin und Politikwissenschaften an der Zeppelin Universität in Friedrichshafen studiert. Als Gründungsmitglied und Projektmanagerin der Wirkungsallianz AI4Democracy e. V. sucht sie Wege, wie KI zur Stärkung unserer Demokratie eingesetzt werden kann.

Linda Jäck verknüpft in ihrem Masterstudium an der Hertie School und GW Elliott School KI-Regulierung mit internationaler Sicherheit. Ihre Arbeit mit der UN DPPA und dem Centre for Digital Governance zeigt Einblicke in KI-Anwendungen und deren Bedeutung für die Diplomatie.

Mitja Kara ist Masterstudent an der Technischen Universität München im Programm Politics & Technology mit einer Spezialisierung in Governance. Er studiert, forscht und arbeitet an der Schnittstelle zwischen Demokratie, KI und Menschenrechten, um innovative Ansätze für eine gerechtere, technologisch fortschrittliche Gesellschaft zu entwickeln.

ÜBER DEN AUTOR

© Markus C. Hurek

Juri Schnöller ist einer der führenden politischen Unternehmer und Kampagnenexperten in Deutschland. Er berät mit seinen Firmen Cosmonauts & Kings und Mutrepublik zahlreiche führende Spitzenpolitiker, Ministerien, Parteien und Unternehmen und ist Mitinitiator der gemeinnützigen Wirkungsallianz AI4Democracy. Zuvor hat Juri bereits in unterschiedlichen Positionen in den Kampagnen von Barack Obama, Angela Merkel und jüngst Ursula von der Leyen arbeiten dürfen. Juri hat an der Zeppelin Universität und in Washington, D.C., Public Management und Politikwissenschaften studiert. 2021 veröffentlichte der das *Public Arena Playbook*, das erste deutschsprachige Handbuch für digitales Campaigning.

Druckprodukt mit finanziellem
Klimabeitrag
ClimatePartner.com/12752-1803-1001

Zum Ausgleich für die entstandene CO_2-Emission bei der Produktion dieses Buches unterstützen wir die Bereitstellung von effizienten Kochöfen in Sambia. Die verbesserten Kochöfen verbrauchen zwei Drittel weniger Brennmaterial und verringern so nicht nur den CO_2-Ausstoß, sondern auch die Rodung der lokalen Wälder. Durch die bessere Luftqualität in den Räumen werden Atemwegserkrankungen verringert, und Familien können Zeit und Geld sparen, da weniger Brennmaterial benötigt wird.

Bibliografische Information der Deutschen Nationalbibliothek
Die Deutsche Nationalbibliothek verzeichnet diese Publikation in der Deutschen Nationalbibliografie; detaillierte bibliografische Daten sind im Internet über http://dnb.de abrufbar.

Coverdesign: Klaus Matthiesen, Walk Agency, Aarhus
Illustrationen: Cathrine Adamsen, Walk Agency, Aarhus
Druck: Steinmeier GmbH & Co. KG, Deiningen
Printed in Germany

ISBN 978-3-86774-794-3

Besuchen Sie uns im Internet: www.murmann-publishers.de
Ihre Meinung zu diesem Buch interessiert uns!
Zuschriften bitte an info@murmann-publishers.de
Den Newsletter des Murmann Verlages können Sie anfordern unter newsletter@murmann-publishers.de